El sujeto existente mujer

Libro 2: Cuerpo-palabra mujer

Anna Arnaiz Kompanietz

Blog «Comprendiendo la condición sexual humana»:
http://anna-arnaiz-kompanietz.blogspot.com.es/

Portada: «Mujer reinventando el mundo»,
técnica mixta de María Luisa González Gutiérrez
http://pinturademarialuisa.blogspot.com.es/

Foto del cuadro: Rosario García Casas

Índice general

A todas las mujeres y a los hombres que aman a las mujeres.

Agradecimientos:

Quisiera dar las gracias a las personas que, de una o de otra manera, han contribuido a la elaboración de este libro.

A Rafael Nieto Carlier, que me ha ayudado y me ha apoyado siempre, y que ha revisado el texto y maquetado con mimo este libro.

Le doy las gracias a mi amiga, María Luisa González Gutiérrez por el cuadro que ha pintado pensando en el libro.

También le agradezco a Rosario García Casas la foto que ha hecho del cuadro y que aparece en la portada.

Un especial agradecimiento a Gabriella Buzzatti y a Anna Salvo, autoras del libro «El cuerpo-palabra de las mujeres», publicado por Ediciones Cátedra, que me aportaron el concepto del cuerpo-palabra al leer su texto.

Asimismo, quisiera dar las gracias a mis pacientes, que me han enseñado tanto.

Los progresos de la razón son lentos, las raíces de los prejuicios, profundas.

VOLTAIRE

La manera de hacer es ser.

LAO-TSÉ

Si yo no soy para mí mismo, ¿quién será para mí?
Si yo soy para mí solamente, ¿quién soy yo?
Y si no ahora, ¿cuándo?

REFRANES DEL TALMUD MISNAH ABAT

Introducción

Este libro es el segundo de una serie que versará sobre la mujer, sobre el sujeto existente mujer, sexuado y sexual, corpóreo y real. También este libro, como el primero *Sujeto mujer*, nace de la rebelión profunda contra la reducción y el apocamiento opresivo de la mujer. Como mis anteriores escritos, apuesta por pensar, cuestionar lo dado y reflexionar desde la libertad existente que somos. En esta ocasión, nos detenemos en nuestra condición corpórea, en el cuerpo que somos: una narración carnal que se cuenta y se escucha, se ve y se percibe, habla, acaricia y crea en su vivir latido a latido.

El cuerpo-palabra mujer es una conciencia hecha carne sexuada y sexual real, es el modo de ser en el mundo de cada mujer, una existencia individuada única e irrepetible. El cuerpo que somos es una unidad en la cual todo está interconectado, es un sistema existente completo: cuerpo-mente-espíritu, una creación continua que se revela y se oculta en su expresión, en cada palabra dicha o no, en cada mirada, cada suspiro, cada caricia... Nos autoconstruimos y nos autodestruimos minuto a minuto vivido, nos transformamos en nuestra continuada expresión. El tiempo de cada mujer es el tiempo vivido, un vibrante dinamismo de sucesivos nacimientos y muertes en el proceso de llegar a *ser* ella misma. Todo instante es un comienzo, un nacimiento de «algo más». El tiempo vivido moldea la sexuada carnalidad de la mujer en su fluir biográfico.

El hecho de existir corpóreo es lo más privado que hay, no es comunicable, no es transferible, ni cabe depositar la existencia propia en manos ajenas. Solo tú puedes vivir como tú, solo tú puedes ser tú, crear como tú. Cada mujer es única y singular, irrepetible en su asombrosa concreción de vida. Cada mujer crea mundos propios, particulares e irreproducibles por otros.

El cuerpo-palabra mujer no es el discurso que cabe postular a propósito sino el cuerpo real con voz propia y sus verdades ocultas o desveladas, conscientes o no, comunicables o no. El cuerpo es nuestra verdad básica, somos cuerpos vividos que ocupan un lugar en el mundo, que se socializan en él y tienen necesidades de hablar, de relacionarse y comunicarse con otros cuerpos-palabra. Somos cuerpos arraigados profundamente en la naturaleza y somos palabras vivas, en expresión y comunicación continuadas con los otros. El cuerpo habla para que los otros lo vean, habla incluso en su silencio lleno de palabras no dichas, siempre se expresa, se expresa por ser, por existir.

Las mujeres somos cuerpos existentes, por tanto vivimos en relación con otros en una sociedad dada con su cultura correspondiente. La experiencia de ser una mujer concreta y real en sociedades patriarcales, en las que nos encontramos, adolece de una soterrada falta de palabras que aporten significados desde el mirar femenino, significados que describan el mundo de las mujeres sin distorsionarlo. En este escrito nos implicamos en hallar significados que no condenen a la mujer a desempeñar un papel secundario en su propia experiencia de vida, nos implicamos en entender y reconocer cómo y por qué construimos nuestras experiencias, el porqué de nuestras elecciones. Conscientes o no, queriendo o no, creamos constantemente en nuestro tiempo vivido, creamos mundos, relaciones, narraciones, seres y objetos. El cuerpo-palabra mujer trasciende sus límites corpóreos, se vuelve comunión con lo que lo rodea, participa en la totalidad.

La consciencia en el vivir es una fuente increíble para la transformación existencial, para un tiempo vivido con autenticidad. La fidelidad a sí misma, el no olvidar quién se es y vivir consciente y atenta al cuerpo-palabra propio, con respeto, reconocimiento y amor del bueno generan una fuerza sin igual. Cuando una mujer decide ser ella misma y nada más, a pesar de los pesares, se vuelve más vital, más libre, más fuerte. ¡Y ya puede llover! ¡Basta ya de menospreciar lo femenino, de avergonzarse y ocultar! Las mujeres no nos lo podemos permitir. ¡Lo femenino es bello! Es bello no porque lo dicen los hombres, es bello en sí, en su sagrado secreto. ¡Lo femenino es bello, es bueno y es verdadero!

El descubrimiento del ser en vez del hacer es la sagrada tarea de cada mujer. La comprensión, el conocimiento son creación: nos creamos en la reflexión y creamos una nueva visión del mundo, un mundo más justo y mejor para vivir en él. Todo nace en los cuerpos-palabra que somos. El cuerpo existente es nuestra verdad básica, nuestra casa, nuestra Tierra. Las mujeres nunca deberíamos de estar en contra del cuerpo que somos, no es nuestro enemigo, es nuestra fortaleza, es el tesoro que hace posible la existencia carnal o real. La liberación de las mujeres no pasa por la destrucción del cuerpo, ni casa con la represión o con el menosprecio de lo femenino. La liberación de las mujeres es una experiencia de profunda rebelión mantenida en su tiempo vivido.

Las mujeres debemos ser conscientes de que la opresión básica sobre nosotras se ejerce a través de nuestra relación con nuestro propio cuerpo: es donde se juega nuestra autonomía como sujeto mujer. El cuerpo se muta en un vivo recordatorio al habituarse a un determinado estar en el espacio social, a unos papeles y no a otros, a unos cometidos, tareas y gestos y no a otros, los cuales repite una y otra vez. Poco a poco lo social y lo cultural se hace carnal. No olvidemos que el cuerpo-palabra mujer no sólo nace sino que también se hace mujer en su continuada experiencia de vivir interaccionando con otros. Así, en un orden social patriarcal, la situación de subordinación de la mujer y su dependencia del varón se mutan en carne existente en relación con otros.

Para ser sujetos es imprescindible apropiarnos de nuestros cuerpos. Lo personal sigue siendo político y viceversa. El cuerpo de la mujer es ubicado en un campo político, con sus disposiciones y leyes. El poder opera sobre el cuerpo sometiéndolo o no, utilizándolo, tornándolo productivo... Con demasiada frecuencia, el cuerpo de la mujer se considera un medio para otros, un medio para la reproducción, el disfrute, el trabajo..., no un fin en sí mismo, único e irrepetible como sujeto existente real.

¿De quién es el cuerpo de la mujer? El cuerpo de la mujer pertenece a ella misma y a nadie más, y es así de rotundo. Las mujeres no somos cuerpos para otros. Somos seres humanos de igual derecho a ser en primera persona como los hombres. Las mujeres deberíamos decidir *ser*, y *ser* exige aceptarse, no olvidar quién se es, exige ser conscientes y elegir con propósito. *Ser* no es un estado pasivo, requiere atención, estar presentes en la propia piel y no equivocarse de objetivo; requiere pensar las cosas y decidir con propósito.

¿Qué pasaría si las mujeres dejaran de concentrar sus esfuerzos en ser atractivas y agradar a los otros, y se dedicasen a desarrollarse como personas independientes? ¿Qué pasaría si las mujeres no pretendiesen lograr el poder por medio de su influencia sobre los hombres sino siendo ellas mismas poderosas creadoras de la realidad? ¿Qué pasaría si las mujeres reivindicasen su naturaleza femenina desde la valoración, comprensión y hondo respeto, desde el orgullo de *ser* mujeres? El implicarse y comprometerse en el desarrollo personal, en nuestra propia experiencia de vida es lo que nos da una fuerza increíble. Si la mujer se acepta en su carnalidad real se vuelve más fuerte y vital, se renueva en su *ser*. Y para aprender a *ser* mujeres de una manera nueva tenemos que desaprender gran parte de lo que se nos ha enseñado en nuestro proceso de socialización. Es hora ya de dejar de colaborar en la propia subyugación existencial y tomarnos muy en serio como sujetos existentes que somos, sujetos capaces de decidir y de *ser* en autenticidad.

En este escrito nos detenemos en las particularidades del cuerpo-palabra femenino, en sus diferencias, pues es importante conocernos y comprender lo que somos las mujeres desde una mirada lúcida, sin distorsionar lo femenino en una absurda jerarquía sexual. Desprendernos del sexismo que todos hemos internalizado en nuestro proceso de socialización es una ardua labor, ya que el sexismo impregna la conciencia hecha carne que somos. Las mujeres debemos revisar nuestros conceptos y normas, porque también nosotras somos responsables de su perpetuación.

En el contrato sacrificial de la mujer, esta ofrece a cambio de aprobación, aceptación y amor, su propia persona, su narración vital como protagonista de su biografía. Muchas mujeres desean que los otros las acepten y las quieran, y ese deseo predomina sobre el deseo de aceptarse y de quererse a sí mismas. De ese modo, las mismas mujeres, de forma consciente o no, frenan su propio desarrollo, preparándose sin querer para interpretar un papel de conformadas perdedoras sociales.

Cabe afirmar que la transformación de una misma es lo más genuinamente político que hay, puesto que de poco sirve tener derechos si no se ponen en práctica en la vida cotidiana, si las mujeres seguimos viviendo en segunda persona en nuestra propia piel. Los prejuicios no se pueden eliminar solo por ley. La contradicción entre ser para sí y ser para otros está hondamente inscrita en el sujeto existente mujer, forma parte de nosotras. Los cuerpos-palabra acusan esta tensión y, queramos o no, se expresan incluso en su represión, entendamos o no sus verdades.

Las mujeres tendemos a aceptar estar en el segundo plano y subordinarnos a otros. Con demasiada ligereza permitimos que nos controlen y nos demanden la satisfacción de sus necesidades y de sus deseos, olvidándonos a menudo de los nuestros. Todavía hoy, muchas mujeres eligen la subordinación para ser aceptadas, valoradas, protegidas y queridas. El miedo a ser abandonadas, a la invisibilidad social las ubica en la servidumbre voluntaria, la más difícil de erradicar. A las mujeres nos han educado bien para eso, para contribuir a conservar el orden social establecido.

Las mujeres tenemos que abandonar las convicciones bloqueadoras que nos impiden caminar erguidas, con las miradas lúcidas. Debemos reconocer nuestros éxitos como personas, debemos reconocer la riqueza y el valor de nuestras creaciones vitales cotidianas, no siempre traducibles en cosas tangibles, pues muchas de ellas se refieren a las relaciones, a las emociones, al cuidado de otros y a su progreso; infinitas y aparentemente efímeras creaciones diarias de las mujeres: alimentar, apoyar, sanar, enseñar, animar, acompañar, sostener, proteger, acariciar, amar... La mujer hace nacer Vida no solo en ella sino en sus creaciones, en lo que hace, en sus encuentros emocionales con otros, en sus caricias del alma de otros, en la fuerza de su amor; crea sentido, crea placer en las pequeñas cosas del día a día. ¿Hay algo más trascendente, hermoso y humano que esto? Las mujeres somos eternas luchadoras por sacar adelante a nuestros otros queridos.

Es necesario que las mujeres, de una vez por todas, cambiemos de actitud en nuestra relación con nosotras mismas, ¡es primordial! Conocer y honrar el cuerpo que somos es nuestra tarea y es nuestra responsabilidad. Nadie lo podrá hacer por nosotras. Las mujeres tenemos que cuidar de nosotras mismas y no esperar que alguien bienintencionado llegue a nuestra vida y nos salve incluso de nosotras mismas. Cuidarnos es una tarea personal, un asunto con una misma. Conocernos es un proceso, no una acción limitada, requiere compromiso y continuidad en el tiempo vivido. El conocimiento se va adquiriendo poco a poco en el aprendizaje y en la acción. Y es imprescindible que conozcamos el cuerpo que somos, cuerpo hondamente sexuado y sexual, una trepidante creación carnal viva en constante transformación, un majestuoso misterio existencial.

Para comprender qué somos las mujeres nos detenemos en el cuerpo sexuado y sexual que somos, pues es nuestra verdad básica. ¡Sí!, un cuerpo femenino con pechos, útero, vagina, clítoris, vulva... ¡Un canto de creación infinita! Ha llegado la hora de reivindicar la verdad, la bondad y la belleza de nuestros cuerpos reales. ¡Rebelémonos para vivir nuestro cuerpo de un modo renovado y creemos en hermosura realidades nuevas!

El cuerpo que somos está sexuado desde la primera hasta la última célula, y no podemos comprender lo que somos ignorando este hecho. Tenemos que valorar nuestra condición, incluso amarla comprendiéndola. Tenemos que dejar de parcelarnos en partes sexuales y partes asexuadas en una continuada abstracción enajenante. Al liberar la mente de las premisas falsas, aprendidas en nuestro proceso de socialización, liberamos el cuerpo. Solo las mujeres podemos tener experiencias de mujeres en nuestros cuerpos sexuados en femenino. Solo nosotras las vivenciamos en nosotras mismas. ¿Cómo se puede explicar o traducir en palabras las vivencias de un embarazo o las de dar el pecho, o las de tener la regla mes a mes? ¿Cómo transmitir lo que suponen para un cuerpo vivido? ¿Cómo comunicar los cambios que experimenta?

La autoafirmación y el autoconocimiento como ser sexual son decisivos para vivirnos con mayor autoestima y libertad. La autonomía de cada mujer se construye en un ámbito psicológico personal en el cuerpo vivido que es. Cada mujer puede trabajar consigo misma para ser más ella, más libre para disfrutar en plenitud carnal real instante a instante vivido. Las vivencias de nuestra condición sexual conforman nuestra sexualidad, y es una relación profunda y mantenida con lo que somos, con los otros y con lo que nos rodea. Es importante que las mujeres nos apropiemos de nuestros cuerpos y de nuestra sexualidad.

La libertad de la mujer puede ser redescubierta en medio de las múltiples imposiciones a las que nos sometemos. Es cuestión de tomar consciencia y no consentir las injusticias sociales ni las disposiciones que contribuyan a anularnos como personas de pleno derecho a *ser*. Cuidemos nuestras experiencias cotidianas para que se graben en nosotras con palabras buenas, bellas y verdaderas, pues moldean el cuerpo-palabra que somos.

Somos cuerpos sexuados y sexuales, pero desconocemos realmente cómo somos, desconocemos nuestro trepidante universo carnal, nuestra mente, nuestro espíritu o alma. Somos cuerpo; percibimos, pensamos, sentimos, memorizamos lo que experimentamos desde y en nosotras mismas. Y es el cuerpo el que lo hace, sin que sepamos bien cómo lo hace, sin que podamos detener su proceso biográfico. Realmente es el cuerpo el que se transforma en cada instante vivido. Es la maravilla errante que somos, mecida por el tiempo vivido, el tiempo de cada una, integrado en el tiempo de todas.

Los conceptos que manejamos para explicarnos lo que somos, lo que es el cuerpo, construyen la realidad en la que nos ubicamos. Los conceptos del cuerpo como tal y de su condición sexuada y sexual no son solo históricos sino también políticos. La hegemonía genital en lo sexual deriva en consecuencias para los sujetos sexuados. Las personas vivimos en un medio de significados, los cuales emplazan aquello que deseamos y hacemos. Si liberamos nuestra mente liberaremos los cuerpos-palabra que somos. ¡Ya basta de atenernos a un modelo explicativo que niega lo que en realidad somos las mujeres!

En este libro cuestionamos lo aprendido y reflexionamos de una manera diferente. Conocer nuestro propio cuerpo es decisivo para que las mujeres seamos dueñas de nuestra sexualidad, para comprender y gestionar mejor ese milagro existente que somos. Hablamos de nuestros cuerpos sexuados en femenino, del cerebro, de la piel sintiente, de los genitales... Las palabras pueden ser tan afiladas como las cuchillas, pueden mutilar o incluso extirpar partes de la realidad. Por eso nos detenemos en la vulva, el clítoris, la vagina, el útero, los ovarios... Creemos que es fundamental que las mujeres conozcamos nuestra anatomía y sepamos localizar sus distintas estructuras. Señalamos la importancia de un suelo pélvico sano y fuerte, puesto que un buen tono muscular del suelo pélvico mejora no solo la salud de la mujer sino también la calidad de sus orgasmos. Sin embargo, en nuestras culturas no se le da la importancia que tiene y a menudo el suelo pélvico es ignorado, es como si no existiera salvo cuando enferma. Todas las mujeres deberíamos tener internalizado el gran valor de esta musculatura y acostumbrarnos a fortalecerla a diario como un hábito muy saludable. Explicamos de una manera clara y sencilla cómo hacerlo.

También hablamos de las hormonas sexuales de la mujer, del ciclo menstrual, de nuestra sexualidad, nuestros deseos y nuestra *amatoria*. Las mujeres nos hemos creído muchas falsedades que se nos han contado sobre nuestra sexualidad y hemos renunciado a placeres con objeto de agradar a los hombres con los cuales nos relacionamos. En nuestras sociedades se sigue reprimiendo la sexualidad femenina, se la desatiende y se la manipula. Sin embargo, las mujeres somos sujetos sexuales de igual valor y derechos que los hombres. Y si no es así en la vida real, si por nacer mujer un sujeto tiene peores oportunidades para desarrollarse y vivir plenamente, algo no va bien en nuestras sociedades.

En el orden patriarcal existe una «natural» tendencia a convertir al sujeto mujer en objeto sexual, un objeto que permite a los hombres tener erecciones y coitos. Además, a la mujer se la carga de una culpabilidad insensata, fundamentada en el imaginario colectivo reinante. La mujer se siente culpable por lo que ocurre y por lo que no ocurre; la culpa la aprisiona por ser mujer en un orden social injusto.

Las mujeres tenemos que ser conscientes y no contentarnos con dar cuerpo a las fantasías sexuales masculinas, tenemos que conocer los cuerpos que somos, valorarlos y quererlos en su real imperfección. Saber cómo funciona nuestro cuerpo, el autoconocimiento sexual y la autoafirmación sexual son muy importantes para disfrutar en nuestra sexualidad y ser sus dueñas. Poseemos un potencial inmenso para disfrutar en nuestras vivencias y tenemos que responsabilizarnos de ser nosotras mismas. Las mujeres no queremos ser libres para adoptar un modelo de sexualidad ajeno como propio, queremos ser libres para descubrir el nuestro.

En este escrito hablamos brevemente de las características de la sexualidad femenina, porque más adelante le dedicaremos un libro entero. También reflexionamos sobre qué desean las mujeres. ¿Deseamos por encima de todo, nos cueste lo que nos cueste, que nos deseen? ¿Las mujeres seguimos sacrificando nuestra autonomía con tal de ser deseadas y queridas? ¿Se nos desea a nosotras mismas o a un fantasmal ideal que se nos atribuye por ser mujeres?

Las mujeres deseamos con toda la intensidad de nuestro ser, instante a instante vivido. Sí, deseamos que se nos desee y se nos quiera, pero a nosotras mismas, respetándonos, reconociéndonos en el cuerpo-palabra que somos cada una, con su prosa y su verso creativos, con nuestra capacidad de crear mundos y hacer crecer. Por encima de todo deseamos vivir a gusto, en igualdad de derechos y oportunidades, en igualdad valorativa de los sexos... Las mujeres queremos ser valoradas y queridas mostrándonos inteligentes, sabias, independientes, con autoridad, mujeres completas viviendo auténticamente nuestra narración vital, mujeres que dicen «sí» y «no» desde la condición de sujetos, con todos los derechos a una vida digna.

En este libro no nos adentramos en la profundidad de la erótica ni de la *amatoria* femeninas, ya lo haremos en futuras ocasiones y en los libros correspondientes, si todo va bien. Aquí perfilamos algunas de sus características para entender mejor el cuerpo-palabra que somos. Así, la *amatoria*, la actividad sexual no solo proporciona sensaciones placenteras sino que se vincula con una intencionalidad existencial y es la expresión de las energías creativas del cuerpo-palabra en relación con otros. La *amatoria* crea y destruye, transforma al sujeto existente en su apertura carnal al otro, modela la vida y crea mundos relacionales en los que ocurren cosas que trascienden el universo de entre-dos. Es primordial que la mujer aprenda a cuidarse y evitar excesivo sufrimiento, tiene que valorarse y hacerse valer sin esperar que el otro sea bueno y justo con ella, tiene que elegir bien a sus compañeros y no dejarse tratar mal.

Las mujeres debemos preguntarnos cómo nos gustaría que fueran nuestras relaciones sexuales y hablar de ello con nuestras parejas, aunque sea difícil. La intimidad entre dos se va labrando en un tiempo compartido, es profundamente humana y nos trasciende. Parece mentira que los humanos continuemos con la ignorancia y el oscurantismo en los asuntos que nos atañen e importan como cuerpos-palabra existentes que somos. Sin duda se debe a la mala educación que se nos da para vivir en verdad, bondad y belleza existenciales.

Los cuerpos-palabra que somos creamos en cada instante, en cada caricia, en cada encuentro o desencuentro, influimos unos en otros. Ya es hora de que las mujeres lo hagamos con el claro propósito de ser sujetos existentes de pleno derecho a *ser* y a decir nuestras propias palabras; ¡creemos en hermosura! ¡Un mundo mejor es posible!

Todas esas cuestiones y más impregnan las páginas de este libro. La última parte «Susurros al viento» es una especie de resumen susurrante, un modo diferente de decir las cosas. Espero que la lectura de este segundo libro sobre el sujeto existente mujer sea un próspero viaje intelectual, útil en la búsqueda de comprensión de lo que somos.

Cuerpo-palabra mujer

> Nosotras somos cuerpo aunque no nos agotemos en el cuerpo. Somos cuerpo vivido aun cuando podamos extendernos en nuestras obras, en nuestras creaciones.
>
> MARCELA LAGARDE Y DE LOS RÍOS
> *Para mis socias de la vida*

I. EL EXISTENTE CORPÓREO MUJER

El existente corpóreo mujer es el cuerpo-palabra mujer que vive su tiempo y teje su particular historia; es la conciencia hecha carne sexuada y sexual en femenino. Así, la conciencia es existencia individuada, existencia carnal viva, que va siendo minuto a minuto, que se transforma siempre en el continuado transcurrir de su tiempo, que va naciendo en el conocimiento de sí misma y de lo que la rodea, y que va muriendo en el infinito parpadeo existencial. Nuestro tiempo no es solo una experiencia de duración, es un tiempo vivido; es un vibrante dinamismo de constante transformación carnal, un sostenido cambio de vida que somos, una sucesión de nacimientos, que nos ubica en el proceso de llegar a *ser* nosotras mismas.

La encarnación de la conciencia, la integridad del cuerpo-palabra mujer en una unidad existente, en un cuerpo-mente-espíritu profundamente unificado es un enigma, un desafío para la imaginación[1]. El cuerpo-palabra mujer funciona como un sistema completo, una unidad viva en la cual todo está interconectado.

---

[1] «Cuanto más nos revela la ciencia, más misteriosa se hace la vida». Palabras de Einstein citadas en: Hite, Shere: *El nuevo informe Hite. Mujeres y amor*, Madrid,

El cuerpo femenino es un vivo misterio, capaz de dar vida a otro ser y crearlo en su interior, lo cual expresa fuerza vital y potencia creadora sin igual. Toda vida es un secreto insondable. La mujer se trasciende a sí misma, llega más allá del cuerpo-palabra que es por ser también fuente de vida humana, por celebrarla en su infinita hondura carnal. Las mujeres debemos cambiar de actitud frente al sagrado misterio que somos. El cuerpo femenino alberga una gran fuerza creadora de vida, tenga o no tenga hijos. Su potencialidad de dar vida no es un simple futuro posible, sino ya un presente característico, independientemente de que se haga realidad o no. Así, cabe afirmar que la potencialidad de ser madre cobra diversas formas de realización; es una realidad para la mujer, que se expresa en ser madre y en ocupaciones, obras o creaciones.

El hecho de existir corpórea individuada es lo más privado que hay, no es comunicable, no es transferible ni cabe depositar la existencia propia en manos de otros. Cada una de nosotras es única y singular, irrepetible en su asombrosa concreción de vida[2]. Por eso, la soledad se hilvana en nuestro ser, es imprescindible para que la mismidad acontezca, para que pueda concretarse en medio de lo que la rodea, para que nazca como un sujeto existente corpóreo real. Desde la entraña de la soledad, de la separación, la mujer extrae el sentido de su singularidad existente que se ubica en un medio social, bebe sus «verdades» de este, se impregna de sus reglas y normas[3]. No obstante, la mismidad existente se construye con límites, se posiciona frente a y en lo que la rodea. El tiempo vivido moldea la sexuada piel de la mujer en su fluir biográfico, y la soledad se convierte en indisoluble del sujeto existente mujer en su

---

Suma de Letras, 2002, p. 943. Por su parte, Camille Paglia sostiene: «Todo cuerpo femenino contiene una celda de noche arcaica ante la cual ha de detenerse todo conocimiento». Paglia, Camille: *Sexual personae*, Madrid, Valdemar, 2006, p. 55.

[2] «La verdadera subjetividad humana es indiscernible, según la expresión de Leibniz, y por consiguiente no es a modo de individuos de un género como están juntos los hombres». Levinas, Emmanuel: *Ética e infinito*, Madrid, Antonio Machado Libros, 2008, p. 67.

[3] De Beauvoir, Simone: *El segundo sexo, vol. 2, La experiencia vivida*, Buenos Aires, Siglo Veinte, 1987, p. 408.

experiencia de ser real, en su acción de existir. El sujeto existente mujer está solo porque es una y no otra[4].

Sin embargo, la experiencia de ser una mujer concreta y real en una sociedad patriarcal adolece de una soterrada dificultad para autosignificarse, puesto que faltan las palabras para expresarla y narrarla, para definirla de manera apropiada. La falta de palabras que aporten significados y describan el mundo femenino sin distorsionarlo, tornándolo en narrable y comunicable, repercute en nuestra soledad y en un cierto aislamiento o marginalidad femeninas en un mundo centrado en los hombres y nombrado desde la condición diferencial masculina. La manera de ser mujer no encaja bien en ese medio como protagonista; su papel es de secundaria. Es necesario superar este obstáculo y reclamar la legitimidad de nuestra propia experiencia de vivir día a día, hay que ponerlo en valor, porque lo tiene y mucho. Las mujeres tenemos que entender y reconocer cómo y por qué construimos nuestras experiencias, el porqué de nuestras elecciones, pues la experiencia transcurre en la continuidad de nuestro tiempo, minuto a minuto vivido, en nuestra cotidianidad. La consciencia en el vivir es una fuente increíble para la transformación existencial, para un tiempo vivido con autenticidad.

No obstante, el existente corpóreo mujer no es el discurso que cabe postular a propósito, sino el cuerpo real con voz propia y sus verdades comunicables o no, ocultas o desveladas. El cuerpo es nuestra verdad básica, somos cuerpo vivido, que ocupa un lugar en el mundo, que se socializa en él y tiene necesidad de hablar, de comunicarse con otros cuerpos-palabra. El cuerpo se enraíza en la Naturaleza, pero, al vivir en un mundo en relación con otros, se impregna de lo social y lo cultural. Por tanto, asimilar a la mujer a la Naturaleza es una decisión teñida de ideología. La Naturaleza no define a la mujer[5].

---

[4]Levinas, Emmanuel: *El Tiempo y el Otro*, Barcelona, Paidós, 2004, p. 92.
[5]De Beauvoir, Simone: *El segundo sexo, vol. I, Los hechos y los mitos*, Buenos Aires, Siglo Veinte, 1987.

Las mujeres somos cuerpos existentes, por tanto vivimos en relación con otros en una sociedad dada con su cultura correspondiente. Es verdad que el cuerpo sexuado en femenino se arraiga hondamente en la Naturaleza, despertando la vida en sí y alrededor de sí, no en vano pertenece al sexo que da vida, el sexo comprometido en la perpetuación de la especie humana. Ese compromiso se convierte en un mandato metafísico, que se vincula con la realización del sujeto existente mujer, a la vez que con su sujeción e, incluso, tiranía sobre la mujer. El cumplimiento de la tarea de dar vida a un nuevo ser y criarlo es la más alta expresión de potencia creadora, una manifestación sin igual de la vitalidad. Sin duda, el embarazo, el parto y la crianza son periodos de máxima creatividad, pero al mismo tiempo consumen tiempo, energía, fuerzas y salud. El existente corpóreo mujer se encuentra dominado de pronto por una inexplicable fuerza cuyos órdenes y disposiciones no puede ignorar. Estos someten a la mujer y se apoderan del cuerpo que es, la obligan en el cumplimiento de su misión, la trascienden en el sorprendente encuentro con el devenir de los tiempos. La mujer resiste pacientemente los nueve meses requeridos para dar a luz a un nuevo ser, espera, aguanta. Se sacrifica, persiste en su tarea a pesar de las dificultades, dolencias y problemas de salud; lleva a cabo el embarazo. Después de la experiencia, cambiará de manera significativa tanto física como emocional y psíquicamente. De repente, se verá profundamente implicada en una trama de nuevas relaciones; ella es madre y eso transforma definitivamente su mundo. Desde alguna parte de su hondura carnal emerge y se manifiesta lo que tenía dormido en sí misma como potencialidad; la maternidad estalla con toda su inusitada fuerza. A partir de ahora le será difícil a la mujer mantenerse independiente, trazar un claro límite entre ella y su hijo o hija, entre sí y los otros originados de sí. Antepondrá sus necesidades a las propias, los cuidará y los protegerá, les entregará su tiempo, sus sueños, su querer... Es un vínculo sagrado, que se escapa a lo racional, y es imposible de explicar en palabras; es real, se siente, se vive, ocurre, aunque no siempre.

Parece claro que todos los seres humanos somos naturaleza socializada y culturizada. No obstante, el peso de la naturaleza se deja sentir más en el sexo femenino, nos guste o no. Su misión de concebir y perpetuar la especie compromete a las mujeres desde la oscuridad de los tiempos, mes a mes, menstruación a menstruación; misión que la mujer puede tratar de evitar durante toda su vida reproductiva. La casa-cuerpo de la mujer es también la potencial cuna para otros seres humanos, y esa cita con la Naturaleza se impone a su voluntad consciente o deseo, más allá de su libre decisión. ¿Cabe elegir naturalmente tener la menstruación o no tenerla, ovular o no hacerlo?

El existente corpóreo mujer es un ritmo vital de transformación continua, acompasado con la Naturaleza, con la luna, con el florecimiento y el declive en su poderoso influjo. El cuerpo femenino es un mar de células sobre el que actúa el movimiento de flujo y reflujo del mes lunar. Las mareas empapan nuestros tejidos grasos, nuestras glándulas; sacian su sed de agua vivificante, los nutren y los limpian en el momento de la marea alta hormonal. La mujer retiene agua, se vuelve mar, se vuelve cuna, se torna en un posible comienzo. Así, mes a mes, menstruación a menstruación, mensual y menstrual en un mismo ritmo, en un mismo vibrar y susurrar esperanza en el transcurrir de los tiempos. El existente corpóreo mujer está gobernado en su etapa fértil por ciclos[6]. El cuerpo-palabra que es cambia en sus ciclos no sólo física sino también emocional y psíquicamente. Los humores invaden al existente corpóreo mujer de forma muchas veces inexplicable. Las emociones nacen y desaparecen en ese mar que es. Parece magia, puede parecer excentricidad o trastorno femeninos. Desde luego no es racional, fácilmente traducible en palabras del mundo mas-

---

[6]«La mujer no sueña con una huida trascendental o histórica del ciclo natural, pues ella es ese ciclo. Su madurez sexual significa la unión con la luna, florecer y declinar con arreglo a las fases lunares. Mensual, menstrual: una misma palabra, un mismo mundo. Los antiguos sabían que la mujer está obligatoriamente ligada al calendario de la naturaleza, a una cita a la que no se puede negar». Paglia, Camille: *Sexual personae*, Madrid, Valdemar, 2006, pp. 36-37.

culino. Un día la mujer está rara y ni siquiera ella misma sabe por qué, no lo puede justificar o explicar. La mujer es un enigma para ella misma, que mes a mes se enfrenta al desconocido abismo que es ella, al vórtice que es el tiempo vivido y su destino de ser madre o no.

Así, el existente corpóreo mujer tiene conexiones especiales con la Tierra, la Naturaleza, con lo sagrado y secreto. La mujer sabia interviene en la Vida trascendiendo lo racional, sus valores más verdaderos se hunden en lo irracional[7]. Desde la noche de los tiempos las mujeres sabias eran poderosas, algunas de ellas incluso magas o hechiceras, dotadas de poderes específicos, de poderes de vida y de muerte, conocedoras de rituales mágicos para sanar y también para perjudicar[8]. Esas mujeres sabias y poderosas vivían al margen del sistema patriarcal, que las consideraba peligrosas y las perseguía como enemigas de su orden. Desde que se instaló el régimen patriarcal, la forma de existir de lo femenino ha sido el de ocultamiento, consciente o no, deseado o no, buscado o no. A pesar de ello o como consecuencia de su soledad en un mundo centrado en los hombres, la mujer ha aprendido a sentirse en casa consigo misma, en sí misma, constituyendo una unidad existente frente al hombre[9].

---

[7] «En otras palabras, evidentemente se puede afirmar el enraizamiento especial de la mujer en la biosfera: literalmente hay un millón de años de tradición de la mujer sabia que siente las corrientes de la encarnación en la naturaleza y las celebra en sus rituales de curación y en sus sabias formas de conocimiento conectivo; un conocimiento que no adora meramente al activo sol y a su brillo cegador, sino que encuentra formas de relación en las profundidades de lo orgánico, que pone el cuidado por encima del poder y la nutrición por encima de la falsedad; que reunifica los fragmentos con atención y es quien atiende las comuniones y conexiones que nos sirven a todos de sustento. Y, sobre todo, es quien sabe que ser es siempre "ser-en-relación"». Wilber, Ken: *Sexo, ecología, espiritualidad, Volumen I, libro I*, Madrid, Gaia, 1998, pp. 210-211.

[8] Lipovetsky, Gilles: *La tercera mujer*, Barcelona, Anagrama, 1999.

[9] «Y aquí surge una premisa metafísica que, lejos de toda posibilidad de demostración, se manifiesta como intuición, sensación o especulación a lo largo de la historia de las ideas: que el ser humano, cuanto más se sumerja en el propio ser y más lo articule en sí mismo, tanto más cerca de la existencia y de la

El existente corpóreo mujer extiende sus límites más allá de sí mismo, se vuelve comunión con lo que lo rodea, participa en la totalidad. La mujer es una, pero se integra en el todo que la incluye. Por eso, la noción de armonía es una de las claves del universo femenino[10]. La mujer hace nacer Vida no solo en ella sino en sus creaciones, en lo que hace, en sus encuentros emocionales con otros. Crea sentido, crea placer en las pequeñas cosas del día a día, en sus caricias del alma de otros, en la fuerza de su amor, aunque, por supuesto, hay excepciones y no todas las mujeres son así. Las hay que hacen daño y destruyen con maestría a los que tienen cerca. Muchas mujeres se olvidan de quiénes son y emprenden una carrera desbocada compitiendo entre sí, envidiando, tratando de gustar y conquistar a los hombres. Sin embargo, la fidelidad a sí misma, el no olvidar quién se es, y vivir consciente y atenta al sí-mismo carnal, con respeto y amor del bueno a sí misma, generan una fuerza sin igual. Lo peor que puede hacer una mujer es sacrificar su sabia y profunda vida por agradar a otros, traicionar lo que es a cambio de una seguridad dependiente del beneplácito y

---

unidad del mundo estará, tanto más perfectamente la expresará en sí mismo». Simmel, Georg: *Cultura femenina y otros ensayos*, Barcelona, Alba, 1999, p. 109. Y añade: «Mientras que el hombre sale de sí mismo, descarga su energía en el esfuerzo creativo y así "significa" algo que se sitúa de alguna manera fuera de él, dinámico o ideal, creando o representando, la idea esencial de la mujer es esa integridad de la periferia, ese formar parte de la armonía de las partes del ser entre sí, y de su relación homogénea con su centro, que es la fórmula de la belleza. Pues la mujer es, en el simbolismo de los conceptos metafísicos, la que existe y el hombre el que deviene; por eso él ha de obtener su significado de una cosa o de una idea, de un mundo histórico o de un mundo epistemológico, mientras que la mujer ha de ser bella en el sentido en que la belleza es "dichosa en sí misma"», p. 207.

[10]«La mujer reclama un bien que sea una Armonía viviente, y en cuyo seno se sitúe por el sólo hecho de vivir. La noción de armonía es una de las claves del universo femenino: implica la perfección en la inmovilidad, la justificación inmediata de cada elemento a partir del todo y su participación pasiva en la totalidad. En un mundo armonioso la mujer alcanza así lo que el hombre busca en la acción; ella penetra el mundo, éste la exige, y ella coopera en el triunfo del Bien». de Beauvoir, Simone: *El segundo sexo, vol. 2, La experiencia vivida*, Buenos Aires, Siglo Veinte, 1987, p. 403.

de la voluntad de otros. ¿Qué ocurre cuando dejamos de vivir como sujetos capaces de decidir y de actuar con cierta libertad? Nos difuminamos, nos debilitamos en el existir.

Por contra, cuando una mujer decide ser ella misma y nada más, a pesar de los pesares y asumiendo el precio que, quizás, vaya a pagar por ello, se vuelve más vital, más libre, más fuerte y enérgica. ¡Y ya puede llover! ¡Basta ya de menospreciar lo femenino, de avergonzarse y ocultar! Eso nos debilita. ¡Las mujeres no nos lo podemos permitir! ¡Lo femenino es bello! Es bello no porque lo dicen los hombres, es bello en sí, en su sagrado secreto. Y si alguien no lo considera así, a lo mejor tendría que reflexionar sobre la Vida y las cosas de nuestro mundo. ¡Lo femenino es bello, es bueno y es verdadero!

El descubrimiento del ser en vez del hacer es la sagrada tarea del existente corpóreo mujer. Es bueno que aprendamos a honrar los misterios del cuerpo, honrar su capacidad de renacer y de morir en cada instante vivido. La interioridad es la posibilidad misma de un nacimiento y de una muerte, cuya significación es biográfica, no histórica. Y es así de trascendente[11]. El existente corpóreo es ignorancia de sí y, ciego, crea lo que es. Por eso, una se hace mujer comprendiéndose como tal, porque la comprensión, el conocimiento son creación[12]. El conocimiento es el «algo más» que incorporamos a lo que somos, nos crea en la operación de dilucidar, de desvelar, y crea una nueva visión del mundo, puesto que los ojos del observador que lo contemplan cambian al conocer, y aprehenden un resultado nuevo, diferente. La mirada actualiza una nueva realidad, la imagina, la crea. Esta nueva realidad incluye al observador en un todo integrado.

---

[11] «La interioridad es la posibilidad misma de un nacimiento y de una muerte que no extraen de ningún modo su significación de la historia. La interioridad instaura un orden diferente del tiempo histórico en el que se constituye la totalidad, un orden en el que todo está *pendiente*, en el que siempre sigue siendo posible lo que, históricamente, no es ya posible». Levinas, Emmanuel: *Ética e infinito*, Madrid, Antonio Machado Libros, 2008, p. 66.

[12] Sartre, Jean-Paul: *Verdad y existencia*, Barcelona, Paidós Ibérica, 1996, p. 83.

Es hora ya de valorar y respetar el cuerpo existente que somos, pues es nuestra verdad básica, nuestra casa, nuestra Tierra. Las mujeres nunca deberíamos de estar en contra del cuerpo que somos. Tenemos que dejar de mortificarlo para agradar a otros ajustándonos a sus sueños; esos sueños no son los nuestros. Tenemos que aprender a honrarnos, a querernos seamos gordas o flacas, altas o bajas, guapas o feas, jóvenes o viejas... Esos calificativos nos vienen de fuera, propiciando que el cuerpo se convierta en nuestro enemigo. Por contra, el cuerpo que somos no es nuestro enemigo, es nuestra fortaleza, es el tesoro que hace posible la existencia carnal o real, la vivencia de tantas cosas y experiencias humanas; es el principio en el cual todo nace. La liberación de las mujeres no pasa por la destrucción del cuerpo, ni casa con la represión o con el menosprecio de lo femenino. La liberación de las mujeres es una experiencia de profunda rebelión mantenida en el tiempo vivido.

No obstante, las raíces de los prejuicios son hondos y todos hemos aprendido a avergonzarnos de lo femenino al socializarnos en un orden patriarcal. La angustia de ser mujer se instala en el cuerpo-palabra que somos en un orden de cosas que nos condena a ser secundarias en nuestra propia narración existente. En su socialización, la mujer aprende a ignorar y a rechazar su propio potencial como individuo protagonista de su particular historia de vida y, cuando se rechaza y se sacrifica en parte aquello que potencialmente somos, el resultado es un pálido reflejo de lo que podríamos llegar a ser en otras circunstancias, con otra actitud. El sentido del propio yo, de nuestra valía independiente se daña profundamente, nuestra autoestima sufre. En una sociedad patriarcal, las mujeres se habitúan a la experiencia de ser cuerpo para otros, a no ser dueñas de su carnalidad, a tener que acatar reglas, leyes, normas y costumbres que las comprometan gravemente en su narración vital. ¿Qué duda cabe que la legislación sobre los embarazos y sobre la crianza de sus retoños determina significativamente la vida de las mujeres, condenándolas, en ocasiones, incluso a la muerte? El cuerpo de la mujer es ubicado en un campo político, el poder opera sobre él sometiéndolo o no, utilizándolo, tornándolo productivo. Para que el cuerpo se convierta en fuerza útil para el mantenimiento de la sociedad tiene que someterse y producir, tiene que aprender a comportarse adecuadamente y adquirir los hábitos que lo hagan posible[13]. El cuerpo que es la mujer se considera un medio para otros, un medio para la reproducción, el disfrute y el trabajo, no un fin en sí mismo, único e irrepetible como sujeto existente real —un insondable tesoro capaz de transformar la realidad, nuestro mundo.

El cuerpo de la mujer es sometido por las disposiciones legislativas que nacen de un discurso político, es controlado para tornar el cuerpo en útil socialmente, para asegurar y fomentar sus funciones procreadoras y de crianza. Esas funciones, ¿qué duda cabe?, sujetan a las mujeres en un devenir reglado. El ser cuerpo para otros condiciona a las mujeres, nos quita autonomía en el existir. Las tareas se multiplican sin cesar y nos ocupan constantemente. La mujer asume su sometimiento, que pasa a ser algo «natural» en ella, sin que por eso pierda su cualidad de sujeto. Ese sometimiento se traduce en hábitos, comportamientos, deseos, necesidades, silencios, temores, acciones...

Las mujeres tenemos que ser conscientes de que la opresión más básica sobre nosotras se ejerce a través de nuestra relación con nuestro propio cuerpo: es donde se juega nuestra autonomía como sujeto mujer. ¿De quién es el cuerpo de la mujer? ¿Es un cuerpo inviolable? ¿Es libre? ¿Las instituciones y las leyes preser-

---

[13] «Pero el cuerpo está también directamente inmerso en un campo político; las relaciones de poder operan sobre él una presa inmediata; lo cercan, lo marcan, lo doman, lo someten a suplicio, lo fuerzan a unos trabajos, lo obligan a unas ceremonias, exigen de él unos signos. Este cerco político del cuerpo va unido, de acuerdo con unas relaciones complejas y recíprocas, a la utilización económica del cuerpo; el cuerpo, en una buena parte, está imbuido de relaciones de poder y de dominación, como fuerza de producción; pero en cambio, su constitución como fuerza de trabajo sólo es posible si se halla prendido en un sistema de sujeción (en el que la necesidad es también un instrumento político cuidadosamente dispuesto, calculado y utilizado). El cuerpo sólo se convierte en fuerza útil cuando es a la vez cuerpo productivo y cuerpo sometido». Foucault, Michel: *Tecnologías del yo*, Barcelona, Paidós, 1990, pp. 32-33.

van la autonomía de la mujer o, por el contrario, la dificultan? En numerosas sociedades los cuerpos de las mujeres parecen pertenecer antes que a ellas mismas a las instituciones, a la Iglesia, a los Estados, a la familia, al marido, al padre, al hermano, a los hombres... Para ser autónomas, para ser sujetos y no objetos de trabajo e, incluso, de explotación es imprescindible apropiarnos de nuestros cuerpos. Lo personal sigue siendo político y viceversa[14].

La existencia en un espacio social moldea a la mujer performando su sexuada piel con sus verdades explícitas e implícitas, esculpiendo su corporalidad por medio de los significados que le aporta. Así, el discurso vigente que cohesiona el orden patriarcal es interiorizado en el existente corpóreo mujer, ejerciendo su poderosa acción de forma apenas perceptible. De este modo sutil ni siquiera es necesaria coerción alguna para reprimir a la mujer, para hacer que baje su mirada. Una vez interiorizada la «verdad», esta hace nacer expectativas en la mujer, se traduce en actitudes, en una manera de crear la propia narración biográfica al influir sobre la imagen que se construye de sí misma. Las «verdades» interiorizadas en nuestro proceso de socialización hacen que las mujeres aceptemos un sentido existencial y también la forma de vivir el tiempo. Las «verdades» interiorizadas influyen en la creación de una misma, porque lo que hacemos y creamos, a su vez, nos hace y nos crea. No en vano, el «yo» es un complejo tejido de innumerables «nosotros» de cada momento vivenciado, de nuestros encuentros y desencuentros con otros, del placer o el dolor que hayamos podido experimentar en contacto con ellos. Los sujetos existentes introyectamos los valores simbólicos y los significados que recibimos en esas experiencias con otros y, una vez introyectados, los vivimos como propios y verdaderos salvo si los cuestionamos. A partir de ese momento, el existente corpóreo mujer tenderá a confirmar sus creencias en lo que hace, a reconocerlas y destacarlas en su realidad, a esperarlas y a recordarlas. No olvidemos que se ve lo que se acostumbra a ver, lo que posee algún significado para uno, y

---

[14]Greer, Germaine: *La mujer completa*, Barcelona, Kairós, 2000, p. 505.

se registra mentalmente lo que se espera. De ese modo, incluso la excepción confirma la regla. La teoría determina lo que podemos aprehender. También el nivel de nuestra conciencia y el nivel de nuestro desarrollo posibilitan captar distintas realidades.

Además, ya se sabe que los hechos y los actos permiten innumerables subconstrucciones psicológicas, diversas intenciones e interpretaciones, que se ubican en un espacio de racionalidad, de emociones, imaginación, deseo y temor. Es decir, una imagen externa puede despertar en distintos sujetos diferentes imágenes internas, variadas asociaciones biográficas y diversas lecturas. Las personas somos inaprensibles en nuestra honda inmanencia. Los pensamientos y los sentimientos expresan lo que somos en ese momento vivido y lo actualizan. Por eso el ámbito psicológico de la subjetividad es donde se juega la verdadera autonomía e independencia del existente corpóreo mujer, es donde se resuelve la construcción del individuo como sujeto, autor de su narración biográfica, es donde todo nace y todo muere.

Cabe sostener que cada interpretación o atribución de sentido crea su propia realidad llena de sentido[15]. Asimismo, cabe afirmar que, en cierto modo, ignoramos qué es ser mujer, qué somos. Sin embargo, aunque ignoremos lo que somos, las mujeres existimos, somos reales, somos carnales. Ahondemos un poco más en la tarea de dejar ser al ser mujer, adueñémonos de la duda, la reflexión y el cuestionamiento para conocer y crearnos, para dar vida a los significados mediadores de la existencia libre de las mujeres[16]. Como decía Fichte, «el yo pienso está en la base de todas mis representaciones»[17].

---

[15] Watzlawick, Paul: *La coleta del barón de Münchhausen*, Barcelona, Herder, 1992, p. 160.

[16] «Al observar el daño físico y emocional en que han incurrido las mujeres en este viaje heroico, he llegado a la conclusión de que el motivo por el que están sintiendo tanto dolor es que decidieron seguir un modelo que niega lo que en realidad son». Murdock, Maureen: *Ser Mujer: un viaje heroico*, Madrid, Gaia, 1991, p. 14.

[17] Zambrano, María: *Los sueños y el tiempo*, Madrid, Siruela, 1992, p. 103.

La diferencia masculino/femenino siempre se inscribe en los sistemas representativos. Los significados culturales y sociales de lo que es ser mujer inundan el mundo simbólico, y también las normas, usos y costumbres vigentes en cada sociedad. Creemos que la diferencia sexual produce muchas otras diferencias, que, en el fondo, tratan de disfrazar una indiferencia sexual efectiva[18].

La condición sexual humana se concreta en dos sexos, supuestamente equivalentes y hermosos en sus peculiaridades específicas. Sin embargo, de una manera injustificable desde la razón, se ha subordinado un sexo a otro, se le ha ignorado salvo como un útil medio para sostener un orden fundamentado en la sinrazón, se le ha atrofiado en su infinita profundidad humana. Así, lo femenino se ha definido partiendo de un prototipo masculino, comparando a la mujer con la hipotética excelencia sexual del existente corpóreo hombre. Las normas de los valores con las que se miden las cualidades del sujeto existente mujer tienen carácter masculino, no son las apropiadas para caracterizar o definir al existente corpóreo mujer. De ahí que lo femenino se ha considerado como lo opuesto, lo contrario, lo atrofiado, lo infantil, lo inconcluso, lo complementario en el mejor de los casos. De un modo perverso, intelectualmente hablando, se ha formulado una imagen de la mujer coherente con el orden establecido de cosas y útil para perpetuarlo. Todas sus otras cualidades se han relegado a lo incomprensible, a lo incierto y oscuro, a lo irracional e inestable, distorsionando los significados referentes a ser mujer. Con ese discurso, incluso se llega al extremo de considerar a la mujer como un vacío, como un «agujero» en doble sentido[19].

A las mujeres se nos ha educado desde la niñez en la creencia de que el ideal del carácter femenino es el contrario al del hombre, que nuestra naturaleza exige que seamos dulces, complacientes, buenas chicas, comedidas, amorosas, comprensivas, obedientes, abnegadas, frágiles, incluso débiles, temerosas, faltas de inicia-

---

[18]Irigaray, Luce: *Ese sexo que no es uno*, Madrid, Akal, 2009, p. 118.
[19]Giddens, Anthony: *La transformación de la intimidad*, Madrid, Cátedra, 1998, p. 108.

tiva e indefensas. No hace mucho se nos preparaba desde la niñez para ser buenas madres, para desempeñar bien nuestro papel en la sociedad siendo madres y esposas ejemplares[20]. Por lo general, no se nos educaba para ser un sujeto existente de pleno derecho a ser en y por sí misma. Así, se adulteraba el carácter de las mujeres, preparándolas para servir, para ser unos eficaces instrumentos para perpetuar un orden de cosas injusto, en el cual las mujeres son las eternas subordinadas de los hombres. Se nos cargaba con tantas tareas cotidianas y pequeños intereses que ocupaban nuestras mentes, que ni siquiera nos quedaba tiempo para nosotras mismas, para pensar y cuestionar, para realizar nuestros sueños. Lo más eficaz para subordinar a la mujer es lograr que internalice una imagen ideal de lo que es ser mujer que la condene a la represión de sí misma y que la incline a realizarla, una imagen ideal que cambie sus sueños, sus iconos de felicidad, sus deseos, todo lo cual encauzará sus acciones en una dirección dada, que podría haber sido otra[21].

Parece claro que «las formas de clasificación son formas de dominación, que la sociología del conocimiento es inseparablemente una sociología del reconocimiento y del desconocimiento, es de-

---

[20] «Los amos de las mujeres exigen más que obediencia: así han adulterado, en bien de su propósito, la índole de la educación de la mujer, que se educa, desde la niñez, en la creencia de que el ideal de su carácter es absolutamente contrario al del hombre; se la enseña a no tener iniciativa, a no conducirse según su voluntad consciente, sino a someterse y ceder a la voluntad del dueño. Hay quien predica, en nombre de la moral, que la mujer tiene el deber de vivir para los demás, y en nombre del sentimiento, que su naturaleza así lo quiere: preténdese que haga completa abstracción de sí misma, que no exista sino para sus afectos, es decir, para los únicos afectos que se le permiten: el hombre con quien está unida, o los hijos que constituyen entre ella y ese hombre un lazo nuevo e irrevocable». Mill, John Stuart: *La esclavitud femenina*, Madrid, Artemisa, 2008, pp. 98-99. Y añade: «Para tenerlas sujetas les pintan su debilidad, y la abnegación, la abdicación de toda voluntad en manos del hombre como quinta esencia de la seducción femenina», p. 100.

[21] «Como si la evolución creadora no fuese el proceso de una larga cadena de sueños, de los cuales otros sueños marginales no han logrado realizarse, encarnarse». Zambrano, María: *Los sueños y el tiempo*, Madrid, Siruela, 1992, p. 50.

cir, de la dominación simbólica»[22], pues impone unas determinadas categorías de percepción y valoración, que tienden a reproducir las relaciones de poder que cohesionan la estructura del espacio social en el cual se encuentra el sujeto existente. Las relaciones objetivas de poder se inscriben en las relaciones simbólicas. Las definiciones vuelven visibles y explícitas lo implícito y apenas perceptible. De ahí que definir es crear, es hacer historia. «Definir es la forma máxima de la decisión, de la voluntad»[23].

Definiendo a la mujer se la ubica en una realidad en la que se la califica como «normal», «apropiada», «verdadera». Todo lo que no encaja en la definición es considerado como anormal, inapropiado, insano, monstruoso... Así, la definición se muta en una especie de profecía autocumplidora al margen de la voluntad de los sujetos existentes, que terminan por creer en su autenticidad y la aceptan como verdadera. Se inventa una realidad, que podría haber sido otra si se partiera de otras definiciones. Lo inventado y su inventor son inseparables; el principio y el fin, el sujeto y su entorno o circunstancias se unen en la experiencia de vivir de una manera determinada[24]. Esta situación se perpetuará mientras los existentes se crean las definiciones que la sostienen. Si dejan de creer en su «verdad», la realidad se torna ineficaz, equivocada, falsa. De lo cual cabe deducir que la posibilidad de elegir y de cambiar, transformando la realidad, siempre está a nuestro alcance. Solo tenemos que detenernos, dudar y reflexionar cuestionando lo establecido; y, luego, tener el coraje de ser consecuentes con nuestras definiciones en nuestras elecciones y acciones.

La supuesta feminidad del existente corpóreo mujer se traduce a menudo en la complacencia respecto a su papel social y sexual, respecto a las hipotéticas expectativas masculinas, que, en la vida real, con frecuencia, ni siquiera son tales. Como resultado, la

[22] Bourdieu, Pierre: *Cosas dichas*, Barcelona, Gedisa, 1996, p. 35.

[23] Zambrano, María: *El hombre y lo divino*, Madrid, Fondo de Cultura Económica, 2007, p. 111.

[24] Watzlawick, Paul y otros: *La realidad inventada*, Barcelona, Gedisa, 2010, p. 60.

mujer se habitúa a depender de los demás para sentirse a gusto consigo misma; la dependencia se convierte en constitutiva de su ser.[25] Para sentirse bien, las mujeres buscan la confirmación de los demás; es una expresión más de su hábito aprendido de ser sumisas. La mujer se vacía como sujeto existente en su sumisión y consentimiento en adaptarse a las expectativas de otros. Sin darse cuenta de lo que ocurre, se cosifica en su existir y acusa una cierta ambigüedad de sentimientos hacía sí misma, hacia el hombre y el mundo relacional, que incluye e implica a ambos. La mujer sonríe, es amable, es comprensiva con las faltas e injusticias de los otros hacia ella; se adapta, se humilla, se somete a lo que hay... Así, sin ser conscientes de su acción, las mujeres contribuyen a fortalecer a los que las tratan mal y desprecian, se debilitan más y se condenan a ser secundarias en su propia narración existente. ¿A quién se le puede ocurrir educar a alguien a quien se le va a hacer de menos a ser amable con los que lo hacen?[26] ¿Para qué sirve? Ya puede sonreír y ser «buena»..., la mujer se convertirá en una fácil presa. El sujeto existente mujer no se puede permitir ser «buena» y amable pase lo que pase, tiene que *ser* y, de esa manera no lo logrará. Sin darse cuenta, se condenará a sí misma a la perdición. Tiene que no olvidar lo que quiere y pretende: *ser*; y tiene que tener la tenacidad para persistir en la tarea y defenderse de los agravios expresando su cólera e indignación; es bueno, es verdadero e, incluso, bello. En cierto modo, es nuestro deber moral[27].

---

[25]Bourdieu, Pierre: *La dominación masculina*, Barcelona, Anagrama, 2000, p. 86.

[26]«Estas enseñanzas iniciales a "ser amables" inducen a las mujeres a pasar por alto sus intuiciones. En este sentido, se las enseña deliberadamente a someterse al depredador. Imaginemos a una madre loba enseñando a sus crías a "ser amables" en presencia de un fiero hurón o de una serpiente de cascabel». Estés, Clarissa Pinkola: *Mujeres que corren con los lobos*, Madrid, Ediciones B, 2002, p. 80.

[27]«El hecho de experimentar unas profundas reacciones ante la falta de respeto, las amenazas y las lesiones forma parte de una sana psique instintiva. La reacción vehemente es una parte lógica y natural del aprendizaje acerca de los mundos colectivos del alma y la psique». Estés, Clarissa Pinkola: ob. cit., p. 589.

Sin embargo, la resolución y la agresividad, propias de una acción defensiva, se consideran inapropiadas y monstruosas en las mujeres por no ser «femeninas». Las virtudes del «eterno femenino» son la docilidad, amabilidad, gracia, modestia, pureza, delicadeza, discreción, castidad, cortesía...[28] El existente corpóreo sexual mujer se ve atrapado en la doble tentación de la sumisión angelical y la afirmación monstruosa, entre la «dulce» dependencia y la «arriesgada» autonomía. No obstante, la libertad humana puede ser redescubierta en medio de aquello que se impone al sujeto existente[29]. El existente corpóreo mujer es una conciencia con esperanza de *ser* en libertad; tiene la capacidad de modificación de sí; es una conciencia encarnada potencialmente libre y autónoma.

Las mujeres que desafían la ideología dominante lo pagan inicialmente con sentimientos de culpabilidad por defraudar a los demás, por no ser como deberían de ser las mujeres, por ser «malas» y «egoístas»; se angustian, se castigan ellas mismas y atraviesan un periodo de mayor ambigüedad consigo. Muchas abandonan y se condenan a no tener derecho a su propia palabra, aprenden y se acostumbran a convivir con su eterna hambre de recibir una consideración básica por parte de otros, y se habitúan a anhelar ser tratadas bien, con respeto hacia ellas como personas, como mujeres: un hermoso sueño que, a menudo, no llega a realizarse[30].

Es lógico y normal que las mujeres reaccionemos con rabia y enfado cuando se frustre este deseo, cuando nos falten al respeto y nos menosprecien por ser del sexo femenino. Además de ser comprensivas, receptivas y flexibles, también somos decididas, resolutivas y nos podemos defender, aunque el conflicto, al querer que se oiga nuestra voz, nos crea mala conciencia[31]. Nos guste o no

---

[28]Gilbert, Sandra M. y Gubar, Susan: *La loca del desván*, Madrid, Cátedra, 1998, p. 38.

[29]Levinas, Emmanuel: *Los imprevistos de la historia*, Salamanca, Sígueme, 2006, p. 141.

[30]Estés, Clarissa Pinkola: ob. cit., pp. 329-330.

[31]«Hoy en día, las mujeres transmiten el resentimiento y la frustración que sienten por las limitaciones impuestas a sus vidas». Eichenbaum, E. L. y Orbach, S.: *¿Qué quieren las mujeres?*, Madrid, Talasa, 1995, p. 238.

reconocerlo, todavía hoy demasiadas mujeres renuncian a muchas cosas que les gustan para evitar problemas, para ser «buenas»; solo la minoría consigue lo que realmente desean. Muchas mujeres olvidan sus sueños, adormecidas en un agobiante ritmo del día a día, y se fragmentan en su existente totalidad carnal[32].

Lo Masculino y lo Femenino son cualidades que pertenecen tanto a hombres como a mujeres, son fuerzas arquetípicas que moran en todos los seres humanos. Cualquiera que se identifique con uno solo de estos opuestos se empobrece y se escinde en su ser real, y, por tanto, carnal[33]. Además, es erróneo separar un rasgo del conjunto de rasgos y calificarlo como «femenino» o «masculino», pues los rasgos son inteligibles en interconexión con otros, completan un complejo de significados, que conocemos por «masculinidad» y «feminidad». Estas son construcciones relacionales, la una hace referencia a la otra, son relativas. Forman un complejo conceptual y lo uno no tiene sentido sin lo otro, de forma que cuando lo femenino cambia, lo masculino cambia también, y viceversa; son construcciones reactivas[34]. El existente corpóreo mujer se reconoce como tal en referencia al otro sexo. No solo nace mujer, sino que se hace mujer en continuada relación con otros, en sus encuentros y desencuentros con ellos, no en vano somos cuerpos inmersos en un mundo relacional. Pero conviene subrayar que las mujeres somos personas reales, no estereotipos andantes, y quere-

---

[32] «Y este pasar viene a ser vivido como un sueño, como un sueño que no pasa. El tiempo que pasa solamente se precipita o se desliza más bien en un abismo, en el abismo de lo no vivido del todo. De lo no vivido del todo porque le falta algo: ser memorable». Zambrano, María: *Los sueños y el tiempo*, Madrid, Siruela, 1992, p. 17.

[33] Zweig, Connie (editora): *Ser mujer*, Barcelona, Kairós, 1992, p. 87.

[34] «Masculinidad y feminidad son construcciones relacionales... aunque el "macho" y la "hembra" puedan tener características universales, nadie puede comprender la construcción social de la masculinidad o de la feminidad sin que la una haga referencia a la otra. Lejos de ser pensada como un absoluto, la masculinidad, atributo del hombre, es al mismo tiempo relativa y reactiva. De tal modo que cuando cambia la feminidad —generalmente cuando las mujeres quieren redefinir su identidad— la masculinidad se desestabiliza». Badinter, Elizabeth: *XY. La identidad masculina*, Madrid, Alianza Editorial, 1993, p. 25.

mos que se nos considere como tales. Una persona real no se agota en su definición de mujer o de hombre.

¿Y cuáles son los aspectos de lo Femenino? Son la apertura, receptividad, suavidad, sensibilidad, flexibilidad, amabilidad, calidez, humedad, capacidad de nutrir, solidez, intuición, amor... Otros aspectos de lo Femenino son los atribuidos a la mujer indómita, libre y salvaje, un espíritu de naturaleza, independiente, que no necesita a ningún hombre para fusionarse con él. La mujer es agua, es tierra, es carne soñadora de nuevas vidas, es luna, es maga que hace crecer. También es niña y hechicera, una Afrodita seductora con gran poder erótico, una huidiza e indomable zíngara, una salvaje independiente que corre con los lobos, una paciente sanadora...

¿Qué valoran las mujeres?: el amor, el afecto, las relaciones humanas auténticas, el contacto con la naturaleza, la vida, la seguridad, la armonía, el buen trato, la libertad de decidir, el poder decir, la visibilidad...[35] Como sostiene Jean Shinoda Bolen: «Lo femenino celebra la diversidad, la individualidad, la creatividad, los colores, formas y sonidos; es aparentemente desordenado, y sin embargo funcional»[36]. Las mujeres suelen ser receptivas y sensibles a las fuerzas de la vida. Estamos programadas, tanto cultural como biológicamente, para cuidar, consolar, ayudar, animar, sostener a los demás y amar[37]. Sin embargo, las mujeres no debemos

---

[35] «Son femeninas la música, la danza, la poesía, la literatura. Femenina es también la dulzura del hogar, embellecido por el arte, vitalizado por las flores, los animales y los niños. Sin embargo, los valores femeninos más verdaderos, los más profundos, son aquellos que trascienden lo racional, que se hunden en lo irracional, palabra que asusta al cerebral, al cientista y al sistema patriarcal en general». Van Lysebeth, André: *Tantra, el culto de lo femenino*, Barcelona, Urano, 1990.

[36] Bolen, Jean Shinoda: *Sabia como un árbol*, Barcelona, Kairós, 2012, p. 289.

[37] «Las mujeres son el sexo bueno. Amables, complacientes, modestas y generosas. Eso es lo que se espera de ellas, pero también concuerda con la imagen que toda mujer alberga en su interior». Ehrhardt, Ute: *Las chicas buenas van al cielo y las malas a todas partes*, Barcelona, Debolsillo, 2003, p. 1. Y añade: «Las mujeres son menos agresivas, tienen menos interés por la técnica, son más pasivas, menos independientes, menos ambiciosas que los hombres; son creativas

rechazar lo Masculino que hay en nosotras, sino integrarlo armónicamente en la totalidad existente que somos.

Las mujeres somos tejedoras. Poco a poco, tejemos telares, seres, vidas, narraciones, historias... Nos gusta el proceso de la creación, latido a latido sentido. Paso a paso disfrutamos con el viaje, no solo con el resultado. Esto implica estar presentes en los cuerpos-palabra que somos, aquí y ahora, enterarse con los sentidos y por las emociones de las experiencias corporales. Mil recuerdos afluyen en cada instante aparentemente banal...; viajamos por nuestro tiempo vivido. Tender una camiseta puede ser la llave de evocaciones llenas de sentimientos, que irrumpen por unos momentos en la mente y la inundan de su luz. El existente corpóreo mujer es muy receptivo a las diversas energías, que le conmueven al ser percibidas. La mujer intuye, sueña, imagina...;[38] vive lo existente, y a partir de la experiencia vivida construye el todo[39]. Esa

---

en tareas que requieren habilidad: hacer punto, labores manuales, cerámica..., y, a ser posible, para uso familiar. Lo que más adelante se considera naturalmente femenino o naturalmente masculino se implanta de manera subliminal en la primera infancia, incluso durante la lactancia, y más tarde se interpreta como algo congénito», p. 172.

[38] «La intuición de la mujer ha sido muy calumniada. Es una forma de sabiduría que tiene que ver con los seres vivos, las plantas, los animales, las personas, la enfermedad, el nacimiento y la muerte. También está relacionada con el hecho de mostrarse receptiva a la energía y a otros dominios invisibles». Bolen, Jean Shinoda: *Las brujas no se quejan*, Barcelona, Kairós, 2008, p. 35. A su vez, Clarissa Pinkola Estrés afirma: «La intuición es el tesoro de la psique de la mujer. Es como un instrumento de adivinación o una bola de cristal, por medio de la cual la mujer puede ver con una misteriosa visión interior». Estés, Clarissa Pinkola: *Mujeres que corren con los lobos*, Madrid, Ediciones B, 2002, p. 121.

[39] «La verdad para el hombre es más bien algo que se comprueba lógicamente y que logra el asentimiento de una mayoría de mentes intelectualmente desarrolladas; para la mujer, en cambio, la verdad lo es sólo en cuanto despierta la vida, la que tal vez sólo ella en un caso especial pueda asentir, pero haciéndolo con todo su pleno ser, hondo e indiviso. El fin último de las cosas no es simple ni lógico, sino complicado y falto de lógica, y ante esta verdad la mujer siente una resonancia singular, e instintivamente su pensamiento es individualista, caso por caso, incluso cuando ha tenido una formación lógica». Andreas-Salomé, Lou: *El erotismo*, Palma de Mallorca José J. de Olañeta, 2003, p. 27.

tendencia dificulta poder comunicar lo que percibe e intuye, poder hacer entendible un cúmulo de mensajes que se unifican en un instante, a veces contradictorios y confusos, pero existentes para ella.

La mujer se confunde en su mudez, llegando a creer que es defectuosa, torpe, inmadura... Se compara con su compañero de viaje existencial —el hombre—, prototipo de la normalidad. Según los criterios que ha internalizado en su proceso de socialización, él es preciso, directo, asertivo, racional... La mujer se calla en su indeterminación, se avergüenza de sí misma. Sin embargo, ignora el hecho de que su existencia como sujeto femenino acusa la falta de palabras, de la articulación mediadora entre sí misma y la realidad, supuestamente objetiva. Además, se suele olvidar que una manera de comprender es comprender con el cuerpo como totalidad existente, no sólo con la inteligencia basada en la racionalidad. Hay muchas cosas que se comprenden sin palabras mediadoras, lo que sucede es que son difíciles de traducir en vocablos y transmitir o explicar a otros.

El cuerpo-palabra femenino subraya la experiencia frente a lo abstracto racional. Se resiste a que lo repriman, a que lo reduzcan a un discurso de otros; sueña, imagina, nutre, crea... No obstante, en un régimen social patriarcal, el cuerpo-palabra mujer es manipulado y reprimido, convertido en un secundario en su propia historia narrativa, en un verso mudo que no acaba de encontrar su rima con los vocablos de los cuales dispone. Parece obvio que las palabras, los significados, las convicciones, valores, deseos y acciones del sujeto existente mujer se originan en un espacio social, compartido con otros, con los que se relaciona y se comunica. La situación de la mujer en dicho espacio la modela en sus vivencias, en su cuerpo-palabra, que se encuentra en una persistente exposición a la supuesta objetividad de la mirada masculina y del discurso de los otros, no en vano en ese espacio de inteligibilidad se implanta al varón como la norma humana. Así, la mujer se torna el otro extraño, el otro que no es.

De todas formas, las conminaciones sociales más rotundas no se dirigen al intelecto o a la razón, sino al cuerpo, al existente corpóreo sexuado y sexual en sus continuadas vivencias. El cuerpo se muta en un vivo recordatorio al habituarse a un determinado estar en el espacio social, a unos papeles y no a otros, a unos cometidos y tareas y no a otros, también posibles, los cuales repite una y otra vez. Poco a poco lo social y lo cultural se hace carnal.

Lo esencial del aprendizaje de la feminidad y de la masculinidad inscribe la diferencia entre los sexos en los cuerpos existentes, que lo reafirman y confirman en todo instante vivido en relación[40]. De ese modo, la forma de comportarse, de mirar, sentarse, andar, hablar, reír, incluso de respirar y ocupar un espacio es diferenciada para cada sexo[41]. El cuerpo-palabra se presenta al encuentro con otros con un lenguaje expresivo codificado, diferente para cada sexo, y no nos referimos solo a la ropa, peinado y complementos varios. ¿Qué función específica tiene esa compleja codificación? ¿Para qué los sujetos existentes se esfuerzan en acatar las normas que afectan sus apariencias? Los humanos nos comunicamos sin cesar unos con otros. La comunicación no verbal impacta en los sentidos del otro. El cuerpo-palabra, ofreciendo a la mirada ajena su aspecto exterior y unos modos de estar y de comportarse, puede volverse visible para el otro o no, deseable o no, valorado o no. Nuestra apariencia influye en los encuentros y en los desencuentros con otros. Nuestra manera de estar y de comportarse es una intrincada información que anticipa y promete diversas posibilidades, incluso deja vislumbrar distintos proyectos de vida. Así, por ejemplo, un cuerpo dinámico y atlético codifica una serie de valores y de hábitos, un modo de ocupar el tiempo, que puede también

---

[40]Bourdieu, Pierre: *Meditaciones pascalianas*, Barcelona, Anagrama, 1999, p. 187.

[41]«En mis trabajos con mujeres he observado que en general éstas *respiran poco*. Quizás el hecho de haber incorporado la idea sexista de que la mujer debe ocupar poco espacio, estar en segundo lugar, no hacer notar su presencia, dar más que recibir, etc..., puede hacer que no sea consciente de sus propias necesidades, incluso en su respiración, *no permitiéndose tan siquiera tomar todo el aire que necesita para vivir y sentir claramente su presencia en el mundo*». Sanz, Fina: *Psicoerotismo femenino y masculino*, Barcelona, Kairós, 1999, p. 95.

ser un tiempo compartido, que atrae a otro cuerpo o le disuade de intentar un acercamiento.

Como ya hemos dicho, en un orden social patriarcal, la supuesta «feminidad» en parte traduce la adecuación de la mujer a las expectativas masculinas, coherentes con ese orden, y a sus imperceptibles mandatos perpetuadores. La situación de subordinación de la mujer y su dependencia del varón y de los otros importantes se muta en carne existente en relación[42]. En su consentimiento, la mujer colabora pasiva y activamente en la perpetuación del orden patriarcal. Sin embargo, puede despegarse de las invisibles garras patriarcales de una realidad aprisionadora cuestionando, reflexionando, eligiendo, decidiendo consciente y razonablemente libre, modificando desvinculándose de lo dado, y creando. De ese modo, quizás, algún día podamos conocer el verdadero significado de la diferencia sexual, sin partir del desequilibrio valorativo entre los dos sexos, sin caricaturizarlos ni reducirlos a una pálida versión, sin distorsionar la relación entre los sexos con la pretensión de poder sobre el otro.

El existente corpóreo mujer está implicado a través del cuerpo que es en el proceso circular y cíclico de sus comportamientos. No suele alzar la voz, ni gesticular abiertamente, ni reír a carcajadas, ni mirar directamente a los ojos, de igual a igual. Desde la infancia, aprende a autoinhibirse y no a imponerse. La voz de las mujeres es suave, dulce, de tono bajo. Sus gestos son breves, delicados. Sus pasos son cortos y sus maneras son insinuantes y no impositivas[43]. Las mujeres no tienen muy internalizada una autoimagen con derecho a reclamar la atención como sujeto y a un trato respetuoso e igualitario por *ser*. Aceptan un segundo plano como algo «normal» y, poco a poco, se habitúan a subordinarse y a ser aprobadas

---

[42] «Nacer mujer quiere decir nacer predispuesta al desequilibrio del centro de gravedad, que se desplaza hacia lo otro, fuera de sí». Muraro, Luisa: *El Dios de las mujeres*, Madrid, Horas y horas, 2006, p. 161

[43] Greer, Germaine: *La carrera de obstáculos*, Madrid, Bercimuel, 2005, p. 109.

y controladas por otros[44]. El miedo a no ser queridas, a defraudar a otros si se sale del itinerario trazado se cala en el existente corpóreo mujer limitándola en su ser, impidiéndole llegar a *ser* en razonable libertad.

El existente corpóreo mujer se tensa en la confluencia de sus dos tendencias contradictorias: la entrega pacífica a otros y la autoafirmación frente a ellos[45]. Su entorno social compromete a la mujer en las alternativas que le oferta, las cuales son proyectos de vida, de ocupación de su tiempo vivido; las alternativas son activas en su influjo biográfico, la modulan en su carne existente, la limitan. El existente corpóreo mujer tiende a completarse en otros. Su autonomía real se dificulta más y entra en conflicto con su potencial independencia como individuo con derecho a su propio desarrollo y vida, con derecho a su propia narración existente. Esa colisión de tendencias sigue siendo un verdadero problema existencial para la mujer de hoy, que tiene que encontrar un delicado equilibrio entre ser para sí y para otros, entre desarrollarse como persona, para lo cual necesita tiempo para ella, y cuidar y nutrir a otros, que la necesitan y a los que tampoco puede dejar de lado ni ignorar. La autonomía del sujeto existente mujer sigue siendo

---

[44] «Con el derecho a tener derechos inauguramos el primer derecho humano de las mujeres: el derecho a la vida en primera persona. Por eso, los derechos humanos son el cimiento profundo que enraíza la autoestima de las mujeres como seres plenas». Lagarde y de los Ríos, Marcela: *Claves feministas para la autoestima de las mujeres*, Madrid, Horas y horas, 2000, p. 191.

[45] «En cada acción, aun en la más exhaustiva y fructífera, intuimos algo que no ha llegado a expresarse por completo. En la medida en que esto sucede debido a la limitación recíproca de los elementos que se entrechocan, se manifiesta en su dualismo precisamente la unidad de la vida total. Y únicamente cuando cada energía interna pugna por sobrepasar la medida de su expresión visible, la vida gana aquella riqueza de posibilidades inagotadas que complementa su realidad fragmentaria; entonces únicamente sus manifestaciones permiten intuir fuerzas más profundas, tensiones más insolubles y, también lucha y paz de mayor envergadura de la que revela su inmediata realidad. Este dualismo no puede ser descrito, sino que ha de ser intuido a través de las contradicciones que son típicas de nuestra existencia como su última forma creadora». Simmel, Georg: *Cultura femenina y otros ensayos*, Barcelona, Alba, 1999, p. 35.

difícil hoy porque tiene que inscribirse en su biografía real, y no la puede lograr sin ayuda salvo que opte por no vivir en pareja y no ser madre. Aún así, tiene padres, que también demandan sus cuidados, a menudo, de manera egoísta y exigente, obligándola a posponer sus propios proyectos, su propia vida, y a vivir en otras historias ajenas, indiferentes a sus sueños e ideales de felicidad. Y cuando la mujer se rebela y no lo hace, necesita procesar la culpabilidad que siente por ser una «mala hija» y no dejar olvidados sus sueños, que, desde la infinita hondura carnal, llaman insistentemente a ser realizados.

Llegar a ser sujeto mujer, autora de su propia vida, es una ardua tarea de transformación de sí y de la realidad que nos absorbe. Hay que empeñarse en remar a contracorriente y resistir, resistir, resistir... El éxito es difícil, pues a las mujeres nos han enseñado a hipotecarlo todo, incluso nuestros sueños más sagrados, en nombre del amor. Amar es el principal «deber» de las mujeres; amar, cuidar, apoyar y nutrir. Desde la temprana niñez, internalizamos unos objetivos amorosos, que nacen en unas relaciones determinadas y no en otras, y son de una manera y no de otra. Así se originan imágenes de felicidad, se conforman proyectos de vida, se crea sentido en el ser. Poco a poco, se traza un futuro camino posible, que demanda ser realizado, y llama a convertirse en la biografía del sujeto existente mujer[46]. El sentido de valía del existente corpóreo mujer gravita hacia fuera del sí-mismo carnal, se vuelve dependiente de la mirada ajena.

Sin embargo, el existente corpóreo mujer es una mismidad individuada, que, además de ser para otros, *es*, es vida, es real, es

---

[46] «La vida de las mujeres está marcada por acontecimientos relacionados con el amor. A nosotras el amor nos marca la vida, y nos la marca de una manera sustantiva, no superficial ni formal». Lagarde y de los Ríos, Marcela: *Para mis socias de la vida*, Madrid, Horas y horas, 2005, p. 352. Y añade: «Las mujeres hemos sido definidas ontológicamente como *seres para otros* (Franca Basaglia). Qué soy y quién soy tiene que ver con "soy para". El sentido de la vida de las mujeres tiene que ver con la utilidad para otros, por la calidad de lo que hago para otros, por ser indispensables para que los otros vivan. De ahí el susto que llevamos cuando descubrimos que no somos indispensables», p. 46.

absolutamente existente en sí misma, un fin en sí misma y no un medio para otros; no es un objeto de sacrificio para que otros prosperen en sus proyectos de vida o se diviertan gozando con el cuerpo que es. La mujer es ese cuerpo profundamente sexuado, y su cuerpo que es ella es de una hondura insondable, es sagrado e inviolable; es una viva historia, que se va escribiendo palabra a palabra dicha o no. El cuerpo que es ella es una conciencia hecha carne, hecha un verbo vivo, una trepidante y frágil libertad, que, trémula y vulnerable, no es consciente de su propio poder de transformación, de creación inagotable.

Las mujeres no somos cuerpos para otros, no debemos salirnos de nuestra piel para ser visibles o atractivas cueste lo que cueste. Hay costes que no son asumibles y son los de olvidar nuestro deseo de llegar a *ser* y reducirnos, enajenadas, a una bella superficie, sonriente y afectuosa. No somos cuerpos estéticos para otros, ni cuerpos sexuados para el goce utilitario de otros. Somos seres humanos de igual derecho a ser en primera persona como cualquier otro. Sí somos cuerpo procreador y nutricio para la vida que creamos en nosotras y damos a luz o no en una etapa evolutiva de nuestra narración biográfica. Las mujeres deberíamos decidir no permitir nuestra propia cosificación, nuestra propia reducción, y comprometernos en ello. Nuestro tiempo, que entregamos a otros con demasiada facilidad, es sagrado, es vida. No debemos posponer permanentemente nuestros deseos y planes de realización en pro de otros[47]. *Ser* exige aceptarse, no olvidar quién se es, exige ser consciente y elegir con propósito. *Ser* no es un estado pasivo, requiere atención, estar presente en la propia piel y no equivocarse de objetivo.

Desgraciadamente, las mujeres hemos aprendido en nuestro proceso de socialización a buscar el éxito a través de la seducción y conquista de otros. Así se pretende tener poder sobre otro, dominarle y conducirle a lograr aquello que una misma no puede

---

[47] «La vida es corta y es un pecado perder el tiempo que tenemos en la medida en que nos perdemos a nosotros». Camus, Albert: *El revés y el derecho. Discurso de Suecia*, Madrid, Alianza Editorial, 2010, p. 92.

alcanzar o no se atreve. De ese modo, el existente corpóreo mujer se muta en un escaparate andante. Esa mujer cuida mucho su apariencia, pero lo hace para atraer a otros, seducirlos y manejarlos para ser fuerte y respetada en la sociedad. Algunos pensadores han dicho que las mujeres son más superficiales y narcisistas que los hombres, pero es lo que se le ha inculcado al existente corpóreo mujer como manera de «triunfar» en la sociedad patriarcal, limitándola en su narración existente y reduciéndola como persona. No deja de ser perverso, intelectualmente hablando, que la inducción social y cultural de una serie de actitudes y tendencias se considere como lo innato constitucional o la norma de un correcto desarrollo. Y ya se sabe que lo innato es mucho más difícil de modificar que lo adquirido.

El existente corpóreo mujer es valioso en sí mismo, es una increíble fuente de creación. No es más valioso por ser bello en su apariencia o por ser «virgen», o por ser joven y delgada. Las imágenes de belleza femenina, vigentes en las sociedades patriarcales, traducen el poder de los hombres sobre las mujeres, y sirven para enajenarnos a todos en nuestro existir. Las mujeres que pretenden asemejarse a esas imágenes de belleza pierden mucho tiempo, energía y dinero; y el tiempo mal empleado es la vida no vivida del todo. Una cosa es saber cuidar nuestro aspecto y otra es empeñarse en imitar modelos imperantes de belleza femenina, cueste lo que cueste, incluso pasando por quirófano si hace falta[48]. De esa manera, el cuerpo femenino se convierte en un objeto a embellecer, un objeto-fetiche narcisista que se vuelve una mera presencia, una apariencia que pierde en una ensoñación enajenante su función de representación expresiva de un existente hondamente carnal y biográfico.

---

[48]«Actualmente, el cuerpo femenino considerado más deseable —un cuerpo muy esbelto, pero con pecho prominente— rara vez se configura de modo natural: la mayoría de las mujeres sólo pueden conseguirlo con la ayuda de la cirugía estética». Leroy, Margaret: *El placer femenino*, Barcelona, Paidós, 1996, p. 17.

Los cuerpos que no se ajustan a los mandatos de belleza no son considerados bonitos, no son valorados, no son seductores, no son «femeninos», caen bajo sospecha[49]. También a los cuerpos femeninos viejos les ocurre lo mismo, se quedan fuera del espacio valorativo, se tornan invisibles. Por eso, las mujeres luchan contra partes indeseables de sus cuerpos, intentan reducir los kilos o gramos que les sobran, disimular las arrugas, teñir las canas... Sin embargo, esa desvalorización del sujeto existente mujer que ya no es joven se debe a la pérdida de su capacidad reproductiva, su antigua especialización a tiempo completo como papel social. En las sociedades patriarcales, la belleza física, el atractivo sexual y la capacidad reproductiva se entrelazan en la imagen actual de una mujer bella, aunque, poco a poco, asimismo se van integrando en ella la inteligencia y la «belleza interior»[50].

«Estar muy buena», es decir, ser joven, seductora, atractiva y altamente sexualizada, sigue siendo una fuente importante para la autoestima femenina, capaz de rivalizar con ser una «buena chica», que también lo es. No obstante, la autoestima basada en la valoración de otros es frágil. Las mujeres que se empeñan en gustar a

---

[49] «A los ojos de los hombres, las mujeres que, rompiendo la relación tácita de disponibilidad, se reapropian en cierto modo de su imagen corporal, y, con ello, de su cuerpo, aparecen como no "femenina", prácticamente como lesbiana. La afirmación de la independencia intelectual, que se traduce también en unas manifestaciones corporales, produce unos efectos absolutamente semejantes». Bourdieu, Pierre: *La dominación masculina*, Barcelona, Anagrama, 2000, p. 88. Por su parte, Enrique Gil Calvo sostiene: «Y es que cuando una mujer descuida su imagen, porque no se pliega a la dictadura de la opinión pública en materia de presencia física, inmediatamente resulta descalificada y deja de ser tomada en cuenta, pasando a quedar marginada bajo etiquetas denigrantes como puedan ser la suciedad, el horterismo, la gordura, la grosería, el mal gusto, la vejez o la fealdad. Y esa condena es resultado de un juicio sumarísimo que ejecutan sin garantías todos cuantos la rodean: desde compañeros y parientes hasta vecinas y amigas». Gil Calvo, Enrique: *Medias miradas*, Barcelona, Anagrama, 2000, pp. 91-92.

[50] «La personalidad, el talento, el coraje, la entrega a causas humanitarias, empiezan a pesar a la hora de percibir la imagen de las mujeres. En ese sentido podríamos decir que "la belleza interior" y la inteligencia están de moda». Ventura, Lourdes: *La tiranía de la belleza*, Barcelona, Plaza & Janés, 2000, p. 186.

otros y así adquirir valor ante sí mismas se colocan en una situación vulnerable, que les quita libertad en el *ser* ellas mismas, que las torna siervas más o menos adaptadas a su condición[51]. No en vano, si se consigue manipular a las mujeres para convertirlas en enemigas de sus propios cuerpos al faltarles o sobrarles no se sabe qué, serán también manipulables en otros aspectos de su existencia, porque el cuerpo es nuestra verdad, bondad y belleza básicas, profundamente humanas. Es importante que aprendamos a respetarlo y cuidarlo bien. ¡Ama el cuerpo que eres!

En nuestras sociedades patriarcales y consumistas, el cuerpo femenino fetichizado es expuesto a la mirada valorativa de otros, es explotado en su objetivación. De ese modo, la totalidad corpórea de las mujeres se contempla como un espacio articulado y puede ser descompuesto en partes: nalgas, labios, pechos, piernas... Esos elementos fragmentados son analizados y valorados independientemente de la mujer como persona[52]. Se los decora y se los viste con ropa que cautiva la mirada y promete una supuesta libertad sexual y disposición. Esa promesa implícita, que estimula la imaginación y hace que los corazones de los que miran aceleren su latir, invita al consumo. Por su parte, una mujer socialmente subvalorada puede experimentar poder transformándose en un fetiche. Además, las respuestas excitadas de los hombres a su cuerpo la vuelven visible, reafirman que ella existe. Es un importante motivo para que las mujeres cooperen en su propia fetichización, en su transformación en mercancías más mundanas de un orden patriarcal consumista. Con frecuencia, esas mujeres sobreviven como pueden a la angustia y la depresión fantaseando que pueden ser redimidas y liberadas[53].

---

[51] «El resultado agregado, cuando se hace de esta apuesta por la imagen una sostenida estrategia vital, es no sólo el pánico a envejecer sino además la caída en un estéril fatalismo con pérdida de control social sobre el propio destino, que pasa a depender de fuerzas apenas imposibles de entender y sobre todo de dominar». Gil Calvo, Enrique: *Medias miradas*, Barcelona, Anagrama, 2000, p. 301.

[52] Gil Calvo, Enrique: *La mujer cuarteada*, Barcelona, Anagrama, 1991, p. 109.

[53] Kaplan, Louise: *Perversiones femeninas*, Buenos Aires, Paidos, 1994, p. 107.

Las mujeres solemos tener paciencia y resistir. Somos capaces de aguantar incluso el dolor y el sufrimiento tanto físico como emocional para alcanzar el objetivo marcado. Si nos empeñamos en conseguir un «cuerpo perfecto» nos torturaremos con dietas, modas absurdas y ejercicio excesivo. Nos mortificaremos y diremos «no» incluso a lo que nos gusta. Eso sí, somos capaces de colorearlo con fantasías de éxtasis y recompensas espirituales. Adelgazar y alcanzar tallas propias de adolescentes se ha convertido hoy en el mundo occidental en una muestra de control y dominio sobre sí misma, sobre la carnalidad a la cual se reprime cruelmente. El cuerpo, convertido en delito, se vuelve motivo de vergüenza y aversión hacia su propia carne, conduciendo a la autorrenuncia, la enfermedad e, incluso, la muerte. Las mujeres que controlan obsesivamente su cuerpo no se encuentran satisfechas en su piel. Olvidando quiénes somos, desoyendo a nosotras mismas nos distanciamos de la posibilidad de ser autónomas, de llegar a *ser* y hallar en la experiencia de la vida propia una fuente inagotable de goce existencial y autoestima. Es importante que las mujeres nos demos cuenta de cómo se utilizan los ideales de belleza femenina contra nosotras mismas, mujeres reales y, por tanto, carnales. Tornarnos conscientes de ese aprisionamiento fantasmal es nuestra decisión y nuestra responsabilidad.

¿Qué pasaría si las mujeres dejaran de concentrar sus esfuerzos en ser atractivas y agradar a los otros, y se dedicasen a desarrollarse como personas independientes? ¿Qué pasaría si las mujeres no pretendiesen lograr el poder por medio de su influencia sobre los hombres, en su conquista y manipulación, sino siendo ellas mismas poderosas creadoras de la realidad? ¿Qué pasaría si las mujeres reivindicasen su naturaleza femenina desde la valoración, comprensión y hondo respeto, desde el orgullo de *ser* mujer, trascendiendo las distorsiones conceptuales propias de las sociedades patriarcales? El implicarse y comprometerse en el desarrollo personal, en nuestra propia experiencia de vida es lo que nos da una fuerza increíble. Si la mujer se acepta en su carnalidad real se armoniza en su *ser*, se vuelve muy activa incluso en su supuesta pasividad, enseña, crea, transforma... El compromiso requiere concentración y atención en la toma de decisiones. La mujer es una maga de tremendo poder creador. No olvidemos nunca nuestra propia fuerza, porque el olvido y la ignorancia de lo que se es enajenan y debilitan[54]. Y para aprender a *ser* mujeres de una manera nueva tenemos que desaprender gran parte de lo que se nos ha enseñado en nuestro proceso de socialización. Aprender a *ser* mujeres no desde la oposición a «lo masculino» ni desde el inconsciente sexismo enraizado en nuestras conciencias, sino desde el conocimiento y el abrazo de nuestra condición sexual femenina, desde *ser* mujer —una conciencia carnal existente libre de decidir su narración vital—[55]. Es hora ya de valorarnos como mujeres reales, únicas y singulares cada una de nosotras, y creadoras desde nuestra mismidad, desde nuestra honda individualidad carnal. Es hora ya de dejar de colaborar en la propia subyugación existencial y tomarnos muy en serio como sujetos existentes que somos, capaces de decidir.

El existente corpóreo mujer es una totalidad individuada no separable en partes que puedan llevar una vida independiente. Es activa y pasiva, productiva y receptiva, autónoma e íntima, que trabaja fuera y dentro de su hogar, que crea, nutre y ama, es vida. Se dice que las mujeres somos seres amorosos, que el amor se torna sustantivo en nuestro *ser*, que siempre es ser en relación con otros; los otros nos son importantes. Las mujeres prestamos atención a las

---

[54] «La aventura heroica no consiste en lograr el poder sobre el otro, en la conquista y la dominación; es una búsqueda del equilibrio en nuestra vida, a través del matrimonio de los aspectos femenino y masculino de nuestra naturaleza. La heroína de nuestro tiempo tiene que enfrentarse con su miedo a reivindicar su naturaleza femenina, su poder personal, su capacidad de sentir, sanar, crear y cambiar las estructuras sociales y dar forma a su futuro. Nos trae sabiduría sobre la interconexión de todas las especies; nos enseña a vivir juntos en este vaso global y nos ayuda a reivindicar lo femenino en nuestras vidas». Murdock, Maureen: *Ser Mujer: un viaje heroico*, Madrid, Gaia, 1991, p. 162.

[55] «Un día existirá la muchacha y la mujer cuyo nombre no signifique meramente una oposición a lo masculino, sino algo por sí, algo que no se piense como un complemento y un límite, sino sólo vida y existencia, la persona femenina». Palabras de Rainer María Rilke citadas en: Schaup, Susanne: *Sofía*, Barcelona, Kairós, 1999, p. 88.

necesidades de los demás, tendemos a tenerlos en consideración incluso cuando esos otros no significan gran cosa en nuestra vida. Desde su amor, la mujer comprende más profundamente lo que significa ser humano. Cabe afirmar que el gran talento de la mujer es ser humana[56].

El amor es una fuerza vital creadora sin igual, nos devuelve a nuestro ser en relación y nos vuelve más hondamente humanos. Ser humano es amar, amar a otros presentes o no, reales o imaginados, seres que se han ido y los que están por venir, seres amados de ayer, de hoy y de mañana. Sin el amor perece la vida. Lo que revitaliza al existente corpóreo mujer es el amor incondicional a la vida, a la vida que es ella misma y los otros. El amor es la energía que supera las contradicciones y armoniza los antagonismos. El amor incondicional a la vida ilumina una existencia unívoca, muta al existente corpóreo en verdadero, bueno y bello en su viva carnalidad.

¿Y qué particularidades encierra el existente corpóreo mujer? ¿Quién duda que las mujeres y los hombres son dos sexos diferentes, que ser mujer no es lo mismo que ser hombre? Suponemos que, a estas alturas de la evolución humana, nadie. Sin embargo, sorprendentemente, se sigue extrapolando lo femenino a partir de lo masculino. Incluso en parcelas tan prestigiosas del saber humano como Anatomía, Fisiología, Patología, Farmacología... En los últimos tiempos, el descubrimiento de diferencias fisiológicas básicas entre los dos sexos ha permitido mejorar la atención médica a las mujeres, diagnosticar mejor y tratarlas con mayor eficiencia[57]. Se

---

[56]Montagu, Ashley: *La mujer, sexo fuerte*, Madrid, Guadarrama, 1970, p. 188. Y añade: «Ciertamente, el valor más elevado en todo ser humano es la capacidad de amar y de ayudar. Hemos concedido importancia a los valores falsos y es ya hora de que reconozcamos lo que todo hombre y toda mujer en el fondo de su conciencia sabe: que lo importante es la capacidad de amar y las personas importantes son esas personas que son capaces de enseñar el amor mejor que nadie», pp. 188-189.

[57]«El descubrimiento de algunas diferencias fisiológicas básicas entre hombres y mujeres nos ha ayudado a ser mejores doctores y a proporcionar a los pacientes mejores cuidados médicos individualizados. Aprender las diferencias

considera que las mujeres, por lo general, son más resistentes a las enfermedades que los hombres y aguantan mejor el dolor.

El existente corpóreo mujer, en su viva totalidad, experimenta el mundo que lo rodea e incluye, y eso ocurre en su diferenciada corporalidad hecha conciencia existente, en constante evolución biográfica. Sus percepciones, su forma de procesarlas y seleccionarlas de manera inconsciente, sus valores, sueños, expectativas e interpretaciones son específicas de su condición real de mujer. El modo de enfocar y abordar los problemas del día a día también lo es, así como sus métodos y hábitos para comunicarse con otros[58]. Las facultades sensoriales del existente corpóreo mujer, necesarias para el desempeño de sus funciones en la convivencia con otros y para sobrevivir en la realidad social, han ido consolidándose a lo largo de su devenir histórico. Así, los papeles y cometidos femeninos en la sociedad han ido modulando el cuerpo-palabra de las mujeres, partiendo evidentemente de su diferenciada naturaleza.

Se debe tener un especial cuidado para no atribuir a la naturaleza biológica de la mujer lo adquirido en el formativo transcurrir biográfico, pues la naturaleza se asocia con lo esencial, determinante y difícilmente modificable. A menudo, se recurre a esta argucia para perpetuar el sexismo. El existente corpóreo mujer, no lo olvidemos, no sólo nace sino que también se hace mujer en su continuada experiencia de vivir interaccionando con otros. Lo social y lo cultural se tornan poco a poco carnal. ¿Cómo cabría separar en un cuerpo-palabra vivo lo innato de partida y lo adquirido y

---

entre el corazón masculino y el femenino nos ha hecho ser mejores cardiólogos. Y lo mismo *ha de* ocurrir al estudiar el cerebro para mejorar lo que sabemos sobre los trastornos del estado de ánimo como la depresión, y la forma de tratarlos». Legato, Marianne J.: *Por qué los hombres nunca recuerdan y las mujeres nunca olvidan*, Barcelona, Urano, 2007, p. 233.

[58] «Hoy en día, está demostrado que ambos sexos procesan la información de distinta forma. Piensan de forma diferente y creen cosas diferentes porque tienen diferentes percepciones, prioridades y conductas. Afirmar lo contrario es una receta segura para provocar dolores de cabeza, confusión y desilusión a lo largo de su vida». Pease, Allan y Barbara: *Por qué los hombres no escuchan y las mujeres no entienden los mapas*, Barcelona, Amat, 2000, p. 17.

perfilado en su formativo camino biográfico? Los seres humanos nos adaptamos constantemente para sobrevivir en nuestro medio y nos vamos transformando carnalmente en ese proceso. ¿Cómo se podría desvelar lo potencial no manifiesto, que se oculta en las sombras de la infinita hondura carnal del sujeto existente vivo y real?

De todas formas, podemos destacar algunas características comunes del cuerpo femenino, aunque con muchas reservas, pues cada mujer real es única y singular: el esqueleto suele ser más pequeño y ligero que el del varón. El cuerpo femenino, por lo general, es menos musculoso, menos pesado y alto que el masculino. Contiene más grasa y más agua. Su contorno es más curvilíneo. El cabello y la piel de la mujer son más finos y suaves. La distribución del pelo y del vello corporal difiere del varón, y, generalmente, el vello es menos abundante y más fino. El rostro de la mujer es de huesos más menudos y la voz es más aguda. El cinturón pélvico femenino se distingue del masculino en tamaño relativo y ángulo de inclinación. Hasta hace poco, las caderas redondeadas y anchas eran un rasgo atractivo en la mujer[59].

La fina piel de la mujer muestra mayor sensibilidad al tacto y al peso; posee sensores unas diez veces más sensibles que los de los hombres. Las mujeres sienten con mayor intensidad el toque de los demás y perciben sensaciones con mayor precisión cuando son ellas las que tocan; es decir, su sensibilidad táctil es superior a la de los hombres, de ahí su extraordinario erotismo cutáneo[60].

Los sentidos del gusto y del olfato también son superiores en la mujer; este último puede agudizarse en algunos días del ciclo menstrual como, por ejemplo, en la ovulación[61]. El universo olfa-

---

[59] «En la evolución de nuestra especie, está claro por qué rasgos como las anchas caderas fecundas, la brillante piel sana y los pechos abundantes producían un impacto poderoso como señales primordiales del atractivo femenino». Morris, Desmond: *La mujer desnuda*, Barcelona, Planeta, 2005, p. 79.

[60] Fisher, Helen: *El primer sexo*, Madrid, Taurus, 1999, p. 124.

[61] «El sentido olfativo también está más desarrollado en las mujeres, pero curiosamente éste se agudiza durante el período y dentro del ciclo menstrual, en que la mujer ovula. Durante esta fase, la mujer puede detectar las feromonas y

tivo femenino es más rico, siendo las mujeres capaces de reconocer con precisión una mayor gama de diversos olores.

En cuanto al oído, por lo general, las mujeres tienen mejor oído que los hombres. Son capaces de distinguir sonidos más agudos y son más sensibles a los ruidos fuertes. Las mujeres diferenciamos múltiples sonidos y los clasificamos por categorías. Podemos escuchar a varias personas a la vez, mantener una conversación y enterarnos de lo que dicen otros que conversan al lado. Además, somos más sensibles a distintas tonalidades en el volumen de la voz y nos percatamos mejor de los cambios emocionales en aquellos con los que charlamos[62].

Asimismo, los dos sexos ven de forma diferenciada. Las mujeres ven mejor en la oscuridad que los hombres, y, en general, distinguen mejor los colores. Su visión periférica es más amplia que la de los hombres, pudiendo llegar casi a 180 grados, es decir, su campo de visión es mayor. Los ojos de las mujeres se adaptan mejor a las distancias cortas.

Resumiendo: tacto, oído, olfato, gusto, visión nocturna, visión periférica y visión cromática son superiores en la mujer. Así, su capacidad sensorial proporciona a la mujer una excepcional ventaja perceptiva en su medio relacional[63]. Sin embargo, esa supuesta ventaja se convierte a veces en un desencadenante de conflictos, frustraciones y malentendidos con los hombres con los cuales interaccionan, porque las mujeres solemos presuponer que nuestros compañeros masculinos perciben las mismas señales del medio que nosotras y parece ser que no es cierto. Esa divergencia perceptiva causa confusiones y problemas relacionales entre los dos sexos,

---

el olor a almizcle segregado por los hombres, olores que sólo advierte inconscientemente. El cerebro femenino descifra el estado del sistema inmunológico de un hombre y, si es complementario o superior a su propio sistema, lo describirá como un ser atractivo o con "un magnetismo misterioso". En cambio, si su sistema inmunológico es superior al del hombre, seguramente lo encontrará mucho menos atractivo». Pease, Allan y Barbara: *Por qué los hombres no escuchan y las mujeres no entienden los mapas*, Barcelona, Amat, 2000, p. 52.

[62] Pease, Allan y Barbara: ob. cit., p. 45.

[63] Fisher, Helen: ob. cit., p. 132.

a pesar de que las mujeres demuestran ser, en un principio, más diestras en la sensibilidad interpersonal, y de que nuestras habilidades para el trato humano sean más prolíficas[64]. Sea como fuera, podemos decir que son los sentidos los que elaboran el cuerpo de nuestra realidad[65].

Las mujeres somos capaces de escuchar, hablar expresando nuestras emociones y sentimientos, tocar, ofrecer empatía y afecto, cuidar, apoyar, sanar... Destacamos en el debate y en el aprendizaje de idiomas. Asimismo, lloramos más fácilmente que los hombres, lo cual no es una señal de debilidad sino de fortaleza, de libertad a la hora de expresar las emociones. Sin embargo, nos cuesta más manifestar la agresividad y las emociones como la ira. También reconocemos mejor en otros las emociones como la tristeza y el miedo que las de la ira y la agresividad. Es como si estuviésemos preprogramadas para socorrer y apoyar, y no para agredir o defendernos. Cabe suponer que nuestras experiencias de siglos han dejado mella en nuestras conciencias hechas carne sexuada y sexual.

Las mujeres solemos aprehender mejor el estado emocional propio y los ajenos e, incluso, puede que seamos demasiado sensibles a las señales que nos envían los otros, puesto que, a menudo, esas percepciones nos alteran y nos distorsionan emocionalmente, lo cual nos puede perjudicar. La mayor capacidad para percibir las señales de otros se entrelaza con la importancia que le damos a agradar, atraer, ser aprobadas por los demás, satisfacer sus necesidades y expectativas... Las mujeres sufrimos más en nuestras interacciones con otros. Parece que sentimos con más frecuencia

---

[64]«Asimismo, las mujeres disponen de todo un arsenal de habilidades para el trato. Con su delicado sentido del tacto entienden tu apretón de manos. Con su oído sensible disciernan la vacilación de tu voz, el titubeo, la cadencia. Con su superior visión periférica y habilidad para detectar señales no verbales registran el movimiento impaciente de un pie, incluso en la penumbra de una presentación con diapositivas en la oficina. Saben por tu expresión si estás confundido o aburrido; perciben el olor de tu ropa y de la habitación». Fisher, Helen: ob. cit., p. 137.

[65]Montagu, Ashley: *El tacto*, Barcelona, Paidós, 2004, p. 17.

e intensidad que los hombres tristeza, malestar existencial y ansiedad. Además, tendemos a internalizar estas emociones, dirigiendo los pensamientos negativos hacia nosotras mismas en forma de culpas, vergüenza, menosprecio y agresividad. Las mujeres somos propensas a los pensamientos reiterativos que no conducen a nada bueno; solemos buscar en nuestro interior las causas de aquello que nos sucede[66]. Por otra parte, no solo nos alteran nuestros propios disgustos, sino también los de las personas que queremos; somos más vulnerables a la hora de enfrentarnos a esos acontecimientos. Sin embargo, parece que nuestra capacidad empática y nuestro deseo de relacionarnos con los demás contribuyen a mejorar nuestra calidad de vida y la alargan más.

Las mujeres somos más propensas a las depresiones que los hombres. Diversos factores intervienen en ello: los genes; las hormonas y sus fluctuaciones cíclicas con sus inesperados y, a veces, inexplicables cambios femeninos de ánimo y de humor; la química del cerebro con su diferente proporción de neurotransmisores como, por ejemplo, la serotonina, mucho más escasa en las mujeres; y nuestro papel social y peor consideración y trato que recibimos en nuestras experiencias en interacción continuada con otros, vivencias que se inscriben en la memoria biográfica del cuerpo-palabra que somos, se vuelven carne. No obstante, las mujeres resistimos mejor las tensiones emocionales, lo cual se demuestra por un menor índice de suicidios femeninos en todas las edades.

Las mujeres, por lo general, solemos ser más compasivas, pacientes y sacrificadas que los hombres. Nos es más fácil intentar ponernos en el lugar de otro para comprenderlo mejor. Somos propensas a pactar, a adaptarnos y a considerar otras posibilidades. Como contrapartida, nos cuesta más imponer nuestros puntos de vista o deseos y mantener nuestra opinión a pesar de la oposición de otros. La práctica de la autoridad personal sigue siendo una asignatura pendiente para muchas mujeres. Además, las mujeres solemos darle más importancia a crear vínculos y relaciones basadas

---

[66] Pinker, Susan: *La paradoja sexual*, Barcelona, Paidós, 2009, p. 223.

en la confianza mutua que a tener razón en una discrepancia de opiniones, por eso tendemos a ceder o a admitir un error, sea o no sea cierto.

El sujeto existente mujer asume mejor las contradicciones, contextualiza mejor los hechos. Las mujeres suelen advertir y recordar los contextos físicos mejor que los hombres, dan mayor importancia al entorno y a las pequeñas cosas o detalles que lo componen. De ahí la forma femenina de entender situaciones y hechos difícilmente comprensible en el mundo masculino. La visión de las mujeres sobre los acontecimientos y problemas suele ser más amplia y contextual. Las mujeres sitúan lo sucedido en las circunstancias que lo acompañan, también en las emocionales y relacionales de los protagonistas. Para comprender los hechos, se ayudan con ejemplos y experiencias propias y ajenas; recurren a una lógica existencial y no abstractiva. Las mujeres suelen ser más flexibles y ajustarse peor a la rigidez de las normas. Tienden a hacer excepciones porque son más capaces de visualizar una gama más amplia de alternativas y relativizar las cosas[67].

Las mujeres no solemos pensar tanto con una trayectoria lineal, paso a paso, sino que pensamos en red. Además, somos capaces de pensar y hacer varias cosas a la vez, y a considerar diversos aspectos simultáneamente. Por lo general, las mujeres somos más rápidas de mente, quizás porque nos hemos visto obligadas a lo largo de los tiempos a desarrollar una agudeza de atención para los pequeños detalles. Somos más flexibles, intuitivas, imaginativas y fantasiosas, por todo lo cual, en un mundo masculino, se nos tacha de ilógicas, irracionales, imprecisas e, incluso, menos inteligentes, cosa que es falsa.

A las mujeres nos importa el proceso de llegar a una conclusión. Somos, por lo general, pacientes y prudentes a la hora de analizar los hechos. Solemos volver varias veces a nuestras consideraciones y revisarlas en repetidas ocasiones, porque no queremos cometer errores, y nos mostramos más inseguras, lo que a menudo

---

[67] Fisher, Helen: *El primer sexo*, Madrid, Taurus, 1999, p. 36.

nos favorece en el propósito de analizar las cosas con cuidado[68]. La inseguridad puede ser una buena aliada para el éxito, a pesar de entorpecer nuestros pasos y, a veces, hacernos desistir de los propósitos soñados. A la mayoría de las mujeres no nos gustan los riesgos ni las bravuconadas, predominantemente somos cuidadosas y sensatas. Las situaciones de riesgo, y más las de todo o nada, nos inquietan demasiado; no solemos elegirlas a la hora de tomar decisiones. Las mujeres contemplamos generalmente las cosas con una amplia perspectiva y hacemos planes a largo plazo.

Las mujeres aventajan a los hombres en habilidades sociales y comunicativas. Suelen saber calcular bien el impacto de sus palabras y acciones sobre los demás, y ser buenas en la creación y el mantenimiento de redes de contacto y de relaciones. Las mujeres valoramos trabajos que repercuten de una manera directa en la vida de la gente. En general, preferimos cooperar y compartir que competir y aislarse[69]. Las mujeres tienden a llegar a consensos y, si lideran equipos, suelen preferir crear equipos igualitarios, en los que todos colaboran y ganan. Sí compiten con otras mujeres a las que viven como posibles amenazas para su consideración social, sus trabajos o sus parejas e hijos; pueden ser crueles e implacables con ellas. Pero también pueden ser buenas amigas de sus amigas y simplemente solidarias con otras mujeres. Si la mujer se enfrenta a un problema de difícil solución, en vez de aislarse y reflexionar,

---

[68] «Cómo se llega a una conclusión es importante para la mayoría de las mujeres porque les importa el proceso; es su forma de "recolección". Quieren explorar las múltiples interacciones, las vías multidireccionales, todas las permutaciones de un problema difícil. Es por ello que las mujeres consideran a los hombres descuidados, faltos de imaginación y dados a la "visión de túnel", cuando desechan los aspectos de dicho problema que las mujeres consideran importantes». Fisher, Helen: ob.cit., p. 34.

[69] «Hombres y mujeres no muestran diferencia alguna en lo que los psicólogos llaman "competividad interior", esto es el deseo de conseguir metas personales y destacar. Pero los hombres son mucho más fuertes en "competividad exterior", su disposición a quitar de en medio a los demás para lograr ventaja». Fisher, Helen: ob. cit., p. 56.

suele reunirse con sus amigas y comentarlo. Verbalizar sus emociones y pensamientos le ayuda a aclararse consigo misma.

Además, las mujeres somos diestras en las habilidades de comunicación verbal y no verbal, y nos servimos de esta capacidad para fortalecer las relaciones. Uno de los grandes placeres en las amistades femeninas es conversar expresando sentimientos y emociones. Las amigas charlan y disfrutan al hacerlo. Su fin no es comunicar una información precisa sino reforzar lazos basados en la confianza mutua, procesar traumas y temores, aclararse en sus propias emociones y compartirlo con esa persona significativa con la que están hablando.

Por lo general, las mujeres superamos a los hombres en las tareas en las que interviene el lenguaje, hablamos con más facilidad y fluidez[70]. Nuestro vocabulario y memoria verbal son más ricos. Solemos usar más palabras en nuestras conversaciones y, asimismo, más expresiones faciales; sonreímos y gesticulamos más, y tocamos más a las personas con las que charlamos. Por contra, la habilidad espacial de las mujeres adolece de algunas particularidades. Parece que nos cuesta imaginar objetos en rotación espacial y observarlos en una perspectiva tridimensional.

Sea como sea, nuestros hábitos y ocupaciones se traducen en experiencias, que se repiten una y otra vez, grabándose en nuestra memoria. La creación de un recuerdo cambia nuestro cerebro, lo va configurando en la experiencia de vida del sujeto existente. Cuando aprendemos una tarea y la vamos reforzando al realizarla, se crean determinados circuitos de comunicación neuronal, que facilitan el desempeño de dicha tarea; es decir, el cerebro se va adaptando a aquello que experimentamos, su estructura va cambiando en nuestra continuada experiencia de vida. Lo que hacemos y recordamos modifica la estructura y la función de nuestro cerebro; lo que hacemos, pensamos, sentimos y deseamos nos hace a nosotros, se muta en carne existente que somos. Las personas, sin apenas darnos cuenta de ello, desempeñamos un importante pa-

---

[70]Legato, Marianne J.: *Por qué los hombres nunca recuerdan y las mujeres nunca olvidan*, Barcelona, Urano, 2007, p. 104.

pel en la configuración de nuestro cerebro, aunque es cierto que la anatomía y el funcionamiento del cerebro femenino y del masculino son distintos[71].

Recordemos que el cerebro humano se subdivide en distintas estructuras anatómicas entre las cuales se destacan los dos hemisferios, derecho e izquierdo, que se conectan entre sí por axones neuronales configurando el cuerpo calloso y la comisura anterior. El hemisferio izquierdo controla la parte derecha del cuerpo y también el pensamiento lógico, el raciocinio y el habla. Está especializado en el lenguaje, sobre todo en el sexo masculino. A su vez, el hemisferio derecho controla la parte izquierda del cuerpo y es responsable de las funciones creativas y de almacenar y controlar la información visual.

Hoy sabemos que el cerebro humano muestra dimorfismo sexual. Para ambos sexos, el desarrollo cerebral es distinto y sus tiempos de maduración también son diferentes. El cerebro de las niñas, por lo general, madura más pronto que el de los niños y, además, el cerebro femenino no es tan asimétrico en cuanto al tamaño de los dos hemisferios que el masculino. En la mujer, los dos hemisferios están muy interconectados: el cuerpo calloso y la comisura anterior son mayores, lo cual se relaciona con una mayor plasticidad cerebral y una menor especialización funcional de los hemisferios. Así, por ejemplo, en las tareas relacionadas con el habla, las mujeres emplean ambos hemisferios, mientras que los hombres utilizan casi exclusivamente el hemisferio izquierdo[72].

Gracias a la mayor interconexión entre los hemisferios, las mujeres podemos realizar más de una tarea al mismo tiempo, incluso cosas que no tienen mucho en común. Las mujeres podemos cambiar nuestra atención continuamente de una tarea a otra, pasar de razonar con lógica al sentimiento, de estar presentes en el ahora a planificar, soñar o recordar de manera simultánea... La organización de nuestro cerebro facilita que pensemos demasiado. Los

---

[71]Legato, Marianne J.: ob. cit., pp. 33-34.

[72]Pease, Allan y Barbara: *Por qué los hombres no escuchan y las mujeres no entienden los mapas*, Barcelona, Amat, 2000, p. 65.

pensamientos, las sensaciones, los recuerdos y las posibles asociaciones cargadas de emotividad se entrelazan sumergiéndonos en una actividad mental incesante[73]. Así, cuando estamos de mal humor es más probable que se activen interconexiones entre aspectos negativos de nuestra existencia y lo veamos todo peor de lo que realmente está. Por otra parte, parece que debido a la mayor interconectividad entre los hemisferios, a las mujeres nos resulta más difícil diferenciar la derecha de la izquierda.

En cuanto a las áreas del cerebro, algunas investigaciones han comprobado que el cerebro femenino tiene más desarrollados el área del lenguaje y del oído, las áreas relacionadas con las emociones, el área de la formación de memoria y el relativo a la capacidad de atención[74]. Asimismo, el cerebro de la mujer está configurado para coordinar delicados movimientos en un área pequeña como, por ejemplo, enhebrar una aguja, bordar o hacer ganchillo.

Ese mayor desarrollo de áreas especializadas en algunas tareas se corresponde con mayor concentración neuronal en determina-

---

[73] «Una consecuencia de todas estas interconexiones es que los pensamientos sobre un aspecto de nuestras vidas pueden desencadenar pensamientos sobre otras cuestiones de esa red». Nolen-Hoeksema, Susan: *Mujeres que piensan demasiado*, Barcelona, Paidós, 2009, p. 51. Y añade: «En particular, el hecho de que los estados de ánimo negativos pongan en contacto pensamientos negativos y recuerdos negativos, *aunque esos pensamientos y recuerdos no tengan nada que ver los unos con los otros*, proporciona la situación ideal para empezar a pensar demasiado. Cuando estamos de mal humor sin razón alguna, nuestro estado de ánimo activa —literalmente enciende— esos nodos de nuestro cerebro que contienen los recuerdos negativos del pasado y los modos de pensar negativos», p. 52.

[74] Morris, Desmond: *Masculino y Femenino*, Barcelona, Plaza & Janés, 2000, p. 42. Por su parte, Jean Shinoda Bolen sostiene: «El área del cerebro que sopesa las opciones a la hora de tomar una decisión (la corteza cingulada anterior) es más grande en las mujeres que en los hombres, y también lo es la parte del cerebro que inhibe la agresividad (la corteza prefrontal). La parte del cerebro que procesa las sensaciones corporales relacionadas con la recogida de datos emocionales (la ínsula) es también mayor en el cerebro femenino. Puede decirse que fundamentalmente el cerebro femenino está preparado para evaluar los sentimientos e intenciones de los demás, establecer la comunicación y distender el conflicto». Bolen, Jean Shinoda: *Sabia como un árbol*, Barcelona, Kairós, 2012, p. 253.

dos puntos y la creación de circuitos de comunicación en el cerebro, que se van adaptando a lo que experimentamos y hacemos. De modo que no sabemos hasta qué grado el dimorfismo sexual del cerebro humano corresponde a la ejecución de distintas tareas de ambos sexos en su día a día, y en qué medida dicho dimorfismo inclina a ambos sexos a desempeñar tareas y ocupaciones diferenciadas para cada sexo. Lo que sí sabemos es que muchas neuronas se mueren de forma programada en un auténtico proceso podador, que comienza ya en la fase final del embarazo. También, las neuronas se van muriendo de forma no programada como consecuencia de lo que hacemos y dejamos de hacer.

La muerte programada de algunas neuronas cerebrales se relaciona estrechamente con la acción de las hormonas sexuales: los estrógenos y la testosterona. Por otra parte, los estrógenos aumentan las ramificaciones neuronales incrementando su capacidad conectiva y facilitando la transmisión de información entre las neuronas. Asimismo, los estrógenos multiplican las vías lingüísticas del cerebro mejorando habilidades verbales[75]. El estrógeno ejerce una acción protectora sobre el cerebro.

Las hormonas sexuales influyen en los patrones cognitivos de ambos sexos y también de cada individuo en particular, que se ve afectado por su fluctuación. En el caso de las mujeres, en su etapa fértil, la fluctuación hormonal presenta un carácter cíclico, de modo que a lo largo del ciclo menstrual normal, las mujeres realizan mejor las tareas «femeninas», en las que más destacan generalmente, durante las fases en las que los estrógenos están altos. Este carácter cíclico hormonal tiene importantes repercusiones en la mujer, no solo en sus funciones cognitivas sino también en la totalidad de su cuerpo-palabra, en su ánimo, en su sensibilidad al dolor, en sus humores, comportamientos...[76] Quizás, las

---

[75] Fisher, Helen: *El primer sexo*, Madrid, Taurus, 1999, p. 95.

[76] «La ciencia está lejos de desentrañar el intrincado sistema hormonal de la mujer, que está profundamente entrelazado con las emociones. Las mujeres conviven con la impredictibilidad». Paglia, Camille: *Vamps & Tramps*, Madrid, Valdemar, 2001, p. 84.

mayores fluctuaciones de los niveles hormonales predispongan a las mujeres a la depresión, más frecuente en el sexo femenino, que asimismo puede deberse a la menor concentración de serotonina en ellas, un neurotransmisor cerebral que influye en la aparición de la depresión. Se ha comprobado que también la química cerebral se diferencia entre los dos sexos. Además, a lo largo de la vida de la mujer, las hormonas sexuales cambian de concentración y contribuyen a cambios cerebrales, los cuales se relacionan con las experiencias reales o potenciales que vive o podría vivir la mujer.

El cuerpo de la mujer se moldea a lo largo de su existencia, y no sólo en respuesta a los cambios hormonales, sino también como adaptación y transformación constante en su particular historia de vida, en su decir biográfico. Lo que hacemos va moldeando el cuerpo vivo que somos. Nuestros hábitos, comportamiento y aficiones se transcriben en carne existente, pasan a formar parte del cuerpo-palabra que somos. Conocí el término «cuerpo-palabra» leyendo un libro de Gabriella Buzzatti y Anna Salvo[77]. El término me pareció muy descriptivo de lo que somos: somos cuerpo y somos palabra viva, lo uno y lo otro se entrelaza en existir como persona. De eso hablaremos a continuación.

2. El cuerpo-palabra de la mujer

Somos cuerpo, arraigado profundamente en la naturaleza, y somos palabra viva, en expresión y comunicación continuada con los otros y con lo que nos rodea. El cuerpo sexuado es nuestra verdad básica y el cuerpo habla para que los otros lo vean, habla incluso en su silencio lleno de palabras no dichas; siempre se expresa, aunque no sea algo notorio.

Sí, el cuerpo habla tanto en su aparente silencio como en su palabra; se expresa por ser, por existir. El silencio y la palabra se entrelazan en cada instante vivido, son uno rebosante de signifi-

---

[77] Buzzatti, Gabriella y Salvo, Anna: *El cuerpo-palabra de las mujeres*, Madrid, Cátedra, 2001.

cados[78]. La palabra nace en el cuerpo existente, se separa del que la pronuncia, vuela e impacta en otros. Sin embargo, se inscribe en lo que somos, se vuelve carne existente, anida en nuestra memoria, nos moldea.

Las palabras son semillas que engendran reflexiones, deseos, acciones..., se tornan comienzo, una serie de nacimientos esperanzados en una transformación incesante. Las palabras, mecidas por el tiempo histórico, impactan en otros, comunican verdades, que no siempre son tales, aportan conocimiento. El conocimiento es particular, es de cada cual, y se va adquiriendo vocablo a vocablo, dicho o no. De hecho, los verdaderos significados de las palabras son significados corporales, los sentidos o los intuidos por el cuerpo existente[79].

Cada cuerpo-palabra comprende en sí mismo y desde sí mismo. Hay muchas cosas que entendemos solamente con el cuerpo, más allá de la razón, sin tener las palabras para decirlo. En nuestra percepción y experiencia del mundo, somos cuerpo existente. Toda experiencia se registra en nuestra memoria. El cuerpo es una unidad en la cual todo está interconectado, es un sistema existente completo: cuerpo-mente-espíritu en una unidad viva. El cuerpo que somos es una creación continua, un trémulo hálito de vida, un verbo existente que se dice, que se grita, que se calla, que se revela y se oculta siempre, en cada mirada, en cada suspiro... Nos autoconstruimos y nos autodestruimos latido a latido. Todo instante es un comienzo, un nacimiento de «algo más».

La palabra y el silencio nos nutren, nos van creando. A menudo, el silencio es necesario para aclararnos con nosotros mismos

---

[78] «En una visión dialéctica: el silencio y la palabra, los dos, son uno. Apolonio de Tiana dijo que también el silencio es un logos. Y las palabras no corrompen el silencio para quienes tienen oídos para oír lo que no está dicho». Brown, Norman O.: *El cuerpo del amor*, Barcelona, Santa & Cole, 2005, p. 219.

[79] «Los verdaderos significados de las palabras son significados corporales, conocimiento carnal; y los significados corporales son los significados no enunciados. Lo que siempre está hablando en silencio es el cuerpo», ob. cit., pp. 225-226. Y añade: «La muerte y el amor son por entero carnales; de ahí su gran magia y su gran terror. Amor que jamás puede ser contado», p. 226.

y actuar después. El silencio también puede ser útil como mecanismo de defensa, pero cabe la posibilidad de que nos mute en invisibles. Por contra, las palabras traducen el mundo y permiten un complejo intercambio de ideas e información, nos vuelven visibles. La fuerza de las palabras es tal que parece que el mundo verdadero es el que cabe describir a través de ellas. Así, los humanos intentamos ponerle palabras a la experiencia de relacionarnos con los otros y con lo que nos rodea, y, si no lo logramos, dicha experiencia adquiere una cualidad de incierta, indeterminada, no verdadera... La palabra es el vehículo de nuestro movimiento hacia la verdad[80].

En las culturas patriarcales, la experiencia femenina adolece de una dificultad de autosignificación, nos faltan palabras para expresarla. En esas culturas, el sujeto hablante en primera persona es de sexo masculino, y las mujeres sufren por intentar decir aquello que quieren y terminar diciendo aquello que es posible con los vocablos que poseen. La pobreza simbólica que caracteriza la experiencia de vida de las mujeres incide a nivel lingüístico y las mujeres dudan al hablar, intuyen que no logran expresar con las palabras lo que desean expresar, lo cual intensifica su falta de palabras e inunda su mundo de palabras no dichas. Quizás por eso lo compensan con hablar a veces demasiado y con una mayor expresividad en gestos, de cara y de cuerpo, porque los gestos son palabras no dichas. Los gestos recogen las palabras y las palabras recogen los gestos[81]; nos comunicamos por medio del lenguaje verbal y no verbal.

Los gestos de las mujeres suelen ser breves, pequeños, suaves, insinuantes y no impositivos. Las mujeres, educadas en una cultura patriarcal, aprenden desde que son niñas a autoinhibirse y a seducir con sus encantos «femeninos». Así obtienen recompensas por cumplir las normas de comportamiento, implícitas en la relación con otros. Poco a poco, las niñas aprenden a fingir y a engañar-

---

[80] Merleau-Ponty, Maurice: *La prosa del mundo*, Madrid, Trotta, 2015, p. 128.
[81] Merleau-Ponty, Maurice: *Fenomenología de la percepción*, Barcelona, Planeta-Agostini, 1993, p. 249.

se en su expresión corporal. El lenguaje no verbal se adecúa a las normas del implícito y el cuerpo se moldea en su expresividad, sus vocablos no dichos se tornan carne necesitada, anhelante de decir lo que es y de que la escuchen y la acepten.

Lo que todavía no hemos expresado anida en nosotros y crea una inconsciente necesidad de manifestarlo, y el cuerpo dice cosas, aunque a menudo no lo entendamos. El gesto expresa una emoción, emoción que nace en el pensar y en el sentir, en el estar en este mundo en relación con otros. Al expresar la emoción, el cuerpo existente la actualiza y la refuerza. Las sensaciones acontecen en el cuerpo existente, no fuera de él, y nos van configurando. Además, los sentimientos se expresan en reacciones corporales como, por ejemplo, el sonrojo, la palidez, la sudoración, el temblor... El cuerpo existente se habitúa a un habla particular y, en su permanente acción, se modula.

El cuerpo-palabra de las mujeres se tensa por no satisfacer su necesidad de decir. La necesidad, consciente o no, expresa no sólo una carencia sino el hecho de *ser*, revela nuestro *ser*, hace que nos volvamos hacia algo distinto de nosotros[82]. Cuando satisfacemos una necesidad, por lo general, experimentamos placer, y cuando la necesidad se bloquea en su satisfacción, solemos entrar en conflicto. A pesar de que toda vida es un secreto, cabe afirmar que nuestras experiencias quedan registradas en la memoria de cada cual y afectan al cuerpo que somos. Así, las experiencias placenteras suelen incrementar la vitalidad, la gracia y la salud del cuerpo; y las dolorosas y frustrantes, en un principio, hacen lo contrario. Su efecto puede ser pasajero si el individuo reacciona correctamente ante el trauma, porque el cuerpo posee la capacidad de autocuración; pero si la reacción se bloquea en una dolorosa irresolución, el trauma puede causar tensión permanente, padecimiento e, incluso, enfermedad[83].

---

[82] Levinas, Emmanuel: *De la evasión*, Madrid, Arena Libros, 2011, p. 63.

[83] «La somnolencia, el dolor de cabeza, son señales de la existencia de un conflicto inconsciente. Cuando vivimos una vida falsa, el cuerpo nos avisa de que algo anda mal mediante la somatización, dicen los especialistas. Y si no resol-

Muchas mujeres hemos sido enseñadas a ignorar y a desoír nuestro cuerpo, a no comunicarnos con nosotras mismas carnales, a no darle importancia a nuestras palabras no dichas, a nuestras verdades que se esconden en el supuesto silencio corporal. La educación y la influencia del medio en que se socializa a la mujer la inducen a adoptar una serie de actitudes, que moldean el cuerpo-palabra que es. Las normas del implícito, inscritas con letra invisible en las costumbres cotidianas, ejercen su fuerza performativa sobre los cuerpos existentes al repetirse y reforzarse miles de veces. La educación y los hábitos de la cotidianidad pueden alterar la expresión de los genes porque el cuerpo, en su afán de supervivencia, se adapta a las condiciones en las que le toca vivir. Lo innato y lo adquirido se confunden en el cuerpo-palabra social vivo, lo innato puro no existe.

Los gestos y los aparentes silencios encierran palabras no dichas y graban sus ocultas verdades en los cuerpos existentes. En nuestras relaciones con otros cuerpos, confirmamos o no los enunciados implícitos que las regulan. El poder de las relaciones cuerpo a cuerpo entre las personas es inmenso. La relación corporal es la base de la interrelación con otros que denominamos sociabilidad. De hecho, la conciencia corporal nace de la estimulación del cuerpo, de piel con piel, que comienza con nuestro nacimiento, si no antes[84]. En el encuentro con otro es donde la alteridad se vuelve real. Comportarse es siempre comunicar y comunicar significa influir en el comportamiento de los demás. En la comunicación nos retroalimentamos sin cesar unos a otros y nos influimos sin que a menudo seamos conscientes de esa acción. El poder que se ejerce sobre el cuerpo-palabra en relación es asumido por el individuo, influye en su constitución como ser social en constante

---

vemos el conflicto, el cuerpo puede llevarnos a la enfermedad, como forma más radical de protesta». Alborch, Carmen: *Malas*, Madrid, Aguilar, 2002, p. 204.

[84] Montagu, Ashley: *El tacto*, Barcelona, Paidós, 2004, p. 293. Y añade: «La comunicación que transmitimos con el tacto constituye el medio más poderoso de establecer relaciones humanas, el cimiento de la experiencia. Cuando empieza el tacto, también lo hacen el amor y la humanidad: en los minutos que siguen al nacimiento», p. 19.

interrelación con otros. Podríamos decir que, en cierta forma, nos sometemos al influjo de otros y ese sometimiento se muta en carne existente. Ahora bien, en las sociedades patriarcales, el grado y el modo de sometimiento es diferenciado para cada sexo.

Para que el orden patriarcal siga vigente, la mujer debe asumir su posición de subordinación al varón, puesto que es lo que le corresponde en ese orden social. La jerarquía sexual caracteriza el patriarcado y lo sostiene. En él, la mujer sufre un exceso de sometimiento para ser aceptada; tiene que interiorizar que está bien y es normal que el hombre ocupe la posición de supremacía social y que a la mujer le corresponda la de subordinación. Si se logra que interiorice esta «normalidad», vivirá conforme a las reglas que deriven de ella y que se refuerzan con normas jurídicas y religiosas. De esa manera apenas perceptible, la mujer ocupará el espacio social adjudicado para ella en ese orden de cosas y hará su papel, papel que perpetúa de forma «natural» dicho orden. Si la mujer se rebela o se desvía del lógico devenir de las cosas, será castigada por la mayoría de los otros y rechazada por ellos.

Poco a poco la mujer se acostumbra a su secundario papel social y a ser gobernada por otros: es lo normal en el patriarcado. Se la ha educado, queriendo o sin querer, como perteneciente al sexo perdedor. Todos, tanto los hombres como las mujeres, saben que en la jerarquía sexual el sexo femenino es el perdedor, y cuando eso se acepta como lo «normal», lo más probable es que siga siendo nuestra realidad. De hecho, una forma de seducción femenina al varón es la expresión codificada en gestos y ademanes de la aceptación por parte de la mujer de su inferioridad respecto a él; es una manera de cortejarlo. Desprendernos del sexismo que todos hemos internalizado en nuestro proceso de socialización es una ardua labor, pues impregna la conciencia hecha carne que somos[85]. Las mujeres debemos revisar nuestras normas porque también nosotras somos responsables de su perpetuación.

---

[85] «Todas las personas tenemos un sustrato profundo de sexismo que está enraizado en nuestras conciencias y también en el inconsciente». Lagarde y de los Ríos, Marcela: *Para mis socias de la vida*, Madrid, Horas y horas, 2005, p. 136.

Además, por si la aceptación de la «natural» subordinación femenina fallara, se la refuerza con el noble papel femenino de cuidar a otros y amarlos por encima de todo. A la mujer se la educa para que haga del amor el eje conductor de su narración vital, de su identidad. La mujer «buena» ama a los demás mucho más que a sí misma. Adopta una actitud de abnegación y de sacrificio poniendo en primer lugar a los otros y priorizando sus necesidades frente a las propias. Y cuanto más se sacrifican las mujeres, más se autoinhiben como personas plenas, desarrollando sobre todo el afán de cuidar de otros, aunque, qué duda cabe que el cuidado de otros enriquece y forma también a uno mismo. Como todas las cosas humanas, ese cometido no es necesariamente bueno o malo, blanco o negro, positivo o negativo para uno; los matices son infinitos y se dibujan en cada cuerpo-palabra con pinceladas personales. Dos sujetos pueden hacer aparentemente lo mismo y, sin embargo, vivirlo de formas diferentes, y las experiencias que se graban en su carnalidad lo harán con vocablos particulares, a menudo, ignorados por el sujeto mismo. Cuidar de otros hace bien a uno mismo, pero no es así cuando interfiere con el propio desarrollo personal e impide la realización de metas biográficas soñadas.

Sea como sea, se puede afirmar que el fomento de la tendencia fusional femenina perjudica la autonomía de las mujeres. En el orden patriarcal, se acepta socialmente que la mujer viva a través de la vida de otros, sobre todo de su marido e hijos, sintiendo los logros y los fracasos de ellos como los propios. Ella es la esposa de... y la madre de... Y la persona completa que es, ¿dónde está?, ¿dónde se encuentra? En la ideología patriarcal de la realización femenina se considera que la mujer ha tenido éxito en su vida si su marido o sus hijos lo han tenido; los logros familiares son el camino a su felicidad, no su propio desarrollo. La autoestima de muchas mujeres aumenta con los logros de otros y baja con sus fracasos[86].

---

[86]Lagarde y de los Ríos, Marcela: *Claves feministas para la autoestima de las mujeres*, Madrid, Horas y horas, 2000, p. 157.

En el contrato sacrificial de la mujer esta ofrece, a cambio de aprobación y aceptación, su propia persona, su narración vital como protagonista de su biografía[87]. La mayoría de las mujeres buscan la aprobación de los demás toda su vida. Desean que los otros las acepten y las quieran, y ese deseo predomina sobre el deseo de aceptarse y quererse a sí mismas. Todavía hoy no se promueve en la educación de la mayor parte de las mujeres la necesidad de respetarse a sí mismas ni de autoestima, autoestima basada en los propios logros, en la competencia personal y confianza frente al mundo. En muchos países, la mujer sigue viviendo sin el libre acceso al mundo y tiene que entrar en él a través de una interposición por medio de otros de sexo masculino.

¿Y qué aprueban los otros en la mujer? El estereotipo de la mujer, vigente en la sociedad, dicta sus normas y, generalmente, se valoran las cualidades femeninas que se destacan en él. Las mujeres tienden de manera natural a adecuarse al estereotipo femenino, pues la coincidencia con él les ahorra conflictos y les produce cierto goce por cumplimiento de su «deber» y por la aceptación y el reconocimiento sociales. Sin embargo, debemos tener mucho cuidado con lo que se valora en una mujer; debemos revisar los valores que hemos interiorizado en nuestro proceso de socialización, pues, a menudo, nos perjudican e impiden nuestro propio desarrollo como personas completas, con todo el derecho a *ser*, a ser protagonistas de nuestra narración existente. Definiendo la «naturaleza» femenina se ubica a la mujer en una realidad y no en otra, en un espacio y no en otro. Así, los propios modelos de interpretación de la mujer frenan su desarrollo personal. Por otra parte, ya hemos visto que no existe lo innato puro ni lo biológico puro en un sujeto existente que vive su historia en relación con otros.

La mujer va interiorizando convicciones bloqueadoras de sí misma a lo largo de su educación al socializarse en un orden patriarcal. Aprende a valorar y a admirar a los hombres, no a las

---

[87] «Las mujeres se sacrifican en proporción directa con su incapacidad de ofrecer algo más, aparte de ese sacrificio. Sacrifican lo que nunca han tenido: su propia persona». Greer, Germaine: *La mujer eunuco*, Barcelona, Kairós, 2004, p. 199.

mujeres, aunque eso va cambiando. Los modelos explicativos de la realidad y de los sexos, adquiridos en sus tempranas experiencias de aprendizaje, frenan su propio desarrollo y paulatinamente la preparan para interpretar un papel de conformada perdedora social. La mujer termina por aceptar el orden jerárquico de la sociedad patriarcal y se habitúa a la supremacía del sexo masculino, lo interioriza como «normal». En el orden patriarcal, el papel femenino es de subordinación respecto al varón; la mujer puede conformarse o rebelarse, pero el papel que se le impone para que el orden de las cosas siga su curso es ese. La tendencia natural en el patriarcado es la de ignorar a la mujer como un sujeto de pleno derecho, subyugarla y manejarla como una «infraestructura» útil.

La opresión sobre la mujer se ejerce en y a través de sus relaciones más íntimas: la relación de pareja, la de ser madre y la de consigo misma, la relación con el cuerpo que es. En el orden patriarcal, el cuerpo femenino ha sido y es un objeto de deseo y de desprecio. El aspecto de la mujer sigue siendo el principal punto para valorarla en un principio[88]. Por eso las mujeres le conceden mucha importancia. Se preocupan de su apariencia y se ocupan en lograr un cuerpo atractivo, un cuerpo para otros. No en vano, está en el escaparate de un gran mercado de posibles «compradores» a los que hay que atraer, seducir y conservar a su lado. Tanto los maridos como los amantes le reclaman parecerse a los ideales en boga, o eso se cree, porque en la realidad no siempre es así, ni mucho menos. Supuestamente, la mujer tiene que cumplir su deseo para que sigan deseándola a ella y para que puedan sentirse orgullosos al mostrar a los demás la mujer que tienen a su lado: «Tanto tengo, tanto valgo».

Así, las mujeres dedican gran parte de su tiempo, energía y dinero a moldear su cuerpo corrigiendo sus «defectos» en cuanto a la forma, el peso, la distribución del vello corporal, el tono

---

[88] «En el caso de las mujeres, lo que parecemos se considera generalmente sinónimo de lo que somos; y por ese motivo, nuestro aspecto sigue dictando a menudo lo que pasará a continuación». Moran, Caitlin: *Cómo ser mujer*, Barcelona, Anagrama, 2013, p. 241.

muscular, la textura de la piel, el pelo, el olor, las uñas... Mucho esfuerzo y trozos de vida para ser deseadas y queridas. Las mujeres combaten con ahínco su natural tendencia a envejecer. Luchan heroicamente contra los kilos de más prescindiendo de postres, siguiendo dietas, a menudo perjudiciales para su salud, corriendo riesgos al someterse a «curas» de adelgazamiento y cirugías innecesarias, puesto que, en nuestros tiempos, el ideal de belleza femenina es una mujer muy delgada, joven y sexy[89]. La preocupación por adelgazar es tan común en las mujeres que en la actualidad no se puede abordar el mundo femenino sin tomar en consideración la variable «comida». La capacidad de hacer dieta simboliza el dominio de sí, el dominio de los impulsos e, incluso, la negación de una misma en aras de conseguir el éxito y el amor[90].

Muchas mujeres se avergüenzan del cuerpo que tienen, pero ¿lo tienen o es que son ese cuerpo real? El deseo de crear el cuerpo perfecto es tan poderoso porque este promete un sinfín de goces para la mujer: ser deseada, tener éxito social, tener una pareja social y económicamente poderosa, riqueza, supuesta realización personal y felicidad. Sin embargo, esas promesas no siempre se cumplen y, a menudo, las mujeres bellas son utilizadas como mercancías en un mercado de hombres, y acaban decepcionándose de sus vidas y frustrándose al no sentirse personas, al ser tratadas como objetos y no sujetos con capacidad de decir y de decidir[91].

---

[89]«Las dietas de adelgazamiento son la versión de finales del siglo XX del polvo de plomo, de las prendas fuertemente atadas o del vendaje en los pies. Con el lema "La delgadez es atractiva" hemos añadido un capítulo más a la saga de los perjuicios que las mujeres se han infligido a sí mismas con objeto de agradar». Leroy, Margaret: *El placer femenino*, Barcelona, Paidós, 1996, p. 91.

[90]Politzer, Patricia y Weinstein, Eugenia: *Mujeres: la sexualidad oculta*, Barcelona, Grijalbo, 2005, p. 214.

[91]«Se diría que nuestro destino en la vida es luchar contra partes indeseables de nosotras mismas. Si es posible que una mujer llegue a odiar una porción de su anatomía, porque tiene unos gramos de más según los cánones del mercado, será sencillo manipularla en cualquier otro terreno». Ventura, Lourdes: *La tiranía de la belleza*, Barcelona, Plaza & Janés, 2000, p. 68.

Cabe afirmar que la mayoría de las mujeres siguen o han seguido algún tipo de dieta y han recurrido a trucos y remedios para mantenerse jóvenes en apariencia. Gran parte de las mujeres se sienten insatisfechas y afligidas con el cuerpo que les ha tocado en suerte. ¿Qué pasaría si las mujeres invirtieran el tiempo, la energía y el dinero que emplean en remodelar su cuerpo, embellecerlo, depilarlo, ocultarlo, fingir y desoír sus necesidades... en formarse, en desarrollarse como personas y convertirse en sujetos autónomos con pleno uso de su palabra? ¡Las mujeres transformaríamos la realidad! Lo personal sigue siendo político y los grandes cambios colectivos pueden nacer en los cambios personales. Así son nuestras cosas humanas.

Si una mujer se convierte en enemiga de su cuerpo se coloca en una situación peligrosa para sí misma. Si no le gusta su propio cuerpo, *eso* creará un problema que se inscribirá en el cuerpo-palabra que es. La mujer se volverá indiferente al decir de su cuerpo y no lo atenderá. No es nada extraño, pues ¿quién cuida al enemigo? Al enemigo se le evita, se le desoye, se le ignora y hasta se le odia. La mujer enemiga de sí misma se debilitará y será más manipulable en todos los aspectos, porque el cuerpo que somos es nuestra verdad, bondad y belleza básicas. En él nacen todos nuestros comienzos, lo que sentimos, lo que pensamos, lo que soñamos y deseamos, *todo* nace en él. El cuerpo que somos merece nuestra admiración, nuestro asombro y profundo respeto. Debemos aprender a cuidarlo con el amor de la mejor amiga; viviríamos mucho más a gusto en nuestra piel.

Muchas mujeres se disocian del cuerpo que son porque ese cuerpo no cumple sus expectativas estéticas y supuestamente entorpece el logro del éxito social deseado. Sin embargo, aunque lo ignoren y lo anulen, el cuerpo-palabra sigue existiendo, no desaparece por arte de magia; eso sí, se marchita en su frustrante marginación. Con frecuencia, el cuerpo desoído y tensado se muestra en el dolor, se enferma e, incluso, muere. Desde la noche de los tiempos se ha escrito una larga historia de mujeres desposeídas de sí mismas, mujeres convertidas en cuerpos para otros en su existencia real.

Asimismo, numerosas mujeres se rebelan contra las implícitas condiciones que supone vivir dentro de un cuerpo femenino y abusan de él con comida, alcohol, drogas, exceso de trabajo o de ejercicio. Todo vale con tal de acallar su malestar de ser mujer[92]. Sus cuerpos-palabra transmiten el resentimiento, la frustración y la rabia contenida que sienten por las limitaciones impuestas a sus vidas. Están dominadas por los sentimientos de fragmentación, de disociación entre lo que en el fondo son y lo que manifiestan en su experiencia cotidiana. Ese conflicto se expresa en forma de tensión en su cuerpo-palabra y, si no se resuelve, puede convertirse en un bloqueo y enfermedad.

Por otra parte, la mujer que no se preocupa por embellecer su apariencia, que se «abandona», es acusada de «dejada» y es censurada moralmente. Tiende a sentirse culpable e inadecuada, y no es que lo sea, es que cree serlo, lo cual expresa en su estar en ese mundo nuestro. Si lo cree, vive en consecuencia; su mantenido malestar se graba y performa el cuerpo-palabra que es. Las mujeres solemos dirigir los pensamientos negativos hacia nosotras mismas y esos pensamientos se entrelazan con las emociones como la tristeza, la culpa, la ansiedad, la vergüenza, el miedo... Parece que hagamos lo que hagamos somos culpables, culpables por no abarcar lo suficiente o por abarcar demasiado, por no llegar o por pasarnos, por dar demasiado o por no dar suficiente, por sobreproteger o por no atender... ¿Quién determina la medida justa de las acciones? ¿Quién puede asegurar que si hiciésemos tal cosa ocurriría tal otra? Las mujeres tenemos todas las de perder porque nos lo creemos, aprendemos en nuestro proceso de socialización a considerarnos culpables incluso de cosas que escapan a cualquier control. Nuestra frustrada energía vital se torna destructiva y la dirigimos en primer lugar contra nosotras mismas en forma de amargura, afecciones nerviosas, migrañas, dolores menstruales, accidentes, contagios, embarazos no deseados...

---

[92] Murdock, Maureen: *Ser Mujer: un viaje heroico*, Madrid, Gaia, 1991, p. 147.

Las mujeres tenemos que darnos cuenta que los ideales de belleza que persiguimos son un espejismo, y nos hacen daño. Numerosas mujeres están viviendo en un estado de profunda frustración por no ser delgadas, jóvenes, guapas, sexys... Sin embargo, pueden liberarse del nocivo efecto de los ideales de belleza dejando de creer en que su valía radica en la apariencia; creer eso las torna cuerpos-palabra sacrificiales, obsesionados con una fantasía.

Por si no fuera bastante, el cuerpo femenino que fascina a los hombres es joven. El factor «edad» entra con toda su aplastante fuerza en los ideales de belleza oprimiendo a las mujeres. En el patriarcado, el cuerpo de una mujer vieja se margina, representa la decadencia de la carne, la degeneración física y, con frecuencia, inspira repugnancia. A las mujeres se nos ha enseñado a temer envejecer, temer que se nos deje de desear y de querer por no ser jóvenes desenvueltas y divertidas, temer volvernos invisibles para los hombres y para la sociedad. No es de extrañar, pues la descalificación de las mujeres por edad sigue imperando en nuestras sociedades. Por eso las mujeres se empeñan en ser eternamente jóvenes, disimulan las huellas del paso de los años en sus cuerpos, asumen actitudes de jovencitas, fingen ser inmaduras...[93] Sin embargo, a menudo es en la madurez cuando descubrimos quiénes somos en realidad.

Las mujeres tienen miedo a que no las deseen y no las quieran, temen la invisibilidad social. Ya desde su niñez han aprendido a agradar a sus figuras importantes, a ser «buenas chicas» y no dis-

---

[93] «Ser maduras es una prohibición a las mujeres y en la opresión un anhelo es no tener que asumir las responsabilidades de la madurez. Muchas mujeres en rebeldía que no somos jóvenes, cuando no hemos deconstruido esa descalificación por edad de las mujeres, y queriendo ser eternamente jóvenes, tendemos o hemos tendido a asumir actitudes, formas de comportamiento y trato social como si fuéramos jóvenes, como una reivindicación de libertad, confundiendo la libertad con la minoría. La descalificación por edad hace estragos laborales, educativos y políticos en las mujeres y si no lo descodificamos y deconstruimos nosotras mismas, contribuimos a fortalecer esa manera de apreciar o despreciar a las mujeres». Lagarde y de los Ríos, Marcela: *Para mis socias de la vida*, Madrid, Horas y horas, 2005, pp. 145-146.

gustar con excesivas rebeldías. También han aprendido a temer que les pase algo, han interiorizado que corren peligro sobreañadido por ser niñas y por eso deben ser prudentes y no arriesgarse innecesariamente. Sin embargo, esos temores no solo les evitan peligros, coartan sus movimientos, su libertad de acción. Las niñas aprenden a no arriesgarse, lo cual las inclina a ser las eternas perdedoras sociales, porque es difícil ganar sin arriesgarse[94]. Parece algo baladí, pero esta tendencia se graba en el cuerpo-palabra que somos, en nuestra actitud respecto a nosotras mismas y frente al mundo que nos incluye, y se manifiesta en cualidades como ser cuidadosas, prudentes, sensatas, conservadoras..., cualidades que influyen en nuestros papeles sociales[95]. Así que cabe afirmar que a lo que deberíamos tener miedo las mujeres es al temor mismo, este es nuestro enemigo.

A gran parte de mujeres no les gusta llamar la atención, preferimos pasar desapercibidas. Las mujeres creen que así lograrán mejor sus objetivos y no se las molestará en exceso. Los cuerpos-palabra que son se contentan con un segundo plano, un espacio algo alejado de la exposición abierta, un espacio menor donde trabajan para otros. Es comprensible que muchas mujeres prefieran pasar desapercibidas porque en nuestras sociedades, patriarcales y consumistas, se ha instaurado una explotación visual del cuerpo femenino, que objetiva a las mujeres y las expone al juicio valorativo como si fuesen una cosa, un objeto decorativo o de disfrute para otros: el cuerpo-palabra de la mujer es cosificado y fetichizado

---

[94] «"¡Ten cuidado!", es una advertencia que las niñas se ven obligadas a oír una y otra vez antes de salir de casa. Toda precaución es poca: por doquier acechan los peligros. Bajo esta apariencia de desvelo, la niña aprende a no arriesgarse y, más adelante, se le coarta la oportunidad de ganar. Recuerde: sin riesgo no hay posibilidad de ganar». Ehrhardt, Ute: *Las chicas buenas van al cielo y las malas a todas partes*, Barcelona, Debolsillo, 2003, p. 173.

[95] «Hay más inventores masculinos que femeninos, y es que la asunción de riesgos no era solamente física sino también mental. La innovación siempre implica riesgos, experimentar con lo desconocido en vez de confiar en tradiciones comprobadas y fiables». Morris, Desmond: *La mujer desnuda*, Barcelona, Planeta, 2005, p. 14.

por otros y por ella misma, que ni se da cuenta de los significados implícitos de sus actitudes, acciones y omisiones.

Hablemos de la mujer frente al espejo, espejo en los ojos de otros que la miran y espejo de sus propios ojos, que ven su propia imagen reflejada y la valoran. ¿Qué vemos las mujeres al mirarnos en el espejo? ¿Qué miramos en nosotras? ¿Cómo nos sentimos mirándonos a nosotras mismas? ¿Cómo nos valoramos? ¿Nos aceptamos tal como somos? ¿Nos respetamos? ¿Respetamos el cuerpo que somos? Las mujeres hemos internalizado como ideal una imagen corporal distorsionada que nos perjudica para *ser* en plenitud carnal, con todas las «imperfecciones» reales. Las mujeres necesitamos conocer nuestro cuerpo desde el respeto y la consideración que este merece por ser eso: un cuerpo existente real, un canto de creación ilimitada mientras haya vida en él. El cuerpo-palabra es donde todo nace, es el cuerpo de nuestra realidad, es lo más trascendente, puesto que en cada instante acontece en él la experiencia de vida y de muerte, los sucesivos nacimientos y sucesivas muertes de los universos únicos e irrepetibles que nos incluyen.

Las mujeres necesitamos construir una imagen renovada de nosotras mismas y autopercibirnos mejor[96]. Eso nos ayudará a ser más autónomas, a ser sujetos en nuestra narración existente y, de paso, les enseñaremos a otros a mirarnos mejor. Como dice Germaine Greer, hay que restituir nuestras almas a nuestros cuerpos, devolvernos nuestro propio ser y superar así el estado humano de alienación personal[97]. El cuerpo no es un vehículo del alma, es el espíritu hecho carne real en su experiencia de vida. Además, el cuerpo-palabra de cada mujer tiene sus propios versos, sus propias normas de belleza. Ya es hora de que las mujeres tomemos posesión de nuestros propios cuerpos, que los aceptemos, que los respetemos, que los cuidemos con el amor de una buena amiga y que nos enorgullezcamos de su propio poder, poder para crear, y, no lo olvidemos, también para destruir. ¡Decidamos bien!

---

[96]Lagarde y de los Ríos, Marcela: *Para mis socias de la vida*, Madrid, Horas y horas, 2005, p. 63.

[97]Greer, Germaine: *La mujer eunuco*, Barcelona, Kairós, 2004, p. 192.

La actitud de cada mujer respecto al cuerpo que es es personal y es a la vez política, no en vano los cuerpos están inmersos en un campo político, las relaciones de poder operan sobre ellos, los modulan, los subyugan o no, los doman o no... En un sistema de sujeción, el poder sobre los cuerpos los somete y los obliga a hacer en una dirección dada. La necesidad sentida no deja de ser un instrumento político muy eficaz, nos inclina a actuar de una manera determinada y prevista. Vamos habituándonos a..., vamos adquiriendo un comportamiento... El cuerpo-palabra asume el poder que se ejerce sobre él sometiéndose a su acción, su efecto lo moldea.

Las expresiones corporales, traducidas en palabras dichas o no y en gestos, refuerzan las verdades implícitas en ellas. Así, las prácticas corporales colectivas educan a los sujetos sociales e interiorizan el aprendizaje codificándolo en carne existente habituada a... El cuerpo habla incluso en su aparente silencio. El cuerpo es un vivo recordatorio biográfico. Y en cualquier momento puede redescubrirse en medio de las imposiciones e, incluso, del sometimiento, puede hacerlo desde su libertad de decidir cómo quiere vivir su tiempo, desde su capacidad de pensar y cuestionar lo dado. Pensar y discernir está en la base del cambio, pues las formas de reconocer se emparejan con las formas de desconocer. El cuerpo escuchado empieza a decir y resurge de su silencio. Las mujeres tenemos que encontrar significados y sentido en el ser que nos ayuden a *ser*, a desarrollarnos como personas de pleno derecho que somos.

Cabe afirmar que la transformación de una misma es lo más genuinamente político que hay[98], porque de poco sirve tener derechos si no se ponen en práctica en la vida cotidiana, si las mujeres seguimos viviendo en segunda persona en nuestra propia piel. Además, los prejuicios y la discriminación no se pueden eliminar solo por ley. Por otra parte, las legislaciones de muchos países continúan considerando tener dominio sobre el cuerpo de la mujer, dictando lo que las mujeres deben o no hacer con su cuerpo. Las

---

[98] Muraro, Luisa: *El Dios de las mujeres*, Madrid, Horas y horas, 2006, p. 10.

leyes suelen confirmar el contrato social sacrificial de la mujer, propio del patriarcado, y los cuerpos-palabra femeninos lo acusan. Si se obliga a las mujeres a vivir por personas interpuestas, a través de los hombres, las mujeres tendrán que agachar la cabeza y ocupar su tiempo en multitud de tareas relacionadas con su papel social, tareas que sirven para hacer la vida agradable a otros. Las mujeres procurarán convertirse en indispensables para que las sigan apreciando y queriendo, y la realización de ese deseo consumirá prácticamente todo su tiempo. Esas mujeres tendrán que renunciar a la ambición para sí mismas. El deseo de ser esposas ejemplares y después madres ejemplares encauzarán sus acciones y elecciones. Los deseos engendran todo movimiento, la transformación de sí[99].

Las tareas en casa se suceden sin fin: limpiar, cocinar, alimentar, coser, comprar, lavar, planchar, ordenar, cuidar a otros... Esas tareas consumen la mayor parte del tiempo de la mujer y de su energía vital. No en vano se considera que el trabajo de la mujer es atender las necesidades de los demás y cuidar de ellos y del hogar: nobles tareas, ¿qué duda cabe? Esas tareas no solo subyugan a las mujeres, también contribuyen a que muchas se sientan satisfechas y realizadas. Desde luego, suponen experiencias repetidas en la existencia del cuerpo-palabra femenino, son tiempo vivido de las mujeres, moldean su carnalidad[100]. Lo que hacemos nos hace a nosotras.

---

[99] «El núcleo de la opresión femenina hay que buscarlo en sus funciones procreadoras y de crianza». Firestone, Shulamith: *La dialéctica del sexo*, Barcelona, Kairós, 1976, p. 93.

[100] «Somos las cuidadoras de todo el mundo; tenemos como función vital: dar la vida, protegerla, cuidarla, reproducirla y mantener a las personas concretas en las mejores condiciones posibles. Esa es la asignación de género a las mujeres. Por eso es estructuradora de la condición tradicional de la mujer; sintetiza la ética del cuidado. ¿Qué es lo más importante en la vida de una mujer? Cuidar y seguir cuidando y volver a cuidar a otras y otros, toda la vida, de día y de noche, para toda la vida». Lagarde y de los Ríos, Marcela: *Para mis socias de la vida*, Madrid, Horas y horas, 2005, p. 45.

El cuerpo-palabra es una creación continua. Cada experiencia, cada acontecimiento se graba en la carne existente y la transforma. El instante del tiempo vivido es un «algo más», un comienzo[101]. Por eso las mujeres tenemos que revisar nuestras experiencias vividas y desaprender muchas cosas que sabemos hacer o consideramos como propias de nuestro sexo. Es muy importante que reconozcamos cómo y por qué construimos nuestras experiencias como mujeres. Y es muy importante que valoremos nuestro tiempo y que reivindiquemos el derecho a un tiempo propio, tiempo en igualdad de condiciones para ambos sexos.

Las tareas femeninas se entrelazan con espacios, con los lugares donde se realizan esas tareas. Existen lugares tradicionalmente femeninos, como el hogar, donde acontece el cuidado de la familia[102]. Es un espacio privado e íntimo, de distancias cortas. En él, las mujeres desarrollan un poder próximo, dedicándose al cuidado de los cuerpos, de la salud de sus seres queridos y de sus estados emocionales, lo cual favorece el desarrollo de la inteligencia emocional y precisa de un compromiso amoroso con sus otros. La mujer se arraiga en sus afectos y los vive con entrega en lo cotidiano. Considera que su dedicación y esfuerzo merecen la pena, no en vano el sentido de abnegación y de sacrificio forma parte del estereotipo femenino; es lo «normal» en ser mujer. Además, en nuestras sociedades se santifica a la madre abnegada, a la madre que se sacrifica por sus hijos. ¿Alguien lo duda? Y la mujer

---

[101] «El presente es el comienzo *de un ser*». Levinas, Emmanuel: *De la existencia al existente*, Madrid, Arena Libros, 2007, p. 120. A su vez, N. Brown afirma: «La vida sigue: el hombre se hace a sí mismo; produce, reproduce, pariéndose a sí mismo en hermosura». Brown, Norman O.: *Apocalipsis y/o metamorfosis*, Barcelona, Kairós, 1995, p. 41.

[102] «Existen lugares muy masculinos, la vida pública y política, y existen lugares muy femeninos, la familia y el sistema educativo y paramédico. El poder es masculino, el cuidado del cuerpo es femenino». Fraisse, Geneviève: *Los dos gobiernos: la familia y la ciudad*, Madrid, Cátedra, 2003, p. 151.

que fracasa en su sagrada tarea es despreciada y repudiada como «anormal», «egoísta» y «malvada»[103].

No obstante, en la actualidad, las mujeres nos movemos también en los espacios públicos. El cada vez mejor nivel de formación profesional de las mujeres nos permite trabajar de modo cualificado fuera de nuestro hogar. Así, la mujer actual no se limita solo a sus experiencias en el ámbito privado sino que también interviene en el público, ampliando significativamente sus movimientos; sus experiencias de vida se diversifican y se vuelven más interesantes[104]. En muchos países, la mujer ya no precisa de figuras masculinas interpuestas entre ella y el espacio social. Además, la independencia económica le permite cierta independencia personal; si no le van bien las cosas en su hogar puede decidir marcharse sin que sea una catástrofe ni para ella ni para sus hijos. Por otra parte, a menudo, el trabajo fuera de su hogar se convierte en esa «habitación propia» tan anhelada por muchas.

La aparición de las mujeres en la escena pública poco a poco va transformando la realidad y también las relaciones entre los sexos. Las mujeres aportan sus valores y los vuelven visibles, tienen voz y cosas que decir. Las mujeres solemos priorizar de manera diferente que los hombres. El centro de gravedad de nuestro *ser* se desplaza continuamente hacia los otros, lo cual tiende a desequilibrarnos y se inscribe en el cuerpo-palabra que somos, nos torna más vulnerables. La encrucijada vital entre ser para otros y ser para una misma nos sitúa en infinidad de conflictos existenciales y algunas contradicciones que pueblan nuestro cuerpo-palabra, contradicciones muy pronunciadas en el embarazo y la crianza. Las mujeres

---

[103]«Esta responsabilidad enorme que pesó sobre las mujeres tuvo una doble consecuencia. Había tanto acuerdo para santificar a la madre admirable como para fustigar a la que fracasaba en su sagrada empresa. De la responsabilidad a la culpabilidad mediaba sólo un paso, que llevaba directamente a la condena». Badinter, Elisabeth: *¿Existe el amor maternal?*, Barcelona, Paidós/Pomaire, 1981, p. 228.

[104]«Nos vemos obligados a comprobar que cuanto mayor sea el desarrollo intelectual de las mujeres, tanto más se proponen objetivos tradicionalmente calificados como masculinos». Badinter, Elisabeth: ob. cit., p. 282.

que han tenido hijos saben hasta qué punto el cuerpo-palabra que son se ve dominado por otro ser, hasta qué punto cambia durante la gestación y la crianza, sometido a nuevos imperativos, muy difíciles de eludir. El cuerpo que son ya no es sólo ellas y se transforma física y emocionalmente; se transforman sus percepciones, sus gustos, sus intereses, deseos, vivencias, miedos... La mujer prioriza el cuidado de su bebé a lo demás, se da, se sacrifica.

Cabe afirmar que esa contradicción entre ser para sí y ser para otros está hondamente inscrita en el sujeto mujer, forma parte de nosotras. Por eso es tan complicado de resolver, porque no depende solo del orden social, sino que es inherente a nuestro *ser*[105]. La mujer vive como propio sacrificarse por sus hijos y por su familia. La tensión surgida del choque entre las necesidades personales de las mujeres y las necesidades de su familia suele grabarse en los cuerpos que somos y forzarlos a veces de modo extremo. Las mujeres actuales nos debatimos entre las exigencias profesionales y las tradicionales, derivadas del estereotipo femenino y los papeles clásicos que hemos desempeñado a lo largo de los siglos[106].

---

[105] «Los conflictos vitales, existenciales de las mujeres están marcados internamente por esa lucha de contradicciones que a veces nos devasta. Ser para otros y ser para mí. Estar en igualdad con los otros y estar en inferioridad con los otros. Tener funciones de cuidados vitales de los otros y legítimamente cuidar de nosotras. Hacer uso de bienes, trabajo, capacidades, destrezas para los otros o hacer uso de esos bienes, capacidades, destrezas para una misma. Si no enunciamos estas contradicciones como un problema de la condición de género, y si creemos que sólo es un problema externo a las mujeres, del orden social en el Estado, no lo podremos resolver. Necesitamos enunciarlo como un problema existencial de las mujeres y ubicarlo como parte de la problemática social construida que reclama en las mujeres actividades, trabajos, funciones para otros y al mismo tiempo, actividades, funciones y destrezas de desempeño individual, para sí». Lagarde y de los Ríos, Marcela: *Para mis socias de la vida*, Madrid, Horas y horas, 2005, p. 49.

[106] «A la capacidad de trabajar, al éxito en el trabajo, a la capacidad de generar recursos, dinero y bienes, requisitos de la modernidad, se suman los requisitos tradicionales. Además de la belleza, se espera de las mujeres que sean abnegadas, benevolentes, con una generosidad ilimitada. Se espera lealtad, obediencia, fidelidad. Se espera, sobre todo, subjetividad jerárquica: aceptar que está bien que el hombre esté arriba y en posición de supremacía, y que está bien que ella

Los cuerpos palabra acusan esa tensión. Nuestra autoestima se alimenta de ser buenas madres y buenas cuidadoras de otros, tanto o más que de completar nuestro propio desarrollo como personas. Las mujeres seguimos considerando que ser buenas madres y esposas se vincula estrechamente con nuestra realización personal. Esos papeles ocupan un importante lugar en nuestra identidad sexual. Muchísimas mujeres creen que desempeñarlos bien es clave para ser felices. ¿Y qué ocurre cuando una mujer es buena madre y buena esposa, cuando da todo su amor y, sin embargo, es rechazada, desprestigiada e, incluso, odiada por su marido y/o hijos? A que sucede...

Quizás, las mujeres tengamos idealizadas la maternidad y el amor romántico. Esta idealización nos perjudica, tiende a subordinarnos a otros. Muchas mujeres dedican demasiado tiempo y energía a esperar acontecimientos que no ocurrirán nunca: esperan un buen trato en correspondencia a su entrega, esperan consideración, esperan agradecimiento, reconocimiento, respeto, apoyo, amor... Muchas mujeres se sienten culpables por cosas que están fuera de su control. Si a un hijo le van mal las cosas, si tiene problemas o se comporta mal, piensan que algo malo han hecho ellas, no han sabido educarle bien. ¡Qué injusto es! Ni que las mujeres fuéramos omnipotentes y todopoderosas, y los hijos, moldeables según nuestro deseo, y previsibles en sus interpretaciones y reacciones. La mala educación que hemos recibido todos...

Numerosas mujeres pasan la vida anhelando desesperadamente un contacto más estrecho y auténtico con las personas que aman y conformándose con la frialdad de la distancia e, incluso, con el desprecio. El cuerpo-palabra que son grita callado en su frustración existencial. Hay un tipo de ansiedad que es particular de las mujeres y se asocia con un hondo sufrimiento de difícil verbalización. Las palabras de protesta y de rebelión frente a lo injusto de las cosas se silencian y el silencio se entrelaza con la impotencia y la frustración. Es el malestar que no tiene nombre, y poco a poco

---

esté en posición de subordinación. Eso es lo que más se espera: que el orden jerárquico funcione». Lagarde y de los Ríos, Marcela: ob.cit., p. 380.

los cuerpos se enferman, como si se tratase de una manera extrema de protesta. De hecho, las mujeres padecemos más ansiedades y depresiones que los hombres. Por lo general, se podría decir que las mujeres sufrimos más, no solo por nosotras mismas y por el trato que recibimos, sino también por ser más sensibles a los problemas de los otros, a sus humores y decepciones[107]. Además, no acabamos de aprender a relacionarnos bien con lo que somos, no respetamos el cuerpo-palabra real, lo ignoramos, no lo escuchamos, no le prestamos la atención que merece. Solemos doblegarlo siguiendo modas, nos ponemos zapatos que torturan nuestros pies para aparentar mejor porte, nos embutimos en prendas que impiden la libertad de movimiento, que nos aprietan y se clavan en la piel, nos depilamos a pesar de lo doloroso que es... Aceptamos que para ser bellas hay que sufrir. Dictado falso salvo si te lo crees y lo conviertes en tu realidad. ¡Cuánto tiempo, energía y dinero dedicados a perjudicarnos a nosotras mismas! Seguro que se nos ocurren mil maneras de emplearlos mejor.

Sin embargo, hagamos lo que hagamos el cuerpo-palabra que somos habla hasta cuando calla. Se empeña en expresarse incluso desde su represión, entendamos o no sus verdades. A menudo, el ignorado cuerpo chilla en su dolor, el dolor físico se concreta en distintas zonas de la carne existente. Esa tendencia se agrava por las creencias culturales de siglos de nuestra historia sobre el dolor, por ejemplo, que el dolor ennoblece, que conduce a una especie de purificación del alma, que vas ganando el cielo al sufrir, que el dolor incluso te lleva al éxtasis... Las imágenes de santos y las narraciones míticas confirman esas «verdades» y casan muy bien con el manido masoquismo femenino. ¿Qué duda cabe que la educación de la mujer y su socialización en un orden dado, que

---

[107] «Realmente, las mujeres sienten tristeza, malestar y ansiedad con mayor intensidad y frecuencia. Cuando estas emociones se vuelven dominantes, las mujeres se queman en el trabajo o caen en una depresión clínica, un trastorno cuya prevalencia es el doble en mujeres que en hombres en todas las culturas y clases sociales». Pinker, Susan: *La paradoja sexual*, Barcelona, Paidós, 2009, p. 147.

la subordina a otros por ser mujer, la ha inducido a adoptar actitudes sumisas y abnegadas o, por contra, reaccionar rebelándose contra ello? No en vano, el orden social en que nos socializamos es el escenario en el que nos movemos, en que respiramos y nos expresamos en cada instante de nuestra creación; nos condiciona, nos limita, nos moldea...[108]

Las mujeres tendemos a aceptar estar en el segundo plano y subordinarnos a otros. Con demasiada ligereza permitimos que nos controlen y nos demanden la satisfacción de sus necesidades y de sus deseos, olvidándonos de los nuestros. Si aceptamos «pertenecer» a otros, hecho intensificado en el ideal del amor romántico, que parece que justifica casi que cualquier cosa, no decidiremos como sujetos. Todavía hoy muchas mujeres eligen la subordinación para ser aceptadas, valoradas, protegidas y queridas. El miedo a ser abandonadas, a la invisibilidad social, las ubica en la servidumbre voluntaria, la más difícil de erradicar.

La necesidad de respetarse a sí misma, de confiar en las propias capacidades, de autoestima y de libertad no se fomentan tanto en la educación de las mujeres como en la de los hombres. Además, el respeto hacia sí misma a menudo se reduce a la decencia, a una conducta sexual prudente y recatada, no se vincula a ser fiel a sí misma, a ser sujeto de pleno derecho al propio desarrollo, a decidir desde la libertad en el *ser* sin fingir ni subordinarse a los deseos de otros. Si las mujeres acallamos nuestras palabras, el cuerpo que somos se encoge, existencialmente hablando, se enmudece en su desoído aislamiento, se habitúa a la minoría. La frustración de la necesidad de autoestima conduce al apocamiento de la mujer y a la dependencia, lo cual perpetúa como por arte de magia el orden patriarcal. Las mismas mujeres colaboramos sin darnos cuenta

---

[108] «La confianza para hacer grandes gestos, alzar la voz, deriva de la imagen de una misma como alguien con derecho a reclamar la atención. Desde la primera infancia las mujeres han sido recompensadas cuando se autoinhibían. Una voz "gentil, dulce, baja", cosa excelente en una mujer, era acompañada de gestos breves, pasos cortos, maneras insinuantes y no impositivas. Resumiendo, las mujeres vivían en una escala diferente de los hombres: ocupaban menos espacio». Greer, Germaine: *La carrera de obstáculos*, Madrid, Bercimuel, 2005, p. 109.

a ello, lo hacemos cada vez que bajamos la mirada, cada vez que fingimos ser muñequitas de los hombres, cada vez que toleramos insultos e injusticias, cada vez que callamos ante un mal trato... Nos han educado bien para eso, para contribuir a conservar el orden patriarcal —mandato hilvanado en dicho orden, en sus reglas y normativas.

Las mujeres aprendemos a aceptar el gobierno de los otros sobre nosotras, nos subordinamos a sus necesidades y deseos como si fuera algo «natural», incluso disfrutamos haciéndolo al creer que cumplimos con nuestro deber y al constatar que se nos reconoce socialmente. No obstante, la autoestima de pertenencia por relación con los otros es frágil y eventual; puede desvanecerse si la relación con esos otros se rompe o se deteriora. Las mujeres debemos aprender a cuidar nuestra autoestima por ser nosotras mismas y encontrar en nuestra experiencia vital una auténtica e inagotable fuente de autoestima[109]. La autoestima se basa en la capacidad de enfrentarse con éxito a la resolución de problemas, se basa en una competencia real, en los logros propios, en ser válida en la vida, reconocida y respetada por los otros y, sobre todo, por una misma.

Las mujeres tenemos que abandonar las convicciones bloqueadoras que nos impiden caminar erguidas, con las miradas lúcidas. Nuestros propios modelos de explicación traban nuestros pasos y nos frenan en nuestro desarrollo. Es igual que los hayamos internalizado en las etapas tempranas de nuestro proceso de socialización, ahora sí podemos desprendernos de ellos y tornarlos en nuevos modelos que nos ayuden a vivir mejor, con más libertad, valoradas y respetadas empezando por nosotras mismas. Las mujeres debemos reconocer nuestros éxitos como personas, debemos reconocer la riqueza y el valor de nuestras creaciones vitales cotidianas, no siempre traducibles en cosas tangibles, pues muchas de ellas se refieren a las relaciones, a las emociones, al cuidado de otros y a su progreso; infinitas y aparentemente efímeras creaciones diarias de las mujeres: alimentar, apoyar, sanar, enseñar,

---

[109]Lagarde y de los Ríos, Marcela: *Claves feministas para la autoestima de las mujeres*, Madrid, Horas y horas, 2000, p. 94.

animar, acompañar, sostener, posibilitar que otro ser crezca en un espacio de cierta seguridad... Desde luego es el tiempo vivido de muchísimas mujeres, que no participan tanto en creaciones tangibles, en crear cultura o grandes obras, porque están ocupadas en otras innumerables tareas, que consideran sagradas y en las cuales, según ellas, no son reemplazables o sustituibles por otros.

Sigue siendo difícil para las mujeres combinar su realización en los espacios privado y público. Además, las experiencias positivas de éxito y la capacitación en el espacio privado no se pueden trasladar al espacio público sin más. Las personas pueden ser competentes y fuertes en algunas facetas y torpes e inseguras en otras[110]. Cabe afirmar que las mujeres no solemos darle demasiada importancia a lo que hacemos y, a menudo, creemos que nuestros éxitos, sobre todo en el espacio público, son fruto de la casualidad, cuando generalmente son producto de nuestro trabajo y de nuestra capacidad. Muchas mujeres se sienten impostoras en el espacio público y, a pesar de demostrar profesionalidad y competencia en su trabajo, son inseguras y temerosas de no lograr los objetivos marcados. Por eso las mujeres solemos ser meticulosas, perfeccionistas y rigurosas. No escatimamos en esfuerzos y rendimos mucho para que nuestro trabajo sea óptimo, aunque no siempre es así[111]. Sin embargo, a menudo nuestro rendimiento no es reconocido, ni valorado, ni pagado como correspondería. Las mismas mujeres tendemos a no reconocer nuestros méritos. Nos han educado para ser las «perdedoras» en relación con los hombres. Nuestra modestia y la ingenua pretensión de que los otros descubran nuestras aptitudes y reconozcan nuestro valor nos ubican en un eterno se-

---

[110]Ehrhardt, Ute: *Las chicas buenas van al cielo y las malas a todas partes*, Barcelona, Debolsillo, 2003, p. 19.

[111]«...las mujeres eran más meticulosas y rigurosas, con frecuencia porque temían el fracaso o las críticas. Sus publicaciones tendían a ser más amplias, más largas y a estar mejor documentadas, por lo que eran más escasas, contribuyendo así a una diferencia que se va reduciendo, pero que sigue siendo significativa y que es muy conocida en la productividad femenina en el ámbito científico». Pinker, Susan: *La paradoja sexual*, Barcelona, Paidós, 2009, p. 221.

gundo plano y conducen a la frustración existencial y al malestar femenino que no tiene nombre.

Por si eso fuera poco, las mujeres tendemos a evitar los conflictos y las confrontaciones, y a retirarnos y callar cuando se comportan injustamente con nosotras, en vez de enfrentarnos abiertamente y luchar. Seguimos soportando la injusticia de sueldos más bajos solo por ser mujeres. No hay derecho a que se paguen distintos salarios por el mismo trabajo solo porque el sujeto sea de un sexo o de otro. ¡Parece mentira que siga ocurriendo en nuestros tiempos! Es injusto, es retrógrado, es ilícito, no es ético... Las mujeres y los hombres de bien no deberíamos consentirlo.

La educación de las mujeres continúa inclinándolas a adoptar actitudes de cierta pasividad, masoquismo y narcisismo, aunque eso va cambiando afortunadamente. La abnegación y el sacrificio siguen vigentes en el estereotipo femenino y numerosas mujeres entran en conflicto consigo mismas si no demuestran que son «buenas». No obstante, se podría decir que muchas mujeres se apartan hoy de los estereotipos femeninos en uso. Ya no temen tanto que no las quieran por ser como son, buscan autenticidad en sus vidas, valoran su independencia y su libertad de decidir; estudian, trabajan, se mueven, crean...

Las mujeres somos tejedoras de seres y de vidas, soñamos, damos a luz, confiamos esperanzadas, cuidamos, nutrimos, sostenemos... Somos eternas luchadoras por sacar adelante a nuestros otros queridos. Somos frágiles y fuertes a la vez, vulnerables y resistentes, incluso duras en nuestro afán de supervivencia. Nos ponemos en el lugar del otro para comprenderle mejor, nos preocupamos por él o ella, aprendemos a amarle relacionándonos con ese otro. A menudo somos verdaderas alquimistas que transforman las heridas en comienzos de algo mejor, sanamos y hacemos sanar a otros, les enseñamos a comportarse mejor, a ser mejores personas, aunque no siempre sea así y hay muchas mujeres destructivas, que son muy buenas en lo que hacen. Las mujeres transitamos entre los mundos de las palabras y de los silencios, entre lo que se ve y lo que se oculta y solo puede ser percibido por intuición. Buceamos cómodas en esas aguas y amamos desde nuestra sentida vulnerabilidad.

A las mujeres nos educan para hacer del amor el eje de nuestra existencia. Poco a poco, nos transfiguramos en seres de amor, aunque hay excepciones. Parece que amar a otros es nuestro deber cultural y social, nuestro sentido de *ser*. El amor y el desamor de otros marcan profundamente nuestra existencia. No en vano, amar se asocia con ser vulnerables a la pérdida y al sufrimiento. El miedo a perder el amor de otros, a no ser queridas genera una sorda ansiedad en los cuerpos-palabra femeninos, los tensa, muta su narración vital. A veces, el hambre de afecto conduce a las mujeres a una relación perniciosa consigo mismas, con la comida, con la bebida, con las compras, con todo aquello que adormezca la soterrada carencia carnal; sí, carnal, porque el amor está en los cuerpos, es una experiencia del ser humano en relación, en relación con el mundo que le rodea y le incluye, en relación con los otros y en relación consigo mismo. El amor es la experiencia más estructurante y dramática de todas. Sin amor no es posible vivir, y no nos referimos al amor romántico. El amor se vincula con la acción, con el interés, con el conocimiento...; nos conmueve y nos mueve a actuar, a transformar, a crear... El amor nos transforma, hace que vayamos más allá de lo dado, que trascendamos lo que hay. Es necesario que las mujeres aprendamos a amarnos a nosotras mismas, al cuerpo-palabra que somos, que nos respetemos y nos valoremos, que nos cuidemos como si fuéramos nuestras mejores amigas. Entonces floreceremos en plenitud existencial y lograremos vivir más a gusto en nuestra piel[112].

---

[112] «Quererse un poco, sólo un poquito, por ser un individuo autónomo, que siente y piensa, que observa y conoce, que aprende y juzga, que procesa y opina, que ayuda y recibe ayuda, que respeta y se hace respetar. Quererse un poco por lo que somos en lugar de mirarse siempre con la lupa de la crítica en ristre significa, sobre todo, comprender, comprenderse. He ahí un montón de placeres por explorar: todos convergen en un amplio camino placentero que es estar a gusto en el propio pellejo y ¡ya puede llover!» Rivière, Margarita: *El placer de ser mujer*, Madrid, Síntesis, 1995, p. 157.

No lo olvidemos: en cada una de nosotras yacen ocultas en la infinita hondura carnal innumerables posibilidades de acción. Las mujeres podemos reescribir nuestra narración vital concentrándonos en ser protagonistas exitosas de nuestras historias, heroínas que no tienen que ser bellas ni eternas jóvenes, que pueden mostrar su inteligencia sin temor a quedarse solas, que pueden mostrar su autoridad de sujeto adulto, razonablemente independiente y dueño de su palabra y de su cuerpo. Cuidemos nuestras experiencias cotidianas para que se graben en nosotras con palabras buenas, bellas y verdaderas, pues modelan el cuerpo-palabra que somos.

La existencia adquiere mucho más color cuando nos concentramos en nuestras acciones y vivencias. La vida se torna interesante cuando nos implicamos profundamente en ella. ¡Valor! Nuestra libertad puede ser redescubierta en medio de las imposiciones diarias. El cuerpo-palabra puede renacer de su mudo apocamiento y expresarse desde la alegría de *ser* y de estar maravillosamente vivo. Es un modo del cuerpo de resurgir, un modo del habla nuevo que dice aquello que realmente quiere decir. Las mujeres tenemos mucho potencial de palabras no dichas. Citando a Virginia Woolf, «hay una selva virgen en cada uno; un campo nevado en el que se desconocen incluso las huellas de los pájaros»[113]. ¡Hagamos que broten flores en ese campo y que la nieve se derrita bajo el calor de las miradas amorosas de aceptación de nosotras mismas!

El cuerpo que somos es una viva unidad en la cual todo está interconectado, trabaja como un sistema completo en continua interrelación con lo que lo rodea, y se va transformando sin detenerse ni un instante. Somos carne sexuada y sexual, pero desconocemos realmente cómo somos, desconocemos nuestro trepidante universo carnal, nuestra mente, nuestro espíritu o alma. Cabe afirmar que la relación corporal es la base de la interrelación con otros puesto que somos cuerpo, aceptemos o no este hecho, lo comprendamos o no. Somos profundamente sociales, tanto que para adquirir nuestra identidad, para sentir que estamos vivos necesitamos a

---

[113]Woolf, Virginia: *De la enfermedad*, Barcelona, José J. De Olañeta, Editor, 2014, pp. 35-36.

otros. La conciencia corporal se va generando gracias a la estimulación del cuerpo, principalmente de la piel. Las caricias sentidas o su ausencia nos van estructurando día a día, latido a latido desde que aparecemos en este mundo. Las mujeres no tememos tocar, comprendemos también a través del tacto.

Quizás, las mujeres seamos del sexo más unitario, del sexo cuyos componentes no se encuentran tan separados e independientes: el cuerpo, la mente y el alma se hilvanan en una unidad corpórea existente. Puede ser la causa de que a las mujeres nos sea más fácil comprender con el cuerpo sin tener palabras para expresarlo[114]. Navegamos con bastante maestría en ese mundo de las emociones y de los afectos, en las distancias cortas de piel con piel.

No podemos *salir* del universo determinado por nuestro cuerpo y nuestro sistema nervioso. Somos cuerpo; percibimos, pensamos, sentimos, memorizamos lo que experimentamos desde y en nosotros. Las vinculaciones recíprocas entre los grandes y pequeños sucesos que vivimos son insondables, difícilmente definibles y rastreables, en su mayor parte apenas conscientes[115]. Las personas decidimos en función del efecto de nuestras vivencias y de

---

[114] «Hay una manera de comprender completamente particular, a menudo olvidada en las teorías de la inteligencia, la que consiste en comprender con el cuerpo. Existen cantidades de cosas que comprendemos solamente con nuestro cuerpo, más acá de la conciencia, sin tener las palabras para decirlo». Bourdieu, Pierre: *Cosas dichas*, Barcelona, Gedisa, 1996, p. 182.

[115] «Y esto no es menos importante: no podemos retrotraer una experiencia dada de una manera única e irrepetible a sus *orígenes*. Cada vez que intentamos rastrear los orígenes de una percepción o de una idea chocamos contra un fractal que permanentemente retrocede ante nosotros. Donde investiguemos tropezamos contra la misma multiplicidad de detalles, y vinculaciones recíprocas. En todos los casos se trata de la percepción de una percepción de una percepción, etc., o la descripción de la descripción de la descripción de la descripción. En ningún lugar podemos arrojar el ancla y decir: De aquí partió esta percepción y de esta manera se desarrolló. En nuestra percepción del mundo olvidamos todo aquello que aportamos para percibirla de este modo, precisamente porque estamos incluidos a través de nuestros cuerpos en el peculiar proceso circular de nuestros comportamientos». Francisco Varela en: Watzlawick, Paul y otros: *La realidad inventada*, Barcelona, Gedisa, 2010, p. 261.

nuestra imaginación. Lo que consideramos como nuestros afectos son huellas de vivencias ya pasadas en un cuerpo-palabra que sin embargo ya no es el mismo, ha evolucionado, se ha transformado por otras experiencias y capacitaciones, un cuerpo-palabra habituado a expresarse y a vivenciarse de un modo particular en la continuada interacción con otros cuerpos-palabra. Nuestros recuerdos se almacenan en la mente en forma de imágenes, de instantáneas asociadas a diversas emociones y ahí están, aunque no seamos conscientes de ello y de su efecto[116]. Así que, podemos decir que también estamos hechos de ensueños, el caldo profundo del que bebemos sin ser conscientes de ello.

Cada instante vivido es un comienzo de «algo más». Es una aventura en la que cabe cambiar de dirección y de pasos en cualquier momento, empezar a andar por la vida de una manera nueva, por eso el ahora es el comienzo de un *ser*[117]. Y no olvidemos que cada mujer tiene derecho a ser ella misma y la mismidad se construye con límites[118]. Nuestra sagrada tarea es descubrir nuestro ser, concentrarnos en *ser* incluso en nuestro continuado hacer. Para *ser* es necesario aceptarse y comprometerse con una misma, aunque no consigamos decir en palabras el silencio corporal, ni gritar rebeldes la milenaria ausencia de nosotras mismas.

La revelación del ser es trascendente y definitiva para un caminar diferente; es al mismo tiempo la experiencia de una rebelión y la creación de un nuevo *ser*[119]. Yo me rebelo para no olvidarme

---

[116]«Es probable que en la vida mental del individuo no sólo exista lo que él ha experimentado por su cuenta sino también lo que trajo consigo al nacer, fragmentos de un orden filogenético, una herencia arcaica. No llegamos en un completo olvido. Freud saca la conclusión de que "el legado arcaico de la humanidad incluye no sólo disposiciones sino también contenidos ideacionales, huellas mnémicas de las experiencias de anteriores generaciones"». Brown, Norman O.: *El cuerpo del amor*, Barcelona, Santa & Cole, 2005, p. 81.

[117]«Al margen del misterio de la creación *a parte creatoris*, hay, en el instante de la creación, todo el misterio del tiempo de la criatura». Levinas, Emmanuel: *De la existencia al existente*, Madrid, Arena Libros, 2007, p. 94.

[118]Alborch, Carmen: *Malas*, Madrid, Aguilar, 2002, p. 300.

[119]Levinas, Emmanuel: *De la evasión*, Madrid, Arena Libros, 2011, p. 58.

de quien soy, yo me rebelo contra el seguir haciendo callada lo que no quiero, yo me rebelo contra el maltratarme para agradar a otros, yo me rebelo contra el no disponer de mi tiempo, yo me rebelo contra ignorar mis necesidades, yo me rebelo contra las leyes injustas que me subyugan a otros por ser mujer, yo me rebelo contra todo maltrato de mi persona y de la mujer en general... *Ser* no es pasivo, deriva en decisiones, deseos, acciones, movimiento, creación... ¡Coraje!

La mujer que decide *ser* es valiente, pues tiene que tomar la vida en sus propias manos, tiene que ser ella misma y nada más, a pesar del precio que tenga que pagar por ello. Cuando una mujer decide ser ella misma se produce un gran cambio en el cuerpo-palabra que es, su energía aumenta, la mujer se vuelve más viva, más alegre, más bella independientemente de la edad que tenga. La mujer que se acepta en su corporalidad gana en poder en sí misma, no nos referimos al poder sobre otros. Y si además se cuida, el cuerpo-palabra que es florece porque es escuchado y comprendido, es respetado y amado, se armoniza sanando sus heridas. ¡Es necesario que las mujeres, de una vez por todas, cambiemos de actitud en nuestra relación con nosotras mismas, es primordial! Así crearemos una realidad sexual mucho más digna y rica que la que nos embebe actualmente, una realidad en la que los dos sexos, mujeres y hombres, podamos relacionarnos de igual a igual, podamos compartir nuestras riquezas como personas y aprender unos de otros prosperando juntos.

Conocer el cuerpo que somos es nuestra tarea y es nuestra responsabilidad. Nadie lo va a hacer por nosotras. Para ello no nos sirven conceptos poco claros sino actuaciones, cambios concretos en la actitud, triunfos prácticos como la revisión de las experiencias vividas por el cuerpo: las percepciones, los pensamientos, los gustos, las emociones, los amores, la sexualidad, la salud... ¿Cómo nos sentimos haciendo...? ¿Qué pensamos respecto a...? ¿Qué expectativas son las nuestras? Las mujeres tenemos que cuidar de nosotras mismas y no esperar que alguien bienintencionado llegue a nuestra vida y nos salve incluso de nosotras mismas. Tendríamos que revisar nuestros hábitos y dejar aquellos que nos perjudican.

Asimismo, deberíamos revisar nuestro peso y trabajar para que el cuerpo que somos sea sano y esté en forma. Para muchas de nosotras es difícil, pero se puede conseguir modificando nuestros hábitos de vida, haciendo más ejercicio y comiendo adecuadamente, de manera sana. Cuidar la salud es una tarea personal, un asunto con una misma. No se trata de ser más atractiva y apetecible como objeto de deseo de otros, sino de ser un sujeto sano. La salud posibilita estar a gusto siendo cuerpo; el placer que sentimos se asocia con un cuerpo-palabra sano. Una vez más, el hondo placer carnal se vincula a *ser* y no a tener.

Si queremos conocernos debemos aprender a cuestionar, dudar y pensar, debemos aprender a actuar de un modo diferente y definir de nuevo lo que somos las mujeres. Es un proceso, no una acción limitada, y requiere compromiso y continuidad en el tiempo vivido. El conocimiento se va adquiriendo poco a poco en el aprendizaje y en la acción, migaja a migaja vividas. Las mujeres debemos cuestionar las verdades y definiciones internalizadas en nuestra socialización en un orden patriarcal. Muchas de esas «verdades» nos impiden desarrollarnos como personas y ser nosotras mismas. No obstante, tenemos que reconocer nuestras propias experiencias y reclamar su legitimidad, tenemos que reconocer cómo, por qué y sobre todo para qué construimos nuestras experiencias como mujeres en un orden social dado. Algunas de las conclusiones a las que lleguemos nos dolerán, pero ser responsables de nuestro desarrollo como sujetos de pleno derecho implica también conflictos, sufrimiento y superación. No nos desconectemos de nosotras mismas y dudemos, reflexionemos para afirmarnos y, si hace falta, para reinventarnos en un medio que no nos subordine a otro sexo. Las mujeres tenemos que trabajar comprometidas para convertirnos en lo que podríamos ser en un orden social justo, trabajar para desvincularnos de las «verdades» aprendidas, trabajar para valorarnos en nuestra naturaleza femenina, para respetarnos como sujetos existentes reales. Las mujeres tenemos que responsabilizarnos de nuestro propio desarrollo y ser firmes en el proceso de lograrlo.

Si las mujeres no nos respetamos, difícilmente lo harán los demás. Si no creemos en nosotras, en nuestro valor, los demás tenderán a menospreciarnos, a creer lo mismo. Si nos callamos, los demás no escucharán lo que queremos decir. Responsabilizarnos de nuestro propio desarrollo va parejo con recobrar la voz y la palabra, decir todas las veces que sean necesarias lo que realmente queremos decir para que nos vean y nos entiendan. Asimismo, responsabilizarnos de nuestro propio desarrollo se asocia con implicarnos de forma rotunda en nuestra existencia. Las mujeres debemos comprender que la voz que contesta a la pregunta ¿quién soy? es la propia y que la existencia real y, por tanto, carnal, es lo más privado que hay, no se puede comunicar de verdad o contarla como la vivenciamos corporalmente. Tanto la experiencia de la vida como la de la muerte son inenarrables, son intransferibles, profundamente personales y solitarias[120]. Cabe vivirlas en una misma con autenticidad, pues son trascendentes.

Las mujeres no debemos continuar sacrificando a nosotras mismas como personas completas viviendo fantasías fusionales internalizadas en nuestro proceso de socialización. Debemos definir y, por tanto, crear estructuras mediadoras de la existencia razonablemente independiente de las mujeres, maneras que posibiliten nuestro acceso directo al mundo que nos rodea e incluye. Tiene que suceder un desvincularse de otros y de lo aprendido para que haya un nacimiento de nuevas maneras de vinculación a otros siendo más autónomas.

La autonomía de las mujeres se construye a través de procesos psicológicos personales, que se traducen en experiencias vitales del día a día y en narraciones biográficas. La mujer decide desde su autonomía cómo quiere vivir, qué desea de la vida; se marca sus metas sin dejar de vivir el presente del mejor modo que pueda: es su tiempo vivido y lo administra con responsabilidad. Cabe sostener que nuestra autonomía tiene que confirmarse con los hechos vividos y no solo con las palabras. Quizás, las mujeres estemos

---

[120] Arendt, Hannah: *La condición humana*, Barcelona, Paidós, 2005, pp. 238-239.

acercándonos al día en que deseemos lo que debemos desear para ser sujetos completos, de pleno derecho a su propio desarrollo como personas y no caigamos en el espejismo de placeres efímeros, sustitutos del gran placer de comprender y de vivir con dignidad, a gusto en nuestra sexuada piel; quizás, las mujeres estemos acercándonos al día en que caminemos más libres en nuestra existencia.

Las mujeres también amamos la libertad, a pesar de que ese amor no se fomenta en el proceso de nuestra socialización. El amor femenino a la libertad engendra deseos y necesidades, mueve nuestro universo interior, nos torna más conscientes, más luchadoras. Nuestra necesidad de libertad no es explicable solo por la carencia de ella, sino que es la muestra de lo que somos, es la presencia del *ser* femenino, de lo que llevamos potencialmente en nuestra infinita hondura carnal; somos una libertad existente.

3. EL CUERPO FEMENINO VIVIDO: CUERPO SEXUADO Y SEXUAL

Vaya por delante que todo lo que he dicho anteriormente sobre el sujeto existente como cuerpo sexuado y sexual es aplicable al sujeto mujer[121], pero aquí vamos a hablar del cuerpo-palabra mujer, cuerpo femenino vivido, cuerpo sexuado y sexual en continuo proceso de evolución. Cada mujer existe en este mundo como cuerpo vivido y no como una idea a propósito de lo que es. Y cada cuerpo es una individualidad carnal viva, una conciencia existente hondamente sexuada, secreta y sagrada, única e irrepetible. El cuerpo sexuado y sexual no es una cosa sino una trepidante creación carnal viva, que está sometida a una continuada transformación, una perpetua auto-construcción y auto-destrucción internas.

Las mujeres somos corpóreas y deberíamos aprender a reverenciar el cuerpo sexuado y sexual que somos, honrar sus sucesivos e instantáneos nacimientos y muertes, honrar su majestuoso

---

[121] Arnaiz Kompanietz, Anna: *El sujeto existente*, Madrid, Biblioteca Nueva, 2010, pp. 87-105.

misterio existente, su inmenso poder creador. El cuerpo sexuado en femenino no es nuestro enemigo, sino nuestro potencial poderío real. Es primordial para la mujer aprender a amar el cuerpo que es, a pesar de sus posibles «imperfecciones», amar con bondad, con respeto, con comprensión. El odio o la enemistad hacia el cuerpo que somos nos debilita en nuestra hondura existente, nos vuelve unas pálidas versiones de nosotras mismas, reduce nuestra libertad de ser. Así que nunca estemos en contra del cuerpo, porque somos cuerpo existente. Lo aceptemos o no, seguiremos siendo un cuerpo vivo que cambia, crece, crea, envejece, se enferma y muere...[122]

Para comprender qué somos las mujeres tenemos que partir del cuerpo sexuado y sexual que somos, pues es nuestra verdad básica. ¡Sí!, un cuerpo femenino con pechos, útero, vagina, clítoris, vulva... Y ¡a mucha honra! ¡Qué belleza! ¡Qué belleza simplemente por ser reales, porque estamos aquí y transformamos el mundo que nos rodea con nuestras acciones: un canto de creación infinita! Ha llegado la hora de reivindicar la verdad, la bondad y la belleza de nuestros cuerpos reales. Y si lo hacemos y lo ponemos en práctica, si cambiamos de actitud respecto a nosotras, el cuerpo resurgirá y dirá cosas diferentes, se expresará y actuará en concordancia con sus pensamientos y emociones, parirá en hermosura realidades nuevas. No olvidemos que cada instante es un nacimiento, un comienzo de algo, y se graba en nosotras transformándonos de manera notoria o no. Rebelémonos para vivir nuestro cuerpo de manera renovada en un orden social y cultural dominado por el modo de ver masculino.

El cuerpo que somos está sexuado desde la primera hasta la última célula y no podemos comprender lo que somos ignorando este hecho. Me hago mujer consciente comprendiéndome como

---

[122] «El cuerpo sexuado en femenino no es nuestro enemigo sino nuestra fuerza; lo que nos mantiene prisioneras no es nuestro sexo, sino el odio y el rechazo de los demás hacia nuestro sexo. Si empezamos a compartir su menosprecio, estamos perdidas». Greer, Germaine: *La mujer completa*, Barcelona, Kairós, 2000, p. 498. Y añade: «La liberación de las mujeres (igual que la de las aldeas vietnamitas) no es posible a través de su destrucción», ob. cit., p. 498.

integridad existente y actuando como tal. Solo las palabras no bastan. Las acciones son necesarias para vivirnos de forma nueva[123]. Además, tanto nuestro cuerpo como nuestra mente son sexuales, no solo los genitales y las mamas. Y ser sexual, que no «sexy», es vivirse como sexuada y relacionarse con una misma y con los otros como sujeto sexual corpóreo real. Tenemos que valorar nuestra condición, incluso amarla comprendiéndola. Tenemos que dejar de parcelarnos en partes sexuales y partes asexuadas. Esto es un absurdo biológico basado en una continuada abstracción enajenante. Al liberar la mente de las premisas falsas, aprendidas en nuestro proceso de socialización, liberamos nuestro cuerpo.

El cuerpo, queramos o no, lo aceptemos o no, va cambiando a lo largo de su vida y es el cuerpo que lo hace, sin que sepamos bien cómo lo hace, sin que podamos detener su proceso biográfico, sin que nuestro deseo lo pare. Realmente es el cuerpo el que se transforma, el que se enferma o no. Es la maravilla errante que somos, mecida por el tiempo vivido, el tiempo de cada una, integrado en el tiempo de todas. Solo las mujeres podemos tener experiencias de mujeres en nuestros cuerpos sexuados en femenino. Solo nosotras las vivenciamos en nosotras mismas. ¿Cómo se puede explicar o traducir en palabras las vivencias de un embarazo o las de dar el pecho, o las de tener la regla mes a mes? ¿Cómo transmitir lo que suponen para un cuerpo vivido? ¿Cómo comunicar los cambios que experimenta? El cuerpo que somos se transforma en su cíclica cita con el tiempo de la especie humana.

Parte del misterio que somos las mujeres ancla sus raíces en nuestro gran potencial creador, en el misterio de la Vida que prende en nuestro cálido vientre e impregna todo nuestro ser mujer. Es hora de que comprendamos nuestra inmensa fuerza transformadora, que la aceptemos con orgullo del bueno y que lo integremos en nuestra visión de nosotras mismas y del mundo en el que nos desenvolvemos. Las mujeres somos fuentes de Vida; tengamos o

---

[123] «En esta perspectiva es válido el axioma que el cibernético Heinz von Foerster postuló: "Si quieres conocer, aprende a actuar"». Watzlawick, Paul: *La coleta del barón de Münchhausen*, Barcelona, Herder, 1992, p. 105.

no hijos esta potencialidad se encuentra hilvanada en nuestro ser. Somos cuerpos vividos y podemos trascender los límites corporales gracias a nuestras creaciones y actos. En aquello que hacemos dejamos partículas de nuestra energía creadora, de nuestro ser. Lo que hacemos es importante, se graba en nosotras, nos hace a su vez.

La autoafirmación y el autoconocimiento como ser sexual son decisivos para vivirnos con mayor autoestima y libertad. La autonomía de cada mujer se construye en un ámbito psicológico personal en el cuerpo vivido que es. Cada mujer puede trabajar consigo misma para ser más ella, más libre para disfrutar en plenitud carnal real instante a instante vivido. ¡Reivindiquemos los cuerpos sexuados que somos para vivir con alegría y gozo existencial! Es bueno que estemos presentes en nosotras mismas, que seamos conscientes en la continuada vivencia de nuestra condición sexual. Las vivencias de nuestra condición sexual conforman nuestra sexualidad, y es una relación profunda y mantenida con lo que somos, con los otros y con lo que nos rodea.

Las mujeres nos hemos habituado a experimentar nuestro cuerpo como cuerpo para otros, cuerpo sexuado expuesto a las miradas valorativas de los otros, a sus discursos y legislaciones[124]. Sin embargo, nuestros cuerpos sexuados y sexuales son nuestros, de nadie más; somos sus únicas dueñas, sostener lo contrario sería hablar de esclavitud. ¡Nuestros cuerpos sexuados nos pertenecen solo a nosotras y nuestra sexualidad también!

El proceso de emancipación de una mujer pasa por la apropiación por parte de ella misma del cuerpo que es y de su sexualidad: es la base de nuestra existencia más íntima y fundamental. Las mujeres tenemos que hacernos valer como cuerpos para noso-

---

[124] «La condición sexual de las mujeres en el mundo contemporáneo está definida a partir de su *cuerpo-para-otros* y una sexualidad expropiada. Se trata de un cuerpo erótico y estético cosificado, y una sexualidad en cuya definición intervienen con legitimidad hombres, instituciones, legislaciones». Lagarde y de los Ríos, Marcela: *Claves feministas para la autoestima de las mujeres*, Madrid, Horas y horas, 2000, p. 138.

tras y no para los otros, a pesar de que nos han educado para no lograrlo. Hemos aprendido desde la niñez a tolerar la injusticia social referente a nuestro sexo, a sonreír aunque no nos apetezca y a adaptarnos para no ser rechazadas o castigadas.

La sexualidad, tal como se entiende en un tiempo dado, es una construcción histórica, social y cultural. No nace de la nada, la aprehendemos en nuestro proceso de socialización. En un orden patriarcal, lo masculino representa la norma y lo femenino queda marginado queriendo o sin querer, porque la estructuración de dicho orden es esta. La sexualidad humana es definida a partir de la masculina, por lo cual, la sexualidad femenina se convierte en ignorada e, incluso, en inexistente. Lo que no encaja en ese modelo queda excluido y no se nombra, ni se considera ni se estudia. Así, las necesidades masculinas conforman la definición del hacer sexual y de la sexualidad femenina. Y las necesidades femeninas se dejan sin distinguir.

Pensar cierta autonomía de la mujer implica cuestionar lo aprendido, implica pensar nuestra sexualidad. La revelación de nuestro *ser* mujer es una experiencia de sostenida rebelión. Tenemos una ardua tarea por delante y es la de tirar por la borda las falsedades perniciosas que hemos internalizado en nuestro proceso de socialización en un orden patriarcal. La libertad de la mujer puede ser redescubierta en medio de las múltiples imposiciones a las que nos sometemos. ¿Por qué no? Es cuestión de tomar consciencia y no consentir las injusticias sociales ni las disposiciones que contribuyan a anularnos como personas de pleno derecho a *ser*. Sin embargo, tenemos que comprender que el mundo no va a cambiar de repente y la liberación de la mujer supondrá esfuerzo de todas y de todos[125].

---

[125] «El mundo no va a cambiar de la noche a la mañana y la liberación no tendrá lugar a menos que las mujeres individuales acepten ser proscritas, excéntricas, pervertidas, y lo que sea que los poderes establecidos decidan llamarlas. En el pasado ha habido mujeres mucho más osadas de lo que tendríamos que ser ahora, que lo arriesgaron todo y ganaron un poco, pero que a fin de cuen-

El concepto del cuerpo no es solo histórico, también es político. La organización sexual del cuerpo físico es una organización política[126]. Los conceptos conectan los acontecimientos del universo como lo concebimos, construyen la realidad en la que nos ubicamos. La hegemonía genital en lo sexual deriva en consecuencias para los sujetos sexuados. ¿Qué duda cabe? Así que, la transformación de una misma para vivirnos con mayor autenticidad, libertad y placer es lo más genuinamente político que hay[127]. No solo modifica aquello que somos sino también aquello que hacemos. A continuación vamos a cuestionar lo aprendido y a reflexionar de una manera diferente partiendo de una visión renovada. ¡Valor y suerte!

Las mujeres y los hombres necesitan comunicarse, necesitan afecto y contacto físico, necesitan expresarse piel con piel. El contacto físico no es algo trivial, nos estructura y alimenta desde que nacemos, tanto que la adquisición de la conciencia corporal se produce mediante la estimulación del cuerpo del bebé. El contacto de piel con piel es hasta tal punto importante que cuando no existe, los bebés detienen su desarrollo, se enferman y mueren[128]. La necesidad del bebé de sentir el contacto físico de otros no es atribuible a una simple carencia sino a nuestra condición profundamente social, los humanos *somos* en relación con otros y nos configuramos como individuos en contacto con ellos.

La sexuación de los sujetos siempre es relacional. Nos vamos haciendo como sujetos sexuados y sexuales en los continuados en-

---

tas sobrevivieron». Greer, Germaine: *La mujer eunuco*, Barcelona, Kairós, 2004, p. 432.

[126]«El cuerpo, como el cuerpo político, es un teatro; todo es simbólico, incluyendo el acto sexual». Brown, Norman O.: *El cuerpo del amor*, Barcelona, Santa & Cole, 2005, p. 117.

[127]María Milagros Rivera en Muraro, Luisa: *El Dios de las mujeres*, Madrid, Horas y horas, 2006.

[128]«La relación corporal es la base de la interrelación con otros que denominamos *sociabilidad*, y que se produce por la cercanía de madre e hijo en la lactancia». Montagu, Ashley: *El tacto*, Barcelona, Paidós, 2004, p. 295.

cuentros y desencuentros con los otros[129]. Sentimos placer, sentimos dolor, y es algo que pertenece al proceso formativo del sujeto. La naturaleza afectiva de esos encuentros y desencuentros no es solo expresión de lo que somos en ese momento, también es expresión del desarrollo de una potencialidad de *ser*. Por eso, cabe sostener que el placer que sentimos no es el objetivo de satisfacción de la necesidad del contacto con otros, es un medio para que ese fin de desarrollo se realice porque nos es vital como humanos.

La necesidad de contacto cutáneo se relaciona con la necesidad de atención, de reconocimiento y afecto; se objetiva en el deseo, que es el origen de nuestras acciones, de nuestros movimientos, los cuales son inherentes al hecho de estar vivos. La piel que recubre nuestro cuerpo, la piel sensible y sentida, toda ella es una zona erógena, aunque existan áreas de mayor sensibilidad que otras, áreas que pueden variar en cada mujer[130]. Los labios, la boca, los lóbulos de las orejas, la cara, el cuero cabelludo, el cuello, las axilas, los hombros, las manos, los brazos, los pezones, la espalda, los pies, las corvas, los glúteos, los muslos, el vientre, la cintura, la vulva... son muy sensibles al contacto y estimulación cutánea. Merecen ser descubiertos y explorados, merecen ser acariciados con reconocimiento y afecto. El placer que sentimos en esos momentos de intimidad nos reconforta en lo más profundo de nuestro ser, nos da fuerzas para seguir caminando. La caricia sentida moldea nuestra carnalidad, nos alimenta.

Conocer nuestro propio cuerpo es decisivo para que las mujeres seamos dueñas de nuestra sexualidad, para comprender y gestionar mejor ese milagro existente que somos. Las personas vivimos en un medio de significados, los cuales emplazan aquello que deseamos y

---

[129] Amezúa, Efigenio: «El sexo: historia de una idea», *Revista Española de Sexología* 115-116, Madrid, (2003), p. 42.

[130] «Como sistema sensorial, la piel es, con diferencia, el sistema orgánico más importante del cuerpo. Un ser humano puede vivir a pesar de ser ciego, sordo y carecer de los sentidos del gusto y el olfato, pero le es imposible sobrevivir sin las funciones que desempeña la piel». Montagu, Ashley: ob.cit, p. 34. A su vez, F. Alberoni afirma: «Precisamente la piel es la zona erógena femenina por excelencia». Alberoni, Francesco: *El erotismo*, Barcelona, Gedisa, 1998, p. 10.

hacemos. Como dicen muchos autores, el sexo empieza en el cerebro. Por tanto, una mente liberada libera el cuerpo que somos[131]. Y, al contrario, las prisiones mentales, propias y ajenas, derivan en dolor, apocamiento y frustración vital. Las mujeres ya hemos sufrido demasiado por seguir un conglomerado de premisas falsas, instauradas en el orden patriarcal en el que nos socializamos. ¡Ya basta de atenernos a un modelo explicativo que niega lo que en realidad somos! Eso nos hace daño, dificulta nuestro vivir.

A lo largo de siglos de historia, el cuerpo femenino se concibió desde el mirar masculino como objeto de deseo y, a la vez, de desprecio; también como un misterio y algo digno de admiración por su capacidad de traer vida a un nuevo ser. Se cantó a la mujer seductora —un peligro para el hombre en un juego de poder de un sexo sobre otro—. La mujer era considerada como la causa del pecado original del hombre y del sufrimiento humano. Al mismo tiempo, se enaltecían las figuras de la mujer como madre, amante y musa, las cuales, evidentemente, no eran productos de una visión femenina. Una mujer contaría otras historias de sí misma y de su relación con los hombres, destacaría aspectos diferentes a los instaurados en nuestra cultura. La verdad de algo no reside solo en su presencia sino también en el sentido que ha aportado a las personas en el curso de su experiencia singular de vida[132]. Los significados que manejamos los sujetos para dotar de sentido a lo que experimentamos parten de nuestra mente; es el cerebro el gran ordenador de todo nuestro mundo interior y exterior; es el juez y el censor de nuestras acciones. La mayor parte de nuestros prejuicios están relacionados con la forma en que miramos las cosas, y no me refiero solo al sentido de la vista.

Ya hemos hablado del dimorfismo sexual de los cerebros femenino y masculino, y no lo vamos a repetir aquí. Sin embargo, parece claro que nuestras estructuras anatómicas abren y cierran posibilidades para experimentar unas vivencias y no otras, y ex-

---

[131] De Béjar, Sylvia: *Tu sexo es tuyo*, Barcelona, Plaza & Janés, 2001, p. 73.
[132] De Beauvoir, Simone: *¿Hay que quemar a Sade?*, Madrid, Mínimo tránsito, 2002, p. 72.

perimentarlas de una manera diferente. Del mismo modo que una persona ciega no puede ver, hoy por hoy, los hombres no pueden gestar un nuevo ser en su vientre, ni parir, ni dar el pecho, ni tener la menstruación mes a mes en su etapa fértil. Simplemente, no pueden vivir esas experiencias, que no se graban en sus cuerpos-palabra transformándolos en su profundidad existencial. Los hombres pueden imaginarlas, empatizar con ellas, quitarles valor..., pero no pueden vivenciarlas en su sentido *ser*. Todas esas posibles experiencias de la mujer se traducen en el tiempo vivido, en energía vital entregada, en narraciones vivas en femenino.

¿Y qué vocablos utilizamos para construir nuestras narraciones femeninas y dotarlas de sentido? ¿Esos vocablos nos ayudan a comprender aquello que somos las mujeres o nos lo dificultan? Las palabras a las que recurrimos para nombrar y comprender al sujeto existente mujer nacen en una cultura dada con su ideología e historia. Así, los nombres y el sentido que se atribuye a la mujer en su condición sexual son diferentes en la cultura occidental y en la oriental. No obstante, los malentendidos y las infravaloraciones referentes a la mujer derivan de un sesgo de partida que se debe al hecho de considerar al sexo masculino como la medida para el femenino, lo cual es propio del paradigma del sexo único. De este modo se produce un claro desequilibrio valorativo entre los sexos y el principio femenino sencillamente se vuelve inexistente. En este contexto cabe entender cómo es posible equiparar el sexo femenino a un vacío, al lugar de una ausencia carente de propiedad específica[133].

Llegados a este punto es menester que nos detengamos para nombrar y renombrar el cuerpo femenino, porque lo que no se

---

[133] «Mientras que los hombres tienen algo que pueden mostrar y realizar, nosotras tenemos algo que es considerado un no lugar, una no identidad y una carencia no sólo física sino también lingüística y, como consecuencia de esto, social y cultural. Como afirma la teoría feminista clásica, sin denominaciones adecuadas y reconocidas no hay ningún sentimiento de pertenencia. La consecuencia es la separación de la niña de su cuerpo y más tarde el distanciamiento con su identidad sexual». Palabras de Germaine Greer citadas en: Sanyal, Mithu M.: *Vulva*, Barcelona, Anagrama, 2012, pp. 31-32.

nombra no existe, y las mujeres necesitamos reinventar lo que somos para no ser un sexo sometido. Podemos afirmar nuestra autonomía sexual comenzando por las palabras que nos ayuden a posicionarnos como sujetos sexuados y sexuales de igual valor que los hombres, palabras que, ¡ojalá!, sirvan para transformar actitudes y acciones. No en vano, en las sociedades patriarcales, la cuestión de los cuerpos de las mujeres y de lo que se hace con ellos es un aspecto central en su liberación (pensemos en la práctica de la ablación del clítoris)[134].

La formulación de conceptos tiene tanta importancia como la formulación de las leyes empíricas que conectan los sucesos de nuestras vidas[135]. Los conceptos organizan un universo de comprensión, canalizan lo que ocurre en él, abren y cierran posibilidades reales. Por ejemplo, la palabra «genitales» identifica esta parte del cuerpo con el órgano responsable de la generación[136]. En la cultura occidental, se subraya en su significado la función reproductora en cuanto a crear hijos y se olvida que también son órganos capaces de producir orgasmos, es decir, regenerar energía vital en el gozo de vivir.

Existen numerosos términos para nombrar los genitales femeninos y suelen aludir a una ausencia, a un vacío, a un «agujero»[137]. Las palabras pueden ser tan afiladas como las cuchillas, pueden mutilar o incluso extirpar partes de la realidad. Así, aunque las es-

---

[134]Hite, Shere y Barraud, Philippe: *El orgullo de ser mujer*, Madrid, Espasa Calpe, 2004, pp. 17-18.

[135]Bruner, Jerome: *La importancia de la educación*, Barcelona, Paidós, 1987, p. 29.

[136]Blackledge, Catherine: *Historia de la vagina*, Barcelona, Península, 2005, pp. 65-66. Por su parte, Geneviève Fraisse sostiene: «En efecto, la mujer es el Sexo porque el órgano sexual es determinante de su función, la de la reproducción de los seres humanos». Fraisse, Geneviève: *Musa de la razón*, Madrid, Cátedra, 1991, p. 93.

[137]«Guiraud enumera 825 términos para el sexo femenino que, si son cuantitativamente numerosos, son por otra parte muy poco diferenciados: el sexo de la mujer es un lugar vacío carente de propiedad específica, tiene significado sólo en cuanto que alude al deseo y al placer masculino, en sí mismo es únicamente el lugar de una ausencia». Fraisse, Geneviève: ob. cit., p. 71.

tructuras anatómicas existan y están ahí para mirarlas y estudiarlas con consideración y respeto, no se hace. Se sigue con la tendencia de ver aquello que encaja en el orden conceptual vigente. Como afirma Catherine Blackledge, el vocabulario empleado para nombrar los genitales de la mujer se ha basado históricamente en conceptos obsoletos y en datos visuales y terminológicos incorrectos[138].

Además, no existe una «iconografía» de los genitales de la mujer, mientras que los genitales masculinos son ensalzados. En las culturas patriarcales, los penes son considerados como órganos de placer y no solo como órganos procreadores. La cultura androcéntrica da significados muy diferenciados a la genitalidad de ambos sexos[139]. ¿A qué se debe esta desigualdad valorativa? ¿Para qué sirve? ¿Para someter a la mujer? ¿Para relegarla a su función reproductora y así controlarla y gobernarla mejor? ¿Para preservar el orden patriarcal?, un orden sexual y social injusto.

Las funciones sexuales femeninas, salvo las reproductoras, se han descrito como pecaminosas, impuras y debilitantes. La falta de aprecio por los genitales femeninos daña a las mujeres, hiere nuestra autoestima. El sexismo, interiorizado de manera inconsciente en nuestro proceso de socialización, contamina nuestras conciencias de ser. Las mujeres siguen manteniendo una actitud furtiva y reservada con respecto a sus propios órganos sexuales y sus funciones. Así que ¡toca rebelarse! Como dice Germaine Greer, «el coño debe hacerse valer»[140].

¿Y qué es el coño? Según el Diccionario de la Lengua Española de la Real Academia Española, el coño es la parte externa del aparato genital de la hembra; también, palabra que se utiliza para expresar diversos estados de ánimo, especialmente extrañeza o enfado. ¿Por qué? Asimismo, «coñazo»: persona o cosa latosa, insoportable. No parece este un término que enaltece lo femenino,

---

[138]Blackledge, Catherine: ob. cit, p. 93.

[139]Capellá, Alfredo: *Sexualidades humanas, amor y locura*, Barcelona, Herder, 1997, p. 84.

[140]Greer, Germaine: *La mujer eunuco*, Barcelona, Kairós, 2004, p. 419.

¿verdad? Sin embargo, se usa mucho, incluso por las mujeres. Para muchas «coño» es una palabra malsonante y lo que significa, nada bueno ni apreciable.

El coño prácticamente se equipara a la vulva, que comprende el monte púbico o de Venus (hueso púbico cubierto por partes blandas, piel y vello), los labios mayores, los labios menores, el clítoris, el vestíbulo vulvar (área plana de la vulva limitada por los labios menores y por el clítoris y que alberga el orificio urinario y el orificio vaginal), los bulbos vestibulares (un par de cuerpos eréctiles de tres centímetros de largo, situados a los lados del vestíbulo vulvar) y el periné (región cubierta de piel que se extiende entre la entrada de la vagina y el ano). También cabe mencionar las glándulas vulvares, que se encargan de secretar un líquido para lubricar la vulva y la entrada vaginal durante la excitación sexual. Entre ellas se destacan las glándulas parauretrales o de Skene y las de Bartolino o vulvo-vaginales, situadas a los lados de la mitad posterior del orificio vaginal. ¿A que la vulva es un lugar rico en estructuras?

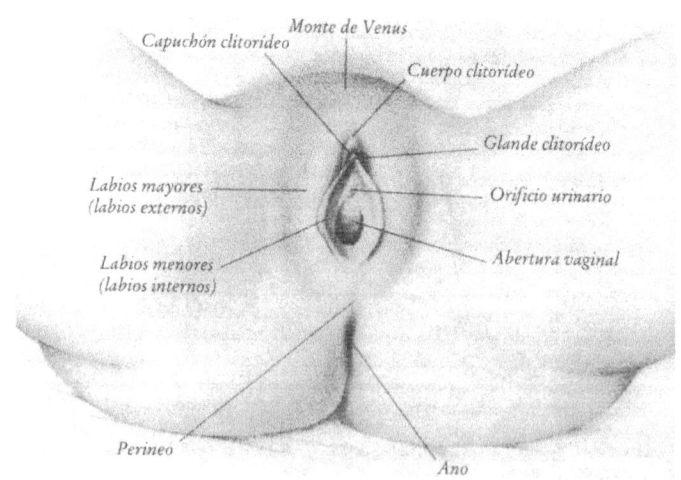

La vulva de la mujer fue en un tiempo símbolo de gran poder creador, de belleza, santidad y trascendencia. Todos los seres humanos llegamos a este mundo por esta puerta sagrada de nuestro cuerpo[141]. En numerosas mitologías, se cuentan historias en las que la humanidad ha sido salvada por la exhibición de la vulva. En algunos relatos, las mujeres podían resucitar a los muertos e, incluso, vencer al diablo subiéndose la falda y mostrando su vulva. Antaño, el genital externo femenino fue un lugar sagrado y curativo[142].

A pesar de eso, en vez de reverenciar la vulva a lo largo de los siglos, se ha ido denigrándola y quitándole su significado trascendente para dejarla en el olvido, para transfigurarla en inexistente salvo para depilarla y desodorizarla. Las vulvas depiladas, higienizadas, infantilizadas son adulteradas caricaturas de la infinita variedad de las vulvas reales. No obstante, para muchos hombres y mujeres representan el ideal que engendra deseos.

Numerosas mujeres se avergüenzan de sus propias vulvas, de su tamaño, forma, color, textura, pilosidad... Muchas mujeres no miran de verdad su vulva en toda la vida. Esto se podría explicar en parte por la situación de la vulva en nuestro cuerpo: es difícil contemplarla una misma sin un buen espejo a mano. Aún así, habría que adoptar una postura un poco forzada y tener algo de tiempo para estar a solas, tranquila y sin interrupciones. Si la mujer tiene familia, disponer de un tiempo para una misma ya es un lujo y, generalmente, ese tiempo se emplea en otros menesteres. A pocas mujeres se les ocurre ponerse desnudas frente a un espejo con las piernas abiertas y la inclinación necesaria, e investigar cómo es el coño propio. Quizás, deberíamos hacerlo todas, pero el caso es que pocas lo hacen.

Así, cuando se les pide a las mujeres dibujar su vulva, los resultados demuestran el poco conocimiento que tienen de su propia anatomía, y recordemos: ¡es bella, es poderosa, es sagrada! ¿Te atreves a intentarlo? Bien es verdad que dibujar con detalle la vulva es más complejo que dibujar un pene y los testículos. Además, existe una cierta confusión respecto a qué es la vulva, respecto a qué estructuras la forman. La mayoría de las mujeres dibujan un

---

[141]Murdock, Maureen: *Ser Mujer: un viaje heroico*, Madrid, Gaia, 1991, p. 150.
[142]Sanyal, Mithu M.: *Vulva*, Barcelona, Anagrama, 2012, p. 10.

triángulo y poco más. Quizá, tampoco importaría tanto cómo dibujamos las mujeres la vulva si dejáramos de consentir que se la caricaturice y desvalorice, si dejáramos de avergonzarnos y de temer todos lo que hay realmente entre las piernas de las mujeres.

¿Qué más da si los coños son pequeños o grandes? ¿Si son sonrosados, rojos, azulados o morenos; si son suaves o no? ¿Qué importancia tienen esos detalles? Ninguna, salvo si se les asignamos valor a esas particularidades. Y si lo hacemos, ¿qué ocurre? ¿Valorar esas cualidades nos da fuerza y poder a las mujeres? ¿Es algo que nos libera para disfrutar más de la vida? ¿Por qué las mujeres contribuimos a nuestra propia prisión mental? En muchos países, ya somos independientes y podemos decidir como sujetos reales que somos. ¡Decidamos lo que más nos convenga!

El monte de Venus, región suprapúbica prominente y cubierta de vello, es muy sensible. El vello de esta región cumple una función protectora de la vulva. El vello puede ser de distintos colores, grosor y textura, puede ser ondulado, rizado o liso... También los labios mayores, en su parte externa, y la región perineal poseen vello y nervios sensitivos altamente erógenos. Depilar el vello púbico es un hábito que puede perjudicar a las mujeres. Puede aumentar la incidencia de infecciones y, desde luego, implica sufrimiento, porque la depilación de esta zona es muy dolorosa. También supone dinero y tiempo, dinero y tiempo que podríamos emplear en otras actividades más constructivas y gratificantes para nosotras. ¡No nos empeñemos en parecer niñas o muñecas asexuadas! Las mujeres adultas tenemos vello púbico y este vello cumple su función. Las mujeres adultas tenemos vello púbico, y ¡a mucha honra! El vello púbico no es repulsivo, es bello, bueno y verdadero. El cuerpo razonablemente cuidado y aseado es deseable. Posee sus propios olores y sabores, no es insípido ni huele a desodorante o colonia[143].

---

[143] «Las secreciones vaginales son tema de un extenso folclore; las enormes campañas publicitarias de promoción de desodorantes y perfumes de la zona vulvar apelan deliberadamente a las reticencias de las mujeres con respecto a

Vivimos en sociedades de consumo, que manejan nuestros miedos, fantasías y deseos para que el dinero circule de unas manos a otras. Los anuncios, con sus promesas de felicidad, inundan nuestras mentes. No obstante, las mujeres podemos ser más conscientes a la hora de comprar y podemos decidir no invertir nuestro dinero en cosas y deseos que nos esclavicen. Las mujeres podemos lograr cosas muy importantes si no gastamos ni un céntimo en productos o actividades que contribuyan a nuestro sometimiento. De nosotras depende. ¡Es hora de rebelarnos! ¡Es hora de gastar nuestro dinero, nuestro tiempo y energía en acciones que nos liberen como sujetos existentes que somos! ¡Es hora de *ser*!

Además del monte púbico, también los labios vulvares y el clítoris son partes anatómicas de la vulva muy variables en tamaño, forma, textura y otras cualidades. Estas estructuras están altamente inervadas y vascularizadas, y son áreas muy sensibles, sobre todo el clítoris. Es bueno que las mujeres conozcamos nuestra anatomía y sepamos localizar sus distintas estructuras.

El clítoris es un órgano cuya principal función es la de dar placer; no tiene una función reproductora sino exclusivamente sexual de proporcionar placer a la mujer. Seguramente por eso el clítoris ha sido objeto de fantasías, temores, persecuciones, ablaciones, extraños olvidos... Durante tiempos fue considerado como fuente de un placer prohibido. A pesar de ser una estructura real de la vulva, en algunas etapas de nuestra cultura, como, por ejemplo, en la primera mitad del siglo XX, no se lo nombró, apenas se lo mencionó en los círculos científicos y se lo convirtió en inexistente. En la segunda mitad del siglo XX, el clítoris fue redescubierto sorprendentemente y se reivindicaron sus virtudes como si fuesen unos descubrimientos revolucionarios[144].

---

la aceptabilidad de sus olores y sabores corporales». Greer, Germaine: *La mujer eunuco*, Barcelona, Kairós, 2004, p. 340.

[144]Laqueur, Thomas: *La construcción del sexo*, Madrid, Cátedra, 1994, p. 398. Y añade: «El cuento del clítoris es una parábola cultural, que explica cómo se forja el cuerpo hasta obtener una forma válida para la civilización, a pesar de sí mismo, y no por su causa», p. 402.

El clítoris entero tiene la forma de una ípsilon o Y, aunque lo que normalmente se percibe como clítoris es solo su punta, que se emplaza cerca de la unión anterior de los labios menores, es decir, en la parte anterior de la vulva, y suele medir de 0,5 a 1 cm. El clítoris se encuentra protegido por el monte de Venus y los labios mayores. La punta del clítoris o corona es el glande del clítoris, que se vuelve visible si apartamos con cuidado la piel que lo cubre, el llamado capuchón del clítoris. Sin embargo, la mayor parte del clítoris se encuentra más profundamente y no es visible. Durante la excitación sexual se puede palpar una pequeña parte del tallo o tronco del clítoris como un cordón que se encuentra por debajo del hueso púbico, pero enseguida cambia de dirección hacia las profundidades vulvares.

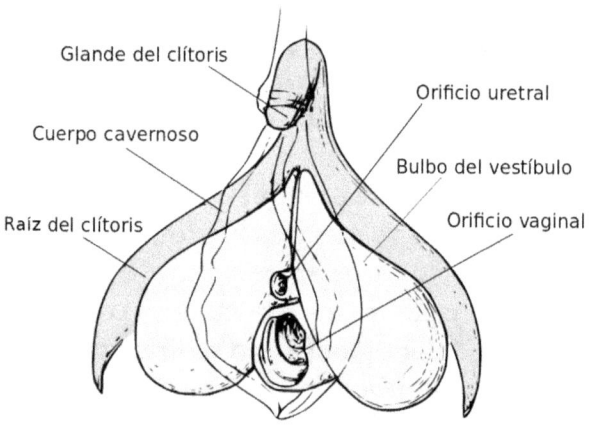

Glande del clítoris

Orificio uretral

Cuerpo cavernoso

Bulbo del vestíbulo

Raíz del clítoris

Orificio vaginal

El tronco del clítoris está formado por dos cuerpos cavernosos y por las envolturas que los cubren. Los cuerpos cavernosos son unas estructuras cilíndricas de tejido esponjoso, que se llenan de sangre durante la excitación sexual aumentando considerablemente de tamaño. Los cuerpos cavernosos permanecen unidos hasta el hueso púbico y un poco después se bifurcan en dos raíces o piernas del clítoris, que tienen la forma de una uve invertida, siguen las ramas isquiopubianas del hueso y miden unos diez centímetros[145]. Los cuerpos cavernosos de la vulva tienen una estructura análoga a los cuerpos cavernosos del pene masculino. No obstante, el clítoris no es un pene pequeño, como a menudo se lo ha definido; es un órgano diferente. La similitud es debida a que ambos órganos se originan de estructuras embrionarias comunes, pero su desarrollo anatómico es distinto, dando lugar a estructuras con identidad propia. Algo parecido ocurre con los bulbos vestibulares, que podrían corresponder al bulbo masculino, pero en la mujer están divididos en dos partes, separadas una de la otra por el vestíbulo vulvar y los orificios de la uretra y de la vagina.

La vulva es compleja y rica en su anatomía y en su fisiología, ¿verdad? Después de esta explicación ya no cabe reducirla a una ausencia, salvo si no se quiere ver la realidad. La vulva está muy vascularizada e inervada. El glande del clítoris contiene entre 8.000 y 10.000 terminaciones nerviosas, el doble que el glande del pene, que lo convierten en el órgano más sensible del cuerpo de la mujer. Las numerosas redes venosas de la región pélvica femenina se extienden en distintos planos conexionando la vulva con la vagina. Lo mismo sucede con los diversos músculos del suelo pélvico, que es el conjunto de estructuras que cierran la cavidad abdominal en su parte inferior y sostienen órganos como la vejiga, el útero y el recto. Nuestro suelo pélvico no es rígido, es dinámico y flexible, se adapta a nuestros movimientos, a los cambios posturales, a nuestra actividad… Puede debilitarse con el desuso y fortalecerse con el ejercicio.

Si la musculatura del suelo pélvico se debilita y cumple mal su función, los órganos que sostiene pueden descender y protuir, dando lugar a distintos prolapsos como el cistocele y el rectocele, que a menudo requieren un tratamiento quirúrgico. Además, la mujer puede sufrir molestias, dolores, infecciones, incontinencia urinaria, enfermedades, y su disfrute sexual también se ve afecta-

---

[145]Actualmente, se puede obtener una reproducción del clítoris en 3D por Internet. Odile Fillod ha creado un modelo tridimensional del clítoris con el fin de ayudar en la educación sexual de los jóvenes.

do. Así, un buen tono muscular del suelo pélvico mejora no solo la salud de la mujer sino también la calidad de sus orgasmos. Los músculos del suelo pélvico relacionan las estructuras de la vulva con los genitales internos de la mujer, se tensan, se contraen y se relajan, tiran de las estructuras cambiando su inclinación, ayudan a su tensión y contracción durante la excitación sexual.

Por todo esto es muy importante para la mujer mantener la musculatura de su suelo pélvico en buena forma, que esté sana y fuerte. Sin embargo, en nuestras culturas no se le da la importancia que tiene. A menudo se ignora el suelo pélvico, es como si no existiese. Y cuando una mujer consulta por incontinencia de orina demasiados médicos le prescriben rápidamente pastillas y no los ejercicios para fortalecer el suelo pélvico. Todas las mujeres deberíamos tener internalizado el gran valor de esta musculatura y acostumbrarnos a fortalecerla a diario como un hábito muy saludable, tan importante como limpiarse los dientes o ducharse.

La mayoría de las mujeres sabe contraer sus abdominales pero no los músculos de su suelo pélvico. El principal músculo del suelo pélvico es el músculo pubococcígeo (PC). Tiene forma de una hamaca muscular que va desde el pubis hasta el coxis rodeando la uretra, la vagina y el ano. También se lo conoce como el músculo del amor, porque las sensaciones sexuales están directamente relacionadas con él. Su buen tono aumenta la capacidad de excitación y de llegar a orgasmos, que además ganan en calidad. Las mujeres podemos mejorar el estado de nuestro suelo pélvico fortaleciendo nuestro músculo PC. Deberíamos hacerlo todas conforme vamos cumpliendo años. Para lograr fortalecer el músculo PC lo primero que tenemos que conseguir es aprender a reconocerlo. Aprendamos pues:

El PC es el músculo que contraemos para detener la micción. Así que para reconocerlo tenemos que cortar el flujo de la orina al orinar. Hay que aprender a contraer conscientemente este músculo sin contraer otros músculos como los abdominales o los glúteos. Es necesario repetir la acción de cortar el chorro de la orina todas las veces que sean precisas para poder hacerlo luego sin orinar. Si te quedan dudas, también puedes introducir un dedo un poco mojado con agua en la vagina o en el ano e intentar apresarlo contrayendo la musculatura. No pasa nada si no se consigue a la primera, se puede repetir las contracciones todas las veces que se precise: es tu dedo, es tu vagina, es tu ano, y queda en tu intimidad. No tienes que dar cuentas a nadie.

Una vez que hayamos aprendido a reconocer la musculatura pubococcígea ya estaremos preparadas para aprender a fortalecerla con el ejercicio adecuado. Existen muchos ejercicios para fortalecer el suelo pélvico. El Internet está repleto de ellos, entre los que destacan los llamados ejercicios de Kegel. Por supuesto, también se puede pedir la información al médico o a otros especialistas. Os recomiendo componer una tabla personal de ejercicios realizables teniendo en cuenta la edad y la forma física de cada una, y hacer los ejercicios todos los días. Esos ejercicios son muy importantes. La constancia es crucial para lograr el objetivo propuesto. Si los ejercicios se practicasen a diario no habría tanta incontinencia urinaria, ni se necesitarían pastillas para tratarla, ni tanta cirugía correctora de prolapsos. Se evitaría mucho sufrimiento. También el goce sexual aumentaría, no en vano en las terapias sexuales se suele recomendar el fortalecimiento del músculo PC.

Los ejercicios de Kegel son una buena herramienta para cualquier persona, siempre y cuando se hagan. Contraer el músculo PC a diario es un sano ejercicio para tener la musculatura del suelo pélvico activa, fuerte y flexible. ¡Ánimo! Merece la pena aprender los ejercicios de Kegel y practicar esta gimnasia con asiduidad. En unos meses comprobarás sus efectos. A continuación explicaremos algunos ejercicios:

Se puede aprovechar el acto de orinar para intentar parar la emisión de la orina varias veces al día. Es el ejercicio más sencillo, pero se recomienda hacerlo sin orinar. También en esta versión es un ejercicio sencillo: contraer el músculo PC y relajarlo rápidamente, sin contraer la musculatura abdominal, ni de las nalgas ni de los muslos. Se debe realizar este ejercicio unas 50-100 veces al día, mejor en tandas de 10-15 contracciones cada vez. Es bueno hacerlo a lo largo del día, tumbada en la cama por la mañana, de pie por la tarde y sentada después de cenar, por ejemplo.

La realización de este ejercicio pasa desapercibida para los demás. Los ejercicios de Kegel no interfieren con otras actividades diarias. Los puedes realizar siempre que te acuerdes, y para acordarse de hacerlos es bueno asociarlos a una actividad diaria concreta: cuando vas en el autobús o ves la televisión, cuando cocinas o te acuestes... Cada mujer tiene que buscar sus propios trucos para ejecutar estos ejercicios a diario, porque la constancia es esencial.

Puede que al hacer los ejercicios de Kegel se presenten dudas o pequeñas dificultades, pero se resuelven y se sigue adelante con el ritmo de ejercicios adecuado para cada cual, comenzando por poco y aumentando progresivamente el número de contracciones. También puede suceder que experimentes nuevas sensaciones e incluso sientas molestias los primeros días: estás haciendo trabajar una musculatura que no está en su mejor forma y se queja; es normal. Pero si sientes agujetas en el abdomen o en las nalgas es que probablemente no estás contrayendo la musculatura pubococcígea y hay que volver al paso previo del aprendizaje. También cabe recurrir a meter un dedo en la vagina y comprobar si esta se contrae o no.

Si ya has aprendido este ejercicio y lo ejecutas sin problemas, se puede añadir otro, aumentando su dificultad. Se trata de tensar el músculo PC durante un tiempo (de 3 a 10 segundos) y relajarlo después lentamente por el mismo tiempo más o menos. Este ejercicio se repite varias veces al día intercalándolo con los de las contracciones rápidas, que, por supuesto, se siguen practicando a diario. A medida que el suelo pélvico se vaya fortaleciendo, podrás aguantar más de 5 segundos en contracción sin agotar el músculo.

Otro ejercicio de Kegel, de una mayor dificultad, es el de contraer el músculo PC en sentido ascendente, tensando la vagina desde su apertura hasta el cuello del útero. Se hace contrayendo el músculo PC y llevándolo hacia arriba y hacia dentro. Hay que aguantar la tensión durante unos 5 segundos y luego relajar el músculo durante unos 10 segundos. Para aprender a hacerlo, ayuda imaginar la vagina como si fuese un ascensor que va subiendo lentamente.

Para fortalecer el suelo pélvico, algunas mujeres prefieren recurrir a dispositivos de resistencia como las bolas chinas o conos vaginales de diferente peso, que se venden en las farmacias y tiendas especializadas. Esos dispositivos se colocan dentro de la vagina y, como tienden a bajar, obligan a la mujer a contraer el músculo PC de manera refleja. Es una opción muy válida, y también requiere asiduidad.

Hablemos brevemente del aparato genital interno de la mujer. Se compone de la vagina, el útero y los dos ovarios. La vagina es un conducto membranoso de unos ocho a doce centímetros de largo, que se extiende desde el cuello del útero hasta la vulva. La vagina está situada en la cavidad pelviana, delante del recto y por detrás de la vejiga. Su dirección es oblicua, describe una ligera curva cóncava hacia atrás. Cuando la vagina está vacía suele estar aplanada. Cuando se excita, se expande, se alarga, se lubrica, se tensa, se contrae, tira del útero que cambia de inclinación durante la cópula... La vagina no es una estructura pasiva o irrelevante. No debemos ignorarla; debemos reconocerle su valor y aprender a cuidarla[146].

La sensibilidad vaginal no es homogénea. La parte más cercana a la vulva suele considerarse la más excitable. Está rodeada por las raíces del clítoris y por el músculo PC, y tiene numerosas terminaciones nerviosas. Asimismo, en el tercio inferior de la vagina cabe destacar una pequeña zona altamente excitable, el llamado punto G. La existencia real del punto G como una estructura anatómica sigue despertando controversias entre los investigadores. Algunos sostienen que no existe un tejido especial en esta zona de la vagina, que se trata de la confluencia de terminaciones nerviosas que llegan al clítoris y que, al excitarse, hacen que se contraigan fibras musculares y que aumente la irrigación sanguínea de la zona, formando así una especie de bulto rugoso en la pared anterior de la vagina. El punto G puede palparse durante la excitación sexual

---

[146] «El uso excesivo de enjuagues vaginales con aditivos químicos altera, de hecho, el equilibrio natural de los organismos presentes en la vagina, pero ningún médico se ha atrevido a denunciarlo abiertamente hasta la fecha». Greer, Germaine: *La mujer eunuco*, Barcelona, Kairós, 2004, p. 340.

de la mujer a unos 3 o 5 centímetros del orificio vaginal. Es una zona muy excitable y su estimulación directa puede conducir al orgasmo[147].

Se considera que el tercio medio de la vagina es poco sensible. Sin embargo, la sensibilidad vuelve a aumentar en el tercio superior, sobre todo en la zona cercana al cuello del útero. Algunos autores destacan una zona muy excitable, el llamado punto A, que se encuentra en el fórnix anterior o fondo de saco vaginal anterior, muy cerca de la vejiga. Se dice que su estimulación desencadena una prolongada lubricación de las paredes vaginales y un nivel de excitación muy alto. Algunos autores hablan de que estimulando esa zona se facilita la salida de líquido por trasudación de las paredes vaginales, la llamada eyaculación femenina, y se alcanzan orgasmos múltiples. Otros autores mencionan un punto K en el fondo de saco vaginal posterior, que se queda al descubierto al elevarse el útero durante la excitación sexual. No obstante, pocos sexólogos creen que esos puntos sean estructuras anatómicas reales. Se trata más de zonas de la vagina donde confluyen numerosas terminaciones nerviosas y su localización real puede volverse conflictiva.

A lo largo de los siglos de nuestra cultura occidental, la vagina fue ignorada o perversamente distorsionada. Por un lado se la consideró un mero túnel para la procreación, pasivo y, por lo demás, sin valor. Sin embargo acabamos de constatar la importante versatilidad de la vagina, su complejidad y viva riqueza. Por otro lado, se difundieron leyendas de vaginas dentadas, vaginas peli-

---

[147] «Ya en 1950 el ginecólogo alemán Ernst Grafenberg comenzó a hablar de una pequeña área de tejido, ubicada en la pared anterior de la vagina (hacia el vientre), a un tercio de distancia de su entrada, que aumenta de tamaño cuando la mujer está excitada. Investigaciones posteriores, realizadas a principios de la década de los ochenta por los investigadores John Perry y Beverly Whipple, mostraron que esta área —que bautizaron como punto G en honor a Grafenberg— es extraordinariamente sensible a la presión intensa y que su estimulación puede desencadenar el orgasmo en muchas mujeres». Politzer, Patricia y Weinstein, Eugenia: *Mujeres: la sexualidad oculta*, Barcelona, Grijalbo, 2005, p. 262.

grosas armadas con dientes capaces de triturar los penes que las penetren. Esas leyendas poblaron el imaginario colectivo y canalizaron los miedos masculinos frente al poder femenino, miedos de ser castrados por mujeres indómitas, mujeres sujetos dueñas de ellas mismas[148].

En cuanto al útero o matriz, situado en la línea media de la cavidad pelviana, por encima de la vagina, por debajo de las asas intestinales, entre la vejiga y el recto, es el órgano destinado a albergar el huevo fecundado. Su forma es la de un cono aplanado de adelante a atrás, con el vértice hacia abajo. Tiene un cuerpo y un cuello, más estrecho y menos voluminoso. El útero mide de 6,5 a 8 centímetros de largo y de 4 a 5,5 centímetros de ancho; es relativamente pequeño de tamaño. Así que cuando a una mujer se le extirpa el útero no se la vacía, el espacio queda ocupado rápidamente por las estructuras vecinas. Seguimos con la tarea de clarificar conceptos y liberarnos de falsas creencias.

El útero de la mujer ha pasado a formar parte del imaginario colectivo como la casa primera y la más satisfactoria de todo ser humano; todos nacemos de mujer. Esta casa es imaginada como un paraíso mítico, fuente de alimento, seguridad, bienestar y felicidad. Se ha pintado el útero como cueva sagrada, santuario secreto o refugio sacralizado[149]. Se ha ensalzado a la matriz femenina e, incluso, se le ha atribuido un valor identitario, lo cual es posible si se equipara la identidad de la mujer con la maternidad, es

---

[148] «El mensaje era claro: si las mujeres dejaban hacer a su sexo lo que quisiera, éste castraría invariablemente a los hombres o se los tragaría completamente; pero, aunque las mujeres no hicieran esto con sus insaciables órganos sexuales y utilizaran sus mandíbulas adicionales sólo para —por ejemplo— romper nueces, la diferencia de sus genitales las convertía en los relatos de vagina dentata en caza libre para ser muerta con armas duras y fálicas. Los héroes utilizaban palos y piedras en forma de pene para arrancar los dientes de la mujer mordedora y quebrar tanto su voluntad como la mandíbula entre sus piernas; después podían ser desposadas o asesinadas: los dos finales contaban como *happy end*». Sanyal, Mithu M.: *Vulva*, Barcelona, Anagrama, 2012, p. 80.

[149] Gilbert, Sandra M. y Gubar, Susan: *La loca del desván*, Madrid, Cátedra, 1998, p. 101.

decir, que solo las madres son mujeres. Sostener eso es una cuestión ideológica, una clara falsedad puesto que las mujeres no somos reducibles a nuestra capacidad de ser madres. Las mujeres somos personas completas con útero o sin útero, sujetos existentes que viven su vida teniendo hijos o no teniéndolos.

El útero se comunica con los ovarios gracias a dos conductos o trompas de Falopio, de unos 10 a 14 centímetros de longitud. Las funciones de las trompas están relacionadas con la ovulación y la fecundación. Los ovarios son las glándulas productoras de óvulos y de las hormonas sexuales. Se sitúan en la parte baja del abdomen y son dos, un ovario a cada lado del útero. Los ovarios tienen forma y tamaño de una almendra y pesan unos 6 o 7 gramos.

Las hormonas sexuales que más secretan los ovarios son los estrógenos y la progesterona, responsables del normal funcionamiento del organismo femenino, sobre todo de su ciclo menstrual y su capacidad reproductiva. Los ovarios también secretan la testosterona y otras hormonas andrógenas, pero en cantidades muy pequeñas. Todas estas hormonas son esteroideas, derivan del colesterol.

Los estrógenos ayudan en el desarrollo de los caracteres sexuales secundarios durante la pubertad y en la maduración y el mantenimiento de los órganos sexuales femeninos. Ejercen sus acciones en los tejidos diana uniéndose a receptores celulares específicos. Los complejos hormona-receptor modifican la transcripción genética de las células y activan una serie de fenómenos bioquímicos necesarios para que tenga lugar el efecto biológico pretendido. Sin embargo, si por cualquier motivo no se produce la unión de la hormona sexual al receptor no se activan los procesos bioquímicos potencialmente posibles y no se da la transformación correspondiente de tejidos u órganos.

El principal estrógeno secretado por los ovarios y el más potente es el estradiol. Otro estrógeno destacado es la estrona, también secretado por los ovarios, aunque su fuente más importante es la de los tejidos periféricos, sobre todo del tejido adiposo subcutáneo. La estrona se convierte en el principal estrógeno de la mujer a partir de la menopausia.

Los estrógenos actúan sobre el endometrio uterino, la mucosa vaginal, los ovarios, las mamas... Ejercen una acción protectora en el sistema músculo-esquelético, manteniendo la consistencia ósea; en la piel, influyendo en su suavidad, turgencia y pigmentación; en el sistema cardiovascular y en el cerebro. Se ha comprobado que los estrógenos crean más ramificaciones dentríticas de las neuronas, incrementando su conexión y facilitando así la transmisión de información entre las neuronas. El estrógeno multiplica las vías lingüísticas del cerebro mejorando las habilidades verbales[150].

Además, en el cerebro, en el corazón y en el resto del organismo de la mujer, los estrógenos ejercen un efecto preventivo de las enfermedades vasculares, protegiendo de los infartos y de los ictus. Los estrógenos influyen en el colesterol de la sangre, aumentando la proporción del colesterol HDL o «colesterol bueno». También intervienen en el metabolismo de las grasas y su distribución típicamente femenina en las caderas y los senos. Los estrógenos aumentan el riego sanguíneo en los órganos y tejidos de la pelvis actuando sobre la libido, facilitan la llegada al orgasmo y mejoran su intensidad[151]. Los estrógenos rigen el impulso sexual receptivo.

Los estrógenos son responsables de cierta «suavidad» femenina, tanto física como emocional, y aumentan la capacidad de atracción de la mujer. Influyen en las feromonas, en el olor de la hembra humana y también incrementan el olfato de la mujer. Las feromonas son sustancias químicas secretadas por un individuo, que son percibidas por otros individuos de la misma especie, modificando sus acciones. Se trata de señales que se transmiten a través del olor y pueden influir subliminalmente en que nos relacionemos con alguien o no, que nos atraiga sexualmente o no.

---

[150]Fisher, Helen: *El primer sexo*, Madrid, Taurus, 1999, p. 95. A su vez, Susan Pinker afirma: «Las hormonas son la clave para entender los orígenes de la empatía y las consecuencias de ser más o menos empático». Pinker, Susan: *La paradoja sexual*, Barcelona, Paidós, 2009, p. 131.

[151]«Los métodos anticonceptivos imponen un peaje a la sexualidad femenina». Greer, Germaine: *La mujer eunuco*, Barcelona, Kairós, 2004, p. 369.

La progesterona es la hormona sexual femenina que aumenta tras la ovulación mensual, es decir, en la segunda mitad del ciclo ovulatorio. Su misión fundamental es posibilitar que se produzca la fecundación del óvulo y su anidación en el útero. Durante el embarazo disminuye las contracciones uterinas, estimula el crecimiento de la placenta y de las mamas. La progesterona disminuye el impulso sexual de la mujer reduciendo los niveles de testosterona y puede provocar irritabilidad e, incluso, agresividad, pero, al mismo tiempo, se le conocen propiedades calmantes y sedantes. La progesterona torna a las mujeres más tiernas, sobre todo con los hijos[152].

En cuanto a la testosterona y otros andrógenos secretados por los ovarios, también actúan sobre distintos órganos y tejidos de la mujer, entre los que cabe destacar el cerebro. En exceso, los andrógenos pueden causar signos de virilización y aumento del vello corporal. La testosterona aumenta el deseo sexual en la mujer y el grado de satisfacción obtenida tras el coito[153].

En la pubertad femenina, se inicia un patrón cíclico de la producción de hormonas ováricas, que se mantendrá durante toda la etapa fértil de la mujer, hasta la menopausia. Esta característica cíclica se traduce en distintas transformaciones corporales y emocionales de la mujer, relacionadas con diversas concentraciones hormonales de estrógenos, progesterona y testosterona. Pueden darse cambios de ánimo, en la sensibilidad al dolor, en la capacidad perceptiva de estímulos, en la función cognitiva, en la temperatura corporal...

---

[152] Crenshaw, Theresa L.: *La alquimia del amor y del deseo*, Barcelona, Grijalbo, 1997, p. 36.

[153] «La testosterona es responsable del impulso sexual agresivo. Impulsa a buscar el contacto sexual, a iniciarlo y a dominar. También estimula directamente el deseo, tal vez porque eleva los niveles de dopamina, neurotransmisor bien conocido por su capacidad de aumentar el impulso sexual. La testosterona parece influir más en el impulso que en la potencia o la frecuencia del acto sexual. Inspira un deseo de sexo específicamente genital, y de orgasmo». Crenshaw, Theresa L.: ob. cit., p. 33.

Mes a mes, el cuerpo-palabra mujer se prepara para su cita reproductiva y ese ritmo físico y psíquico interno trasciende su deseo y conecta a la mujer directamente con el mandato de conservación de la especie humana. Es algo que no deja de tener un matiz misterioso y mágico, que pone a la mujer en sintonía con la naturaleza, con el latir de la Tierra y, posiblemente, con el ritmo lunar y de las mareas[154]. La mujer experimenta variaciones cíclicas en todo el cuerpo-palabra que es, no solo en sus genitales, aunque apenas se dé cuenta de ello. Bajo el influjo hormonal, sus células acumulan agua o no, se forman y se degradan, su riego sanguíneo cambia, sus deseos también...

El ciclo menstrual normal, de unos 28 días de duración, suele dividirse en dos fases separadas por la ovulación, cada una de ellas de unos 14 días. En la primera mitad del ciclo —fase folicular o proliferativa— predominan los estrógenos, que ayudan a la maduración folicular, gracias a la que se creará el óvulo, óvulo que saldrá a la trompa tubárica al romperse el folículo donde se ha formado. A su vez, el útero crece para poder acoger en su seno el óvulo fecundado. Si no se produce la fecundación ni la anidación del huevo, al final de la segunda fase del ciclo menstrual tiene lugar la menstruación, por medio de la cual se expulsan las células de recubrimiento del útero y el óvulo desintegrado. Las células que revisten el interior del útero se endurecen y mueren, se separan y, al hacerlo, rompen los capilares de la pared uterina, causando así hemorragias menstruales durante unos días. Este proceso de renovación celular, en el cual la sangre menstrual fluye al exterior a través de la abertura del cuello uterino y la vagina, dura unos 3-7 días.

---

[154]«La característica distintiva de la menstruación es su carácter cíclico, sin parangón con ninguna otra experiencia física o corporal masculina. El ritmo físico interno contiene un cierto elemento mágico; es un ritmo que nos pone en sintonía con la naturaleza, que se ajusta al ritmo de la luna y de las mareas. Una de sus manifestaciones más fascinantes es el fenómeno de la sincronía menstrual, por la cual los ciclos de las mujeres o chicas que viven juntas llegan a coincidir gradualmente». Leroy, Margaret: *El placer femenino*, Barcelona, Paidós, 1996, p. 100.

La concentración del estradiol es máxima inmediatamente antes de la ovulación. Asimismo, en la mitad del ciclo menstrual, durante la ovulación, se eleva la testosterona, que potencia el deseo sexual[155]. A su vez, la progesterona comienza a elevarse justo antes de la ovulación y continúa haciéndolo en la segunda fase del ciclo menstrual —fase lútea o secretora—. La secreción de hormonas sexuales está regulada por un complejo eje cerebral, formado entre la hipófisis y el hipotálamo, que está en estrecha comunicación con los ovarios. Las hormonas de esas estructuras cerebrales no solo regulan la cantidad de las hormonas secretadas por los ovarios sino también su ritmo pulsátil, que es necesario para que las hormonas se sinteticen normalmente[156].

En general, los ritmos y las concentraciones de hormonas sexuales son muy diferentes en mujeres y hombres. Además, ca-

---

[155]«En la mitad del ciclo menstrual, durante la ovulación, se elevan tanto los estrógenos como la testosterona. La testosterona potencia un poco el impulso sexual agresivo y estimula el interés de la mujer, y los estrógenos aumentan de nivel prestándole un atractivo sexual predominante y disponiéndola a ser receptiva. Esta dinámica tiene sentido desde el punto de vista de la naturaleza, porque éste es también el período en que la mujer es más fértil. Y en lo que a la concepción se refiere, la palabra clave es receptividad, porque desear el acto es más importante que el impulso de iniciar el sexo». Crenshaw, Theresa L.: *La alquimia del amor y del deseo*, Barcelona, Grijalbo, 1997, p. 44.

[156]«En condiciones normales tanto la LH (hormona luteinizante) como la FSH (hormona foliculoestimulante) (hormonas hipofisarias) presentan una secreción pulsátil en la mujer al igual que en el hombre, con picos cada hora y media, aproximadamente. Además presentan un perfil cíclico mensual con valores más elevados de FSH al final de la fase lútea y comienzo de la fase folicular y con un pico marcado durante la etapa ovulatoria. La LH presenta valores estables a lo largo del ciclo, con un pico preovulatorio mayor que la FSH.

»La FSH estimula la maduración de los folículos ováricos, hecho que va emparejado con el incremento de la producción de estradiol. La LH, a su vez, contribuirá sinérgicamente con la FSH a la maduración folicular y será la responsable de la transformación de las células foliculares en luteinizadas constituyentes del cuerpo lúteo, responsable de la secreción hormonal durante la segunda fase del ciclo». («El sistema endocrino sexual en varones y mujeres» Jesús A.F. Tresguerres) en: Botella Llusiá, J. y Fernández de Molina, A. (editores): *La evolución de la sexualidad y los estados intersexuales*, Madrid, Díaz de Santos, 1998.

da sujeto puede presentar sus particulares matices en la secreción hormonal, secreción que va cambiando según la edad, la actividad diaria y las circunstancias vitales del individuo. En las mujeres, la secreción hormonal durante la etapa fértil se diferencia claramente de las demás etapas. El estrés influye negativamente en la secreción de las hormonas sexuales.

Los humanos estamos programados para sobrevivir adaptándonos constantemente a las circunstancias en las que nos encontramos; somos cuerpos sexuados y sexuales vividos, es decir, inmersos en el mundo de percepciones, sensaciones, interpretaciones, pensamientos, sueños, deseos, sentimientos y experiencias. Nos configuramos como profundamente humanos a través de procesos vitales psicológicos, a través de múltiples vivencias en nuestra delimitada corporalidad, que se graban en el cuerpo-palabra que somos transformándolo con su «algo más» en un continuado latir. Y cuando nos referimos a vivencias de un cuerpo sexuado hablamos de la sexualidad del cuerpo-palabra vivido.

¿Sabemos cómo es la sexualidad femenina, qué vivencias experimenta el cuerpo-palabra mujer? ¿La sexualidad femenina es igual a la masculina? Parece evidente que las vivencias de los cuerpos sexuados en femenino y en masculino son diferentes y, por tanto, las sexualidades de ambos sexos también lo son. Sin embargo, a lo largo de los siglos, la sexualidad femenina ha sido ignorada en su riqueza y reprimida cuando no guardaba relación con la reproducción o con el placer sexual masculino. Los hombres han definido la sexualidad humana y las necesidades masculinas conformaron el patrón femenino del sexo[157]. Así, la sexualidad humana se convirtió en coitocentrista, relegando cualquier otra expresión de nuestra condición sexual a lo marginal o inexistente. No obstante, está claro que las personas no somos unos genitales andantes que, de vez en cuando, se activan buscando coitos.

Las mujeres nos hemos creído muchas falsedades que se nos han contado sobre nuestra sexualidad, falsedades creadas desde el

---

[157] Leroy, Margaret: *El placer femenino*, Barcelona, Paidós, 1996, p. 202.

imaginario masculino, y hemos renunciado a numerosos placeres sexuales con objeto de agradar a los hombres con los cuales nos relacionamos. Esta renuncia es una muestra de la subordinación sexual de la mujer al hombre. La mujer que se inhibe limitando su capacidad de experimentar placer sexual es un claro ejemplo de la represión de la sexualidad femenina, instaurada en nuestras sociedades androcentristas.

Las mujeres no hemos sido educadas para ser dueñas de nuestra sexualidad, para ser sujetos sexuales de igual valor que los hombres. Este ideal continúa sin convertirse en nuestra realidad del día a día. Seguimos callando, adaptándonos a lo que hay, fingiendo, priorizando de forma incorrecta... La insatisfacción sexual y la frustración se deben a que las mujeres nos atenemos a un modelo sexual que no es el nuestro, un modelo que ignora lo que somos. Esto es posible gracias a que se nos enseña a desoír las vivencias del cuerpo-palabra que somos, a no comunicarnos con nosotras mismas, a ser unas ausentes en nuestra propia corporalidad. Así toleramos mejor el dolor que sentimos tras experiencias decepcionantes o traumáticas. Y, como dice Shere Hite, la carencia de satisfacción sexual de la mujer es signo de su opresión en la sociedad[158]. La sexualidad y la reproducción son dos elementos clave de la sujeción femenina[159].

La sexualidad femenina siempre es controlada y manipulada en un orden social patriarcal. Para ello se recurre no solo a la administración de una información adecuada y a la enseñanza continuada de «verdades» que perpetúan el normal funcionamiento de dicho orden, sino también a la coerción y al castigo de las desobediencias al respecto. Se trata de lograr que la mujer consienta e incluso viva como deseado su propio sometimiento sexual. Hay que inculcarle que es «lo normal» y grabarlo en su imaginario de felicidad y en su carne sexuada y sexual. Hay que conseguir que la mujer

---

[158] Hite, Shere: *El informe Hite. Estudio de la sexualidad femenina*, Madrid, Suma de Letras, 2002, p. 471.

[159] Alicia H. Puleo en: Amorós, Celia (editora): *Diez palabras clave sobre mujer*, Estella, Verbo Divino, 1995, p. 23.

no solo colabore pasivamente en la perpetuación del orden patriarcal sino que se convierta en su convencida defensora. De esta manera, la desigualdad jerárquica entre los sexos no le parecerá injusta, ni tampoco que el sexo masculino goce de mayor libertad sexual, ni los disminuidos derechos de la mujer que se derivan de la legislación sobre los matrimonios y embarazos, y, menos aún, las consideraciones en boga sobre las prácticas sexuales normales... Se supone que el camino trazado es el que hay que seguir... ¿Cabe cuestionarlo? ¡Por supuesto que sí! Las mujeres somos sujetos sexuales de igual valor y derechos que los hombres. Y si no es así, si por nacer mujer un sujeto tiene peores oportunidades para desarrollarse y vivir una vida plena, algo no va bien en nuestras sociedades.

En las sociedades patriarcales, existe una «natural» tendencia a convertir al sujeto mujer en objeto sexual, un objeto que permite a los hombres tener erecciones y coitos —el deseado «final feliz» de un encuentro sexual—. Así, las respuestas excitadas de los hombres al cuerpo de la mujer la vuelven visible y confirman su existencia y su supuesto «éxito social»[160]. En esas sociedades, las mujeres cobran visibilidad y vida social a través de una caracterización estereotipada de la feminidad, un modo que les promete un feliz encuentro con el otro, adaptándose a las expectativas imaginarias en boga. En algunas sociedades patriarcales, todavía hoy, parece que las mujeres no solo estén dispuestas a servir como fetiches sino que no tengan otra opción. La autoafirmación sexual de la mujer en esas sociedades se vuelve altamente problemática[161].

---

[160]«Transformándose en un fetiche, en un objeto deshumanizado que permite a los hombres tener erecciones y eyaculaciones, una mujer impotente, desvalida, socialmente victimizada, puede experimentar un enorme poder. Y cuando profundizamos más en esas acciones advertimos otros motivos. Las respuestas excitadas de los hombres al cuerpo de la mujer reafirman su existencia. Así, un motivo crucial de la mujer que coopera en la fetichización de su cuerpo es su angustia por la fragmentación y la nada corporales: su miedo a la aniquilación». Kaplan, Louise: *Perversiones femeninas*, Buenos Aires, Paidos, 1994, p. 100.

[161]«Mientras las propias mujeres se consideren objetos sexuales, continuarán sufriendo el desprecio declarado de los hombres y, lo que es peor aún, seguirán

La sexualidad femenina sigue adoleciendo de un sordo malestar y de falta de definición propia. Además, en el patriarcado, el sentimiento de culpa que inspira la sexualidad recae más sobre la mujer, que se cree culpable de lo que le ocurre en las relaciones con otros, en sus experiencias sexuales. No en vano, ha internalizado en su proceso de socialización la falsa atribución de indecencia o impureza a las funciones sexuales femeninas. La mujer vive en una culpabilidad insensata, fundamentada en el imaginario colectivo del orden patriarcal.

La sexualidad conforma nuestro ser en el mundo, es nuestra constitución inmanente, y es una relación profunda e intensa de una persona consigo misma y con los otros. Al mismo tiempo es la vía de acceso a nuestra inteligibilidad como sujetos existentes reales y carnales que somos. La sexualidad está repleta de significados a los que recurrimos para entender lo que somos y es una construcción histórica y cultural, no se origina de la nada, y nos sitúa en el mundo, en el mundo relacional con nosotras mismas y con los otros.

Las mujeres tenemos que ser conscientes y no contentarnos con dar cuerpo a las fantasías sexuales masculinas, tenemos que conocer los cuerpos que somos, valorarlos, quererlos en su real imperfección. Saber cómo funciona nuestro cuerpo, el autoconocimiento sexual y la autoafirmación sexual son muy importantes para disfrutar en nuestra sexualidad, para sentirnos bien en nuestra sexuada piel y ser dueñas de nuestra propia sexualidad. Así seremos más libres de ser nosotras mismas. Ha llegado el momento de que reclamemos nuestros cuerpos para nosotras mismas, que dejemos de desempeñar un papel secundario en nuestra propia sexualidad.

Cada mujer tiene que ir descubriendo su propia sexualidad en sus experiencias cotidianas. Las mujeres somos sujetos sexuales con particularidades sensitivas individuales y es bueno que cada mujer conozca lo que le gusta y lo que no, lo que la hace vibrar

---

teniendo una idea vergonzosa y despreciable de sí mismas». Greer, Germaine: *La mujer eunuco*, Barcelona, Kairós, 2004, p. 353.

y le da placer. Las mujeres tenemos que decidir no ignorar lo que ocurre en nosotras mismas, el cuerpo que somos es único e irrepetible; tenemos que saber lo que nos gusta, decirlo, comunicarlo, vivirlo; tenemos que responsabilizarnos de nuestro propio placer sin esperar que alguien desde su solidaridad y bondad adivine lo que queremos y nos lo proporcione como si fuese un regalo o una concesión[162].

Las mujeres tenemos que definirnos a nosotras mismas en nuestras vivencias cotidianas, realizar nuestras propias elecciones y no adaptarnos a las ajenas. Las mujeres tenemos que saber, tenemos que buscar una información veraz que nos ayude a vivir más a gusto en nuestra sexuada y sexual piel, a ser más autónomas, a ser sujetos sexuales de igual valor y derecho al placer que nuestros compañeros los hombres. Poseemos un potencial inmenso para disfrutar y tenemos que responsabilizarnos nosotras mismas de nuestro placer y de ser nosotras mismas.

Sin embargo, nuestras actitudes respecto a la sexualidad componen un complejo entramado, lleno de contradicciones, «verdades» aprendidas, miedos, fantasías, suposiciones... Con frecuencia no estamos seguras de lo que realmente pensamos y deseamos. Además, nuestras creencias a propósito del sexo y de la sexualidad se mezclan con diversas emociones y temores[163]. La sexualidad femenina se tiñe de miedo al abandono, al abuso y a la violencia. El

---

[162] «Tanto el conocimiento de la propia personalidad como la capacidad de autoafirmación son imprescindibles. Para disfrutar del sexo se debe comprender cómo funciona el cuerpo y debe creerse que se tiene derecho a un cierto grado de placer sexual». Leroy, Margaret: *El placer femenino*, Barcelona, Paidós, 1996, p. 24.

[163] «Se nos alienta para mantener una activa vida sexual, y nos parece que es una gran idea; nos exhortan a disfrutar con el sexo, con el contacto físico, los masajes, el placer, a sentirnos a gusto con nuestros cuerpos y a tener ideas liberales sobre la sexualidad de nuestros niños. Y, sin embargo, esas posibilidades, que nos pueden parecer muy válidas, llevan aparejadas una especie de tensión. Cuando se ponen en contacto con nuestros pensamientos y deseos íntimos pueden hacer que nos sintamos aturdidos y confundidos sobre lo que queremos y sobre lo que todo eso significa». Eichenbaum, E. L. y Orbach, S.: *¿Qué quieren las mujeres?*, Madrid, Talasa, 1995, p. 127.

placer y el peligro se inscriben hondamente en ella. La violencia, el abuso y el miedo al embarazo no deseado o a las enfermedades interfieren con el placer sexual y la libido. Si predomina el miedo, la mujer es capaz de desoír sus propios deseos e ignorar sus sensaciones, desvinculándose de sí misma.

Pensar en la autonomía de la mujer implica pensar en su sexualidad como cuerpo vivido que es. La sexualidad femenina está íntimamente entrelazada con la autonomía de las mujeres como sujetos sexuales, por eso tenemos que revisar nuestras vivencias en el cuerpo vivido que somos. Las mujeres no queremos ser libres para adoptar un modelo de sexualidad ajeno como propio, queremos ser libres para descubrir nuestra propia sexualidad. Si escuchamos nuestros cuerpos, estos cuerpos resurgirán con una nueva voz, con una expresión renovada. La autonomía de las mujeres no debería contentarse con el discurso a propósito de…, sino convertirse en una realidad vivida, realidad que se refuerza día a día en su continuada manifestación.

¿Y qué características tiene la sexualidad femenina? La mujer es más sensible al tacto, siente más cuando la acarician y la abrazan, y le da más importancia a estas sensaciones, les da más sentido que su compañero el hombre. Por regla general, la mujer toca y acaricia. Procura conocer al otro también a través del tacto, su estado emocional, sus sentimientos… La mujer deposita en la caricia su ternura, su apertura al otro y sus sentimientos; su caricia no tiene un afán predominantemente excitatorio. Todo el cuerpo-palabra de la mujer es muy sensible al tacto y cada mujer tiene sus preferencias particulares para ser acariciada. Desde luego, la sensibilidad erógena de la mujer no está sobre todo centrada en los genitales. El cuerpo entero de la mujer es una zona erógena[164].

La mujer no solo es más sensible para el tacto sino también para el olfato y el gusto, lo cual repercute en su sexualidad. Un olor que

---

[164]«Havelock Ellis decía en sus trabajos que las mujeres poseen un extraordinario erotismo cutáneo». Alberoni, Francesco: *El erotismo*, Barcelona, Gedisa, 1998, p. 10.

la repele puede frenarla en el acercamiento al otro[165]. También somos más sensibles a los contextos físicos del encuentro con el otro, al ambiente en general. Le damos más importancia a la luz, a la música, a las texturas de los tejidos que tocamos, a las palabras que escuchamos... La mujer es más auditiva que el hombre en su sexualidad[166]. Las palabras nos conmueven, nos encienden o no.

A las mujeres nos influyen más las emociones de los otros, somos más empáticas y más diestras en la sensibilidad interpersonal, lo cual no siempre es una ventaja, a veces nos hace sufrir demasiado. Las mujeres solemos creer que los hombres captan las mismas señales y perciben lo mismo que nosotras, y nos equivocamos. Esos equívocos provocan problemas comunicativos y repercuten en errores de interpretación. Los hombres no perciben la misma información que nosotras y, si no adivinan nuestras necesidades y deseos, no es porque no les interese o no nos quieran, sino porque su mundo sensorial es distinto al nuestro y sus interpretaciones o atribuciones de sentido a las cosas y a los hechos también lo son.

La sexualidad femenina no es tan coitocentrista como la masculina, aunque los coitos también nos gustan a las mujeres. Sin embargo, la capacidad de tener orgasmos tiene mucha importancia para la mujer. El orgasmo sigue siendo algo simbólico, es la gran demostración de su acceso al placer. Y, por supuesto, todas las mujeres, tengan la edad que tengan, pueden experimentar orgasmos. Merece la pena hacer caer los muros mentales que nos aprisionan

---

[165] «Las mujeres son más conscientes del olor que los hombres: los investigadores han descubierto que la disminución del nivel de estrógenos conlleva una menor precisión del sentido del olfato. A las mujeres les puede gustar el olor que emana el sudor fresco de su amante, ... pero el estereotipo de la masculinidad que identifica la suciedad con la virilidad puede causarles verdaderos problemas sexuales». Leroy, Margaret: *El placer femenino*, Barcelona, Paidós, 1996, pp. 324-325.

[166] «La mujer, por su parte, oye y escucha, bebe las palabras en la tónica cadencial de su sonido igualmente transido de una hondísima dimensión erótica. La mujer es más auditiva que el hombre. El hombre es más visual». Amezúa, Efigenio: *Amor, Sexo y Ternura*, Madrid, Adra, 1976.

y nos impiden disfrutar en nuestra sexuada y sexual piel en todas las etapas de nuestra vida, tengamos pareja o no[167].

De todas formas, la sexualidad va cambiando conforme evolucionamos con los años. En diversas etapas de la vida se connota con características propias. Pero la sexualidad es natural mientras el cuerpo-palabra mujer esté vivo. No existe una mujer asexual, es una invención ideológica. La sexualidad es inherente al hecho de vivir y constantemente modela, configura y crea vida, y no nos referimos solo a la reproducción humana, sino a la propiedad de alimentar la vida propia y la ajena a través de las relaciones con una misma y con los otros. La sexualidad femenina tiene esta característica muy desarrollada, es solidaria con el otro y generosa en su faceta de acoger y de dar.

Un cuerpo-palabra vivo transmite señales sexuales a otros, habla incluso en su aparente silencio. Si está lleno de energía y de vigor, si es deseante, despertará deseo en otros. También despertará deseo si es atractivo y joven, si se asemeja al ideal de belleza del momento, o si promete un patrón de actuación valorado en la sociedad o buscado por el otro. Los ideales de belleza van cambiando con el tiempo. Anteriormente se apreciaban las caderas anchas y mujeres con curvas, pechos abundantes y con algo de grasa corporal. Estas señales corporales prometían fertilidad y buena crianza, lo cual se apreciaba socialmente en la mujer. Ahora se valora la delgadez y los pechos grandes, una combinación difícil de lograr sin recurrir a la cirugía mamaria. Por eso, numerosas mujeres se someten a las intervenciones quirúrgicas para aproximarse al ideal de belleza en boga, para ser deseadas por los hombres. También son capaces de pasar hambre o quedarse sin el postre con tal

---

[167]«No obstante, el orgasmo ha sido un centro importantísimo de estos temas, porque constituye algo simbólico para las mujeres: la capacidad de tener el orgasmo cuando nosotras lo deseamos, de ser responsables de nuestra estimulación, representa poseer nuestros propios cuerpos, ser seres fuertes, libres y autónomos». Hite, Shere: *El informe Hite. Estudio de la sexualidad femenina*, Madrid, Suma de Letras, 2002, p. 357.

de no engordar. El cuerpo-palabra femenino es fetichizado en el empeño de atraer, de ser deseado por el otro.

El desprecio del cuerpo imperfecto, del cuerpo real que pierde su forma, lozanía y juventud corroe la autoestima sexual de la mujer. No en vano, en nuestras sociedades androcentristas, el cuerpo femenino ha sido al mismo tiempo objeto de deseo y de desprecio. Muchas mujeres sienten vergüenza al mostrarse desnudas en la intimidad. A algunas les resulta tan agobiante imaginarse desnudas frente a un hombre que inhiben su deseo y evitan las relaciones íntimas. El espejo no es el enemigo de la mujer, es ella la que percibe una imagen corporal distorsionada de sí misma. Así ha aprendido a mirarse en su proceso de socialización[168]. Resulta penoso que la desvalorización del propio cuerpo se convierta en un impedimento para el goce sexual femenino, porque ha costado mucho esfuerzo lograr que el goce femenino se reconozca como un valor en un encuentro sexual. Todavía hoy, en muchas sociedades, el goce femenino apenas se aprecia, relegando a la mujer a un papel de objeto sexual, necesario para que el hombre goce. Sin embargo, las mujeres —sujetos sexuales de igual valor que los hombres— tienen el mismo derecho al goce que sus compañeros masculinos. ¿Cabe todavía la duda al respecto? La mujer es sujeto sexuado y sexual, y no un objeto que permite a los hombres tener erecciones y eyaculaciones. Y, como tal sujeto sexual, es un sujeto deseante.

¿Qué deseamos las mujeres? ¿Que nos deseen por encima de todo nos cueste lo que nos cueste? ¿Las mujeres seguimos sacrificando nuestra autonomía con tal de ser deseadas y queridas? ¿Qué significa ser deseadas? ¿Se nos desea a nosotras mismas o a un fantasmal ideal que se nos atribuye por ser mujeres? Esos ideales no

---

[168] «Los investigadores B. Anderson y J. Legrand detectaron una estrecha relación entre deseo sexual e imagen corporal. Las mujeres que tenían una visión negativa de su cuerpo, que se creían poco atractivas, no sólo estaban menos interesadas en tener sexo sino que, además, se mostraban más inhibidas en sus actividades sexuales y sufrían más dificultades para excitarse y lograr el orgasmo». Politzer, Patricia y Weinstein, Eugenia: *Mujeres: la sexualidad oculta*, Barcelona, Grijalbo, 2005, p. 206.

son carnales, son imaginarios, e invaden los cuerpos reales de las mujeres. Y mientras las mujeres no dejemos de considerarnos como objetos sexuales y actuar como tales, seguiremos sufriendo el desprecio de los hombres y seguiremos viviendo como sujetos sexuales de segunda categoría. Desgraciadamente, es lo que hemos aprendido en el proceso de socialización en nuestras sociedades patriarcales. Quizás por eso algunas mujeres se exhiben orgullosas como propiedad de su pareja, incluso lo dejan escrito en la piel por medio de tatuajes o piercing. Las marcas en el cuerpo están de moda. No dejan de ser unos fetiches sexuales a menudo asociados a emociones de pertenencia a un otro[169].

Aunque para gran parte de las mujeres occidentales el tormento más frecuente no es el de hacerse marcajes sexuales sino el de la depilación. Las chicas, influidas por los medios de comunicación y por la publicidad interesada, creen que los chicos esperan y desean encontrar sus zonas genitales minuciosamente depiladas, y se someten con resignación a esa tortura periódica con tal de no ser rechazadas o insultadas por el otro.

Las mujeres deseamos con toda la intensidad de nuestro ser, instante a instante vivido. Sí, deseamos que se nos desee y se nos quiera, pero a nosotras mismas, respetándonos, reconociéndonos en el cuerpo-palabra que somos cada una, con su prosa y su verso creativos, con nuestra capacidad de crear mundos y hacer crecer. Por encima de todo deseamos vivir a gusto, en igualdad de dere-

---

[169] «En general, el objetivo de hacerse marcas sexuales es demostrar valor y que se pertenece a alguien. Es, en parte, una forma de exhibicionismo; el hecho, en sí, es un momento de gran intensidad sexual. Normalmente, una pareja visita el local de *piercing* o la consulta del médico. Uno observa mientras al otro le hacen la perforación o el tatuaje, es decir, mientras se somete a un procedimiento doloroso para demostrar "cuánto le quiere". La persona que se deja marcar o perforar, no sólo se somete al dolor para probar su amor y su lealtad durante la operación, sino que, a partir de entonces, debe ir al trabajo o a clase (a todas partes) con esa huella visible del otro, la marca, en ocasiones, de la condición implícita de "esclavo sexual". Una persona se exhibe de forma constante como propiedad de su pareja». Hite, Shere: *El orgasmo femenino*, Barcelona, Ediciones B, 2002, pp. 306-307.

chos y oportunidades, en igualdad valorativa... ¡Que nacer mujer no sea una desventaja social de partida![170] Las mujeres no queremos existir para dar cuerpo a las fantasías sexuales masculinas. Queremos ser sujetos sexuales de pleno derecho seamos bellas o feas, gordas o delgadas, jóvenes o viejas... Las mujeres queremos ser valoradas y queridas mostrándonos inteligentes, sabias, independientes, con autoridad, mujeres completas viviendo auténticamente nuestra narración vital, mujeres que dicen «sí» y «no» desde la condición de sujetos con todos los derechos a una vida digna. Y cuando las mujeres somos más completamente nosotras mismas, cuando somos más libres de ser nosotras mismas, disfrutamos más en nuestra narración vital y deseamos más en cada momento vivido.

Hasta el momento, el modelo de la sexualidad «normal» ha sido el masculino; el femenino simplemente no se ha descrito o se ha considerado como aberrante o inmaduro. Los hombres han definido la sexualidad, y sus necesidades y deseos se convirtieron en normas. Lo que no encajaba en esas normas era despreciado y calificado como «anómalo». Las mujeres aprendieron a desear lo que desean los hombres y se habituaron a realizar sus deseos como si fueran los suyos propios.

El deseo sexual femenino tiene un cierto carácter cíclico dependiente de la secreción hormonal femenina. Por lo general, el deseo y la capacidad de excitación aumentan alrededor de la ovulación y justo antes y durante la regla. Sin embargo, muchas mujeres evitan tener relaciones sexuales durante la menstruación por

---

[170] «Pero no tengo más remedio que reconocer que en el interior de muchas mujeres hay una "hambrienta". Sin embargo, más que hambrienta de poseer un cierto tamaño, una cierta forma o estatura o de encajar con un determinado estereotipo, las mujeres están hambrientas de recibir una consideración básica por parte de la cultura que las rodea. La "hambrienta" del interior está deseando ser tratada con respeto, ser aceptada y, por lo menos, ser acogida sin necesidad de que encaje en un estereotipo. Si existe realmente una mujer que está "pidiendo a gritos" salir, lo que pide a gritos es que terminen las irrespetuosas proyecciones de otras personas sobre su cuerpo, su rostro o su edad». Estés, Clarissa Pinkola: *Mujeres que corren con los lobos*, Madrid, Ediciones B, 2002, pp. 329-330.

múltiples motivos: incomodidad física, higiene, pudor, demasiada sensibilidad que a veces desemboca en dolor en vez de placer... La menstruación sigue siendo algo que las mujeres esconden, en cierto modo un tabú sexual, y por eso las mujeres pueden inhibir su deseo simplemente creyendo que no debe existir en ese momento[171].

La intensidad del deseo femenino es cambiante no solo de una mujer a otra sino también en cada mujer según las circunstancias existenciales en las que se encuentra, incluso de un día para otro o en el mismo día. Las variaciones del deseo pueden deberse a diversas causas: cambios hormonales, que se producen durante el ciclo menstrual, el embarazo, la lactancia, la menopausia...; el estrés, que generalmente interfiere con el deseo; razones psicológicas como la ansiedad, el miedo, la culpa, la mala imagen corporal, la tristeza..., relacionadas consigo misma, con su pareja o con otras personas importantes de su entorno; los afectos o las creencias sobre estos; el estado de salud y las dolencias físicas, como la sequedad vaginal, infecciones, hongos, alergias, desgarros...; los medicamentos como antidepresivos, anticonceptivos, antihistamínicos...

Muchas causas pueden interferir con el deseo y la capacidad de excitación, y no es de extrañar porque el deseo se vincula a la intencionalidad en el existir, a la apertura para relacionarnos con otros en cada instante vivido. A menudo, las mujeres ni siquiera reconocen por qué disminuye su deseo, ni quieren hablar sobre eso, ni se atreven a consultar con el médico o sexólogo. Sienten vergüenza, se culpan a sí mismas y muchas creen que es lo normal o que no es importante en su vida. Lo verdaderamente importante para ellas es que sus hijos y pareja estén bien, no que ellas deseen tener relaciones sexuales y orgasmos, eso les parece secundario.

---

[171] Politzer, Patricia y Weinstein, Eugenia: *Mujeres: la sexualidad oculta*, Barcelona, Grijalbo, 2005, p. 189. Por su parte, A. Montagu afirma: «En general, dondequiera que existan tabús sobre la menstruación, se considera a la mujer impura durante el período menstrual. Todas estas prohibiciones probablemente tengan origen similar: el temor a la sangre, especialmente a la sangre menstrual, que se pensaba contenía "humores malignos"». Montagu, Ashley: *Hombre, sexo y sociedad*, Madrid, Guadiana, 1969, p. 129.

Sea como sea, las pautas sexuales de nuestras vidas son más versátiles de lo que nos damos cuenta, y cambian continuamente[172]. En la edad fértil, pesa mucho la posibilidad de quedarse embarazada: algunas mujeres lo desean y lo buscan, y otras lo temen y lo evitan por todos los medios[173]. Si se desea el embarazo, la mujer buscará seguridad y comodidad para poder llevarlo a término y criar a su bebé. Generalmente, el riesgo y la fertilidad no se llevan bien, aunque los embarazos suponen riesgos existenciales para las mujeres. No hace tanto tiempo muchas mujeres morían por las complicaciones relacionadas con la gestación, parto y puerperio. Y no cabe ninguna duda que el embarazo, el parto y la lactancia repercuten en el deseo de la mujer y en su capacidad de excitación.

Las chicas jóvenes y no tan jóvenes que quieren ser amadas y valoradas se esfuerzan por complacer a sus parejas, ignorando frecuentemente cómo desean ellas que sean sus encuentros sexuales. Las mujeres maduras suelen tener más claro lo que les gusta y lo que no, pero no siempre lo cuentan a sus parejas o se esfuerzan en lograrlo en su realidad. A veces es una lucha que supera sus energías y su convicción; es más fácil seguir con lo establecido. Además, en nuestras sociedades se continúa asociando la actividad sexual con la edad fértil, de manera que se descalifica una vida sexual plena a edades tardías de la mujer, posteriores a la menopausia. Sin embargo, se considera normal que el hombre tenga una actividad sexual plena hasta edades avanzadas. Esa disparidad de consideraciones no parece justificable: tanto las mujeres como los hombres somos seres humanos sexuados y sexuales de igual valor. Debemos tener en cuenta que las creencias nos aportan significados, y estructuran nuestra existencia en relación engendrando nuestros actos.

---

[172] Crenshaw, Theresa L.: *La alquimia del amor y del deseo*, Barcelona, Grijalbo, 1997, p. 48.

[173] «Mientras tengan que estar pendientes de la contracepción a diario y vivir preocupadas por las píldoras, los condones y toda suerte de artilugios, y luego cada vez que esperan la regla, la conducta de las mujeres presentará indicios crecientes de irracionalidad». Greer, Germaine: *La mujer eunuco*, Barcelona, Kairós, 2004, p. 370.

Así que es lúcido afirmar que la mente influye de una manera rotunda en el sexo y que liberando nuestra mente de falsedades internalizadas en el proceso de socialización liberaremos nuestro cuerpo-palabra, que siempre es sexual, tengamos la edad que tengamos y, además, existe, vive siendo sexuado, es real y tiene cosas que decir. Las mujeres precisamos de un espacio de significación que no nos condene a un papel sexual secundario, a ser desvalorizadas como sujetos sexuados y sexuales. Nos va en ello nuestra libertad de *ser*.

En las sociedades patriarcales, incluso en las democráticas, sigue imperando la doble moral sexual. El sexo, en cuanto actividad, es descrito como impuro, pecaminoso y debilitante en la mujer y no en el hombre; el sentimiento de culpa recae predominantemente sobre la mujer. Además, en nuestras sociedades existe una fuerte tendencia a la cosificación de la mujer. La mujer, socializada en el patriarcado, aprende a consentir y a vivir en apariencia como normal el desempeño del papel de sujeto sexual de segundo orden, de sujeto hondamente subordinado o, incluso, de objeto sexual. Las mujeres que actúan en una relación sexual como objetos suelen experimentar una sorda angustia, porque perciben de manera inconsciente su aniquilación como sujeto y su fragmentación identitaria. La actuación como objeto sexual deja huella existencial en el cuerpo-palabra que son, tiene sus consecuencias. Las mujeres nunca deberían ser tratadas como mercancías sexuales. Las mujeres no somos cosas de usar y tirar; somos personas capaces de crear mundos, hacer crecer y modelar la vida en cada instante vivido.

Asimismo, las mujeres siguen siendo controladas por las leyes respecto al embarazo, anticoncepción, aborto y crianza. El colectivo masculino goza de mayor libertad sexual y su derecho al placer está más que reconocido. Por otra parte, todavía hoy, con demasiada frecuencia, la liberación femenina se equipara a conductas coincidentes con los supuestos «valores» masculinos de sexualidad, como desapego emocional, coitocentrismo, alta frecuencia de coitos, diversidad de compañeros sexuales, escasa responsabilidad con ellos, ausencia de compromiso, tendencia a reducir al otro a simple objeto sexual... Sin embargo, una vez más, las mujeres no queremos ser libres para adoptar el modelo masculino de sexualidad y de *amatoria*, sino para descubrir el nuestro y disfrutar con el sexo en calidad de sujeto sexual de pleno derecho[174].

En nuestras sociedades consumistas, el sexo se trivializa y se convierte en un producto de compra-venta o en un deber que es necesario cumplir y disfrutar. Pocos se resignan a no gozar con el sexo como actividad. Sin embargo, la actividad sexual no solo proporciona sensaciones placenteras sino que se vincula con una intencionalidad existencial y es la expresión de las energías creativas del cuerpo-palabra en relación con otros. La *amatoria* crea y destruye, transforma al sujeto existente en su apertura carnal al otro, modela la vida y crea mundos relacionales en los que ocurren cosas que trascienden el universo de entre-dos. Los actos sexuales nutren a los seres humanos con su «algo más», remueven su energía vital, profundamente creativa y trascendente, en torno a su esencia vital e intencionalidad de vivir.

No obstante, las mujeres suelen ser más reservadas que los hombres en cuanto al sexo como actividad y es porque están más serenas en sí mismas como cuerpos-existentes, se encuentran más en casa y completas como sujetos carnales existentes. No buscan tanto que los otros las vuelvan corpóreas en la caricia y que las despierten de su letargo existencial, son más autosuficientes tanto física como psicológicamente. Las mujeres no necesitan en igual medida que los hombres los coitos para sentirse vivas, intensamente carnales; ya lo están en cada caricia, en cada mirada llena de afecto[175]. Además, la mujer tiene en cuenta la posibilidad de

---

[174]«La única revolución sexual que me gusta es aquella que nos concede la igualdad de tiempo y libertad para no hacer lo que una no quiere hacer». Hite, Shere: *El informe Hite. Estudio de la sexualidad femenina*, Madrid, Suma de Letras, 2002, p. 513.

[175]«Las mujeres no tienen que solucionar ningún problema mediante el sexo. Tienen una serena autosuficiencia tanto física como psicológica. Si quieren, pueden escoger llegar a algo, pero no lo necesitan. No tienen unos cuerpos díscolos que las lancen más allá de sí mismas. Pero los hombres están desequilibrados. Tienen que buscar, perseguir, cortejar, tomar». Paglia, Camille: *Sexual personae*, Madrid, Valdemar, 2006, p. 51.

quedarse embarazada. El cuerpo-palabra que es es una potencial fuente donde se engendran y maduran los fetos.

Ya dijimos que para la mujer el sexo se asocia con el peligro. Los embarazos cuestan mucho y criar a los hijos hasta que sean autosuficientes todavía más. Después de ser madre, la vida de la mujer cambia para siempre. Ya nunca más podrá decidir solo por ella. Siempre tendrá que sopesar lo que les conviene a sus hijos. En cuanto a los abortos, son experiencias traumáticas para la mujer y, a menudo, la llevan a peligros serios, incluso pueden desembocar en muerte. Por todo lo dicho es primordial que la mujer aprenda a cuidarse y evitar excesivo sufrimiento. La vida, para bien o para mal, puede transformarse en un instante, y las malas decisiones con frecuencia te hacen cambiar de rumbo vital de forma drástica. La mujer tiene que valorarse y hacerse valer sin esperar que el otro sea bueno y justo con ella. Tiene que elegir bien a sus compañeros y no dejarse tratar mal. A veces las mujeres buscan la degradación de sí mismas y el autocastigo consintiendo que sus amantes abusen de ellas. Hay que estar atentas a nuestras propias elecciones. Las elecciones siempre encierran una intencionalidad existencial, consciente o no[176]. Cuando estamos mal anímicamente tenemos que ser aún más cuidadosas al decidir porque es fácil que no lo hagamos con lucidez.

Las mujeres que no se consideran merecedoras de amor y las que se menosprecian por ser imperfectas o por tener cuerpos «defectuosos» suelen mostrarse menos libres en sus relaciones sexuales; su autoestima sexual es baja. Pueden desconectarse de su propio cuerpo y ser unas autómatas ausentes de sí mismas. Incluso cuando se sienten excitadas, si sus creencias y expectativas son contrarias a lo que vivencian, pueden inhibir las sensaciones o ignorarlas mostrando frialdad o repugnancia. Si el precio que tienen que pagar por sentirse excitadas es demasiado elevado, si la experiencia les resulta muy perturbadora muchas mujeres decidirán

---

[176] «El autodesprecio es un factor importante en la ninfomanía, que suele ser autodegradación compulsiva». Greer, Germaine: *La mujer eunuco*, Barcelona, Kairós, 2004, p. 342.

evitarla inhibiendo su sexualidad. Al mismo tiempo, otras mujeres elegirán asemejarse cueste lo que cueste a los ideales de belleza femenina en boga; por medio de la cirugía estética, perfeccionarán sus senos o sus labios, o cualquier otra parte de su cuerpo, sin tener en cuenta que pueden perder la sensibilidad cutánea de la zona retocada[177]. El temor de perder a ese otro deseado y querido, añadido a la vergüenza de la desnudez corpórea y al sentimiento de culpabilidad se haga lo que se haga, conducen a las mujeres a ser complacientes con los deseos de los otros en sus encuentros sexuales, acallando los propios deseos y necesidades. No en vano, las mujeres hemos aprendido en nuestro proceso de socialización a ser valoradas por servir para satisfacer las necesidades de otros y por responder a sus expectativas. Nuestra opresión genérica se percibe más intensamente en el sexo como actividad, desembocando para muchas, todavía hoy, en esclavitud sexual, consciente o no.

La verdad es que nuestro orden social patriarcal está tan eficazmente estructurado para perpetuarse que empuja a las mujeres a no definirse como personas completas y libres en el intercambio sexual, las sitúa de manera «natural» en su papel de secundarias y subordinadas, en vergonzosas y culpables que no se atreven a ser del todo. Así, las cosas siguen su inercia. Las mujeres continuamos temiendo manifestar nuestra propia sexualidad y *amatoria*, y es que tampoco sabemos claramente cómo es. ¿Qué nos gusta a las mujeres en nuestros encuentros amatorios?

A las mujeres nos gusta la armonía, un entorno agradable, la música, la belleza del trato... Nos gusta tocar y ser tocadas, escuchar y ser escuchadas, oler... Y, por encima de todo, a las mujeres nos gusta sentirnos amadas y deseadas como únicas e irreemplazables. Para muchas mujeres ese tipo de caricias es más excitante

---

[177] «La mujer que daña su propio cuerpo y renuncia a ciertos placeres sexuales con objeto de agradar a los hombres que se cruzan en su camino, representa otro sorprendente ejemplo de la subordinación del placer femenino al placer masculino. Ese objeto sexual perfecto que ya no puede disfrutar del sexo o que ha limitado su capacidad de experimentar placer sexual es una de las más sorprendentes encarnaciones de la inhibición de la sexualidad femenina». Leroy, Margaret: *El placer femenino*, Barcelona, Paidós, 1996, p. 302.

que los toques más expertos en puntos corpóreos de máxima sensibilidad. Los significados afectivos de los actos aportan mayor valor a estos. A las mujeres nos gusta que nos acaricien por todas partes porque para nosotras las caricias significan afecto, amor, deseo, reconocimiento, intimidad... No nos centramos tanto en los genitales como los hombres y, sobre todo, no tenemos prisa. Nos gustan los abrazos, los besos, la cercanía carnal...[178]

Es bueno que tanto las mujeres como los hombres entendamos que atribuir un sentido diferente a un comportamiento determinado aleja a los dos sexos en su relación. Si ambos sexos considerasen que las caricias nos nutren literalmente, que nos alimentan con energía vital y nos posicionan como sujetos carnales de infinita hondura, quizás entonces les daríamos la importancia que tienen y no pensaríamos que las caricias solo son «preliminares» amatorios, necesarios para la excitación, la lubricación de la mujer y el orgasmo. Puede que entonces los hombres y las mujeres nos acariciaríamos más y con mayor frecuencia, sin pretender indispensablemente llegar al coito. Creo que todos ganaríamos en bienestar, en salud y en riqueza existencial en relación con otros. Al acariciar diríamos sin palabras más y percibiríamos: «Tú me importas. Te reconozco. Te acepto. Estoy aquí, a tu lado. Quiero estar aquí, a tu lado». ¡Qué poderosos son estos mensajes! Nos reconfortan en la hondura carnal. Las caricias nos vinculan profundamente a otros.

El encuentro sexual, con coito o sin él, es una experiencia relacional con el otro muy intensa, nos modela carnalmente. El cuerpo resurge en la caricia, los besos lo reavivan, las miradas susurran esperanzas... El cuerpo-palabra se abre al otro y dice cosas. Durante los actos sexuales el individuo experimenta los mayores estímulos

---

[178] «Al parecer, eróticamente las mujeres son también mucho más sensibles que los hombres al ritmo, a la música, a los sonidos. En general, el erotismo masculino es más visual, más genital. El femenino, más táctil, muscular y auditivo, más ligado a los olores, la piel y el contacto». Alberoni, Francesco: *El erotismo*, Barcelona, Gedisa, 1998, p. 10. Por su parte, Ashley Montagu afirma: «Es de interés indicar que las mismas yemas de los dedos son erógenas. La estimulación recíproca de las yemas entre dos personas que se atraen sexualmente puede ser bastante excitante». Montagu, Ashley: *El tacto*, Barcelona, Paidós, 2004, p. 233.

cutáneos con la participación activa de la piel, los labios, la lengua, la boca... Además vivencia muchas otras sensaciones y emociones en su interior. Su energía vital se expande haya o no haya penetración.

A las mujeres también nos gustan los coitos con penetración, pero no les damos tanta importancia como los hombres, porque para nosotras no tienen significado identitario: la capacidad coital no se vincula con la identidad sexual femenina. Sin embargo, en nuestras sociedades androcentristas los actos sexuales se equiparan prácticamente a los coitos, despreciando las demás maneras de estar muy juntos y en intimidad entre dos. El coito heterosexual continúa siendo la experiencia cumbre en el encuentro sexual. Las mujeres aprendemos que el coito *debe* realizarse, que el hombre *debe* tener su orgasmo, que cuando se empieza se tiene que llegar hasta el final, es decir, al orgasmo del hombre. La mujer *debe* cumplir su compromiso no escrito. No firmamos ningún contrato, pero el contrato sexual tácito entre los sexos existe y todos o casi todos lo conocemos. También los expertos lo dicen una y otra vez: Los coitos son lo deseable y la experiencia que más placer carnal aporta al individuo. Son buenos y saludables. Nadie lo duda[179].

---

[179] «Para reforzarnos en estas ideas sobre lo que es el sexo y, especialmente, que el coito heterosexual es el punto cumbre en todos los casos, tenemos toda clase de personas —desde médicos hasta clérigos, hasta expertos sexuales adiestrados en escribir libros y revistas femeninas, hasta nuestros propios amantes masculinos— que nos instruyen sobre lo que es el sexo, y en las maneras apropiadas de practicarlo. Pero, ¿cómo puede existir una manera "apropiada" de tocar a otro ser humano? Los manuales sexuales nos dicen con precisión mecánica dónde tocar, cómo tocar, cuándo *orgasmar*, que es Malo no *Orgasmar*, y un largo etcétera. Pero, especialmente, aprendemos que, sin importar todo lo demás, el coito y el orgasmo del varón *deben* realizarse. ... es importante recalcar aquí, que, si bien los manuales sexuales pueden ser útiles, somos *nosotras* quienes sabemos lo que queremos en cualquier momento determinado, y nosotras las que podemos crear sexo bajo cualquier imagen que queramos. No es necesario seguir ninguna pauta mecánica para intimar con otro ser humano». Hite, Shere: *El informe Hite. Estudio de la sexualidad femenina*, Madrid, Suma de Letras, 2002, p. 485.

La mujer puede disfrutar en su actuación y es lo deseable, pero sabe cual es el orden establecido de las cosas. En las sociedades democráticas sí se busca la satisfacción sexual de la mujer, porque las mujeres no estamos tan oprimidas como en los patriarcados más duros, donde ni se pretende el goce sexual femenino e, incluso, se evita, no vaya a ser que le guste a la mujer y la conduzca a la infidelidad o al desenfreno... No obstante, también en las sociedades democráticas quedan muchas cosas por cambiar, muchas dudas por clarificar y actitudes por transformar para relacionarnos mejor. Las mujeres tenemos que responsabilizarnos de nuestro propio placer, y para esto debemos conocer nuestro cuerpo-palabra, ir descubriendo y comprendiendo sus deseos y gestos, sus palabras y sus silencios, sus gustos en la *amatoria*... Es importante que seamos conscientes en el hacer, que nos familiaricemos con nuestro potencial carnal para que cada una de nosotras pueda definirse a sí misma como persona sexual que es y pueda decidir con propiedad, sin esperar que otros elijan bien por una misma. No olvidemos que nuestros actos nos van haciendo a nosotras, nos van modelando o no como sujetos existentes sexuales.

Las mujeres debemos preguntarnos cómo nos gustaría que fueran nuestras relaciones sexuales y hablar de ello claro con nuestras parejas, aunque sea difícil[180]. Y si no lo entienden, repetirlo tantas veces como sea necesario. El silencio, confiando que el otro descifre lo que sentimos y pensamos, no nos ayuda[181]. Entre dos debe haber una comunicación eficaz porque los significados que manejamos ambos sexos no siempre coinciden. Además, cada sujeto existente tiene su propio mundo de significaciones y a menudo resulta complicado darse cuenta de que el de la otra persona es diferente. Con frecuencia, los desencuentros entre dos surgen precisamente de la disparidad de los significados vivenciales de cada uno en una experiencia común a ambos.

---

[180]De Béjar, Sylvia: *Tu sexo es tuyo*, Barcelona, Plaza & Janés, 2001, p. 30.

[181]«El silencio nos perjudica. Callar y esperar, eso es lo que hemos hecho siempre y no nos ha servido de mucho». De Béjar, Sylvia: ob. cit. p. 49.

Las mujeres debemos decidir de una vez por todas no seguir un modelo relacional que niega lo que somos en realidad. Ha llegado el momento de que reclamemos nuestros cuerpos para nuestro placer y comencemos a actuar con la intención de ser sujetos en nuestro desempeño y goce sexual. Cuanto más decididas estemos a vivir como sujetos sexuales de igual valor que los hombres, mayor capacidad tendremos de entregarnos libremente en los encuentros sexuales y llegar a disfrutar en ellos hasta alcanzar el orgasmo. Cada mujer puede llegar a «orgasmar», como dice Shere Hite, y muchas son capaces de sentir varios orgasmos seguidos cuando están muy excitadas. Las mujeres multiorgásmicas son relativamente frecuentes.

La mujer puede alcanzar el orgasmo en el coito o fuera de él, con la masturbación o sin ella. Algunas mujeres llegan al orgasmo en situaciones muy placenteras: comiendo, tocando una tela, viendo una bella imagen, leyendo... El orgasmo tiene mucha importancia para la mujer, no en vano continúa siendo el potente símbolo del placer humano. Alcanzar el orgasmo es sinónimo de tener acceso a la cumbre del goce, vivir y estar bien sexualmente.

Durante mucho tiempo se ha hablado del orgasmo femenino diferenciándolo en vaginal y clitoridiano. Creo que es absurdo y pernicioso hablar del orgasmo «vaginal» calificándolo como «adulto» o «maduro» y del «clitoridiano» como lo contrario. Los orgasmos femeninos no se producen en un punto limitado del cuerpo-palabra que es la mujer, ni siquiera se originan en esas partes aisladas de la anatomía femenina. La vagina y el clítoris están conectados internamente por músculos, plexos venosos e inervación. Cuando nos excitamos, toda la zona genital se congestiona y aumenta de tamaño. La vulva se hincha y las redes venosas clitóricas y vaginales también se inundan de sangre. Los músculos cercanos se contraen rítmicamente, haciendo que la vagina se contraiga a su vez. Es interesante señalar que ninguna parte de la vagina en sí misma produce las contracciones orgásmicas. Son los músculos extravaginales, músculos que rodean los plexos venosos adyacentes los que causan los movimientos vaginales. La vagina, una estructura membranosa como vimos anteriormente, es impulsada hacia dentro y hacia fuera por las contracciones de dichos músculos. Unas estructuras tiran de otras, tensándolas y haciendo que cambien de inclinación. Las glándulas secretoras expulsan un líquido mucoso transparente, que lubrica la vagina y la zona perineal. Su cantidad puede ser tan considerable como para recordar la eyaculación masculina. Se trata de algo normal. La lubricación vaginal es muy importante para que la mujer disfrute en el encuentro sexual, porque la sequedad es causante de muchos problemas en el coito, de dolor, lesiones, infecciones... Es bueno que la mujer que sufre de sequedad vaginal consulte con un especialista ya que este problema se puede solucionar. Actualmente existen en el mercado muchas cremas y lubricantes que ayudan a paliar la sequedad vaginal.

Asimismo, en el encuentro sexual se secretan una serie de hormonas, como la oxitocina, que aumenta en la sangre de las mujeres en el momento del orgasmo, provocando las contracciones uterinas. La oxitocina nos induce a tocar y desear ser tocadas, y nos hace olvidarnos de todo en la caricia y en el abrazo carnal. También otras hormonas se disparan durante el orgasmo afectando todo el cuerpo-palabra de la mujer[182]. Los orgasmos femeninos son experiencias de intenso placer, y se sienten en la persona sexual completa que es la mujer, afectan y conmueven todo su organismo vivo.

Una vez aclarada esta cuestión, ¿qué duda cabe que el clítoris es un órgano sexual femenino importantísimo —la «joya preciosa»— para que la mujer llegue al orgasmo? El clítoris, como ya dijimos, está repleto de terminaciones nerviosas sensitivas, que también se encuentran profusamente en la vulva y el periné. Sin embargo, durante un largo tiempo el clítoris fue ignorado mutándolo

---

[182] «Durante el proceso de excitación y de orgasmo sube el nivel de oxitocina. La presencia de la DHEA (dehidroepiandrosterona) aumenta en el cerebro y, tal vez, en otras partes estratégicas del cuerpo. La PEA (feniletilamina) se filtra por doquier, produciendo nerviosidad y una especie de dulzura. La testosterona a veces aumenta y otras no». Crenshaw, Theresa L.: *La alquimia del amor y del deseo*, Barcelona, Grijalbo, 1997, p. 42.

en inexistente. En nuestra cultura occidental, se ha desanimado la estimulación del clítoris durante el coito y, más aún, fuera de él. Quizás, esto se deba a que la estimulación del clítoris casi siempre lleva a la mujer al orgasmo, y eso es algo que no interesa en el orden patriarcal. No obstante, hay que tener en cuenta que las caricias demasiado fuertes o insistentes del clítoris pueden causar dolor. Generalmente las mujeres prefieren caricias suaves, que son las que aumentan la tumescencia del órgano y las llevan al orgasmo. Por eso a muchas mujeres les gusta la estimulación del clítoris con la lengua —el *cunnilingus*—, aunque no a todas[183]. Para algunas es inasumible y conviene que las mujeres y los hombres aprendamos a hablar en y de la intimidad sobre los temas que nos atañan. Nos evitaría muchos malentendidos. La zona del periné continúa teniendo un halo de misterio y de tabú, lo cual induce a unos a evitarla como peligrosa en el encuentro sexual y a otros a concentrarse sobre todo en ella. Una vez más, cabe insistir que cada mujer es diferente y sus preferencias también. No es obligatorio que nos guste algo que supuestamente debe gustar. Nadie sabe cuál es el toque perfecto para cada mujer; eso se va averiguando al relacionarse y experimentar con respeto.

Las estructuras anatómicas genitales son comunes a todas las mujeres, sin embargo su tamaño, forma, emplazamiento, textura y otros factores son particulares de cada mujer. Es bueno saber eso y no pretender una supuesta normalidad, que ni siquiera está claramente definida. No obstante, es dudoso que esas particularidades anatómicas sean un factor decisivo para alcanzar el orgasmo; pesan más la actitud de la mujer, las falsedades aprendidas respecto al coito y las irreales expectativas. Por eso es importante que la mujer tenga una información sexual veraz, que sepa lo que le gusta y lo que no, que lo comunique a su pareja y que se respon-

---

[183] «Un motivo por el cual las mujeres gustan tanto del *cunnilingus* era que sentían que si alguno o alguna quería colocar allí su boca, esto tenía un gran significado. Implicaba una clase especial de aceptación». Hite, Shere: *El informe Hite. Estudio de la sexualidad femenina*, Madrid, Suma de Letras, 2002, p. 418.

sabilice ella de su placer[184]. Durante el coito, los movimientos del pene en la vagina por sí solos a menudo no llevan al orgasmo a la mujer y se precisa otro tipo de estimulación. Quizás, la estimulación del clítoris sea la más eficaz, pero no se deben olvidar otras zonas del cuerpo como los pechos, las orejas, los labios, la boca, toda la piel, el periné...[185] Ahora bien, conviene saber que el simple gesto de colocar la mano propia o de la pareja, o los dedos sobre el clítoris durante el coito proporciona, gracias a los movimientos de la pelvis, una estimulación rítmica del órgano que lleva a la mujer fácilmente al orgasmo. Y no es hacer trampa, es saber excitarse mejor y disfrutar más durante el coito, es ser responsables de nuestra estimulación, lo cual se entrelaza con ser dueñas de nosotras mismas, más libres y fuertes. El recurso está a disposición de todas, solo queda por decidir si una lo quiere utilizar o no.

---

[184] «En suma, podría quizás afirmarse que las dos razones de que las mujeres no tengan orgasmo durante el coito son: se les da información falsa; se les dice, concretamente, que los movimientos del pene en la vagina producirán el orgasmo; se las intimida para que no exploren y toquen sus cuerpos —se les dice que la masturbación es mala y que no deben comportarse "agresivamente" durante la relación sexual con el hombre. No controlan su propia estimulación». Shere Hite: ob.cit., p. 357.

[185] «Cada una de nosotras debe, pues, descubrir sus zonas erógenas favoritas y cómo prefiere estimularse: con las manos, la boca, los labios u otra parte de nuestro cuerpo o el de nuestra pareja. Asimismo, debemos decidir lo que más nos gustan: las caricias suaves, las presiones más o menos fuertes, los mordiscos, los pellizcos, las succiones... Y tampoco nos privemos de otras posibilidades de estimulación: ¿qué tal usar plumas, pieles, tejidos de diferentes materiales, pinceles de todos los grosores, geles que dan frío o calor, agua a diferentes temperaturas o cubitos de hielo, por poner unos ejemplos? Usa la imaginación. Una advertencia: casi a todas las mujeres les gusta que les toquen los pechos (lo que, por cierto, no tiene nada que ver con sus dimensiones), incluso ya hemos dicho que existe un pequeño porcentaje capaz de alcanzar el orgasmo. Pero es erróneo pensar que a todas les *calienta* por igual: a algunas les molesta (sobre todo, durante el período) y a muchas no les basta para tener ganas de algo más o sólo les apetece cuando ya están muy excitadas. Sucede algo parecido con los lóbulos de las orejas y los dedos, hay quien odia que siquiera se los rocen. Es cuestión de probar. Siento repetirme con la necesidad de *experimentar*, pero es lo que hay: no existen reglas fijas, cada una tiene que decidir lo que le gusta». De Béjar, Sylvia: *Tu sexo es tuyo*, Barcelona, Plaza & Janés, 2001, pp. 137-138.

También es muy conveniente trabajar para fortalecer nuestra musculatura pubococcígea. De nosotras depende seguir ignorándola o no. Aunque en nuestra cultura occidental el suelo pélvico se ignore, su buen estado de tonicidad es crucial para evitar problemas de incontinencia y prolapsos en la mujer, prolapsos que a menudo requieren cirugía, que daña los tejidos. Unos pocos minutos diarios de ejercicios para fortalecer el músculo pubococcígeo serían suficientes. Eso sí, debemos ser constantes y comprometernos en serio a hacerlo a diario; deberíamos convertirlo en un hábito muy saludable, imprescindible para la mujer. Todo lo que se diga a favor de fortalecer el músculo pubococcígeo es poco y es asombroso que las mujeres no lo tengamos internalizado como un sencillo modo de autocuidado, indispensable en la edad adulta, más después de los embarazos.

Por si lo que acabamos de decir no fuera ya suficiente, es conveniente que las mujeres sepan que las sensaciones vaginales están muy relacionadas con el buen estado de la musculatura del suelo pélvico. Con un músculo pubococcígeo fuerte se disfruta más durante el coito, se siente más el pene dentro de la vagina y si se hace contraer entonces el músculo, la vagina abraza al pene, y se incrementa la excitación de ambos sujetos sexuales, que se sienten más juntos, y se llega más fácilmente al orgasmo. Tampoco esto es ningún truco sexual ni trampa seductora: es solo conocimiento para disponer mejor de lo que uno es, de la propia capacidad carnal como sujeto sexuado y sexual activo. Parece mentira que los humanos continuemos con la ignorancia y oscurantismo en los asuntos que nos atañen e importan como cuerpos-palabra existentes que somos. Sin duda se debe a la mala educación que se nos da para vivir en verdad, bondad y belleza.

Cada mujer tiene que conocer lo que la excita, aunque las preferencias personales cambian a lo largo de la vida y pueden ser ineficaces en algunas circunstancias. El estrés y el cansancio no suelen favorecer la actividad sexual. Asimismo, lo que nos gusta puede variar con las parejas, porque el toque de cada persona es particular y la historia que se vive con ese otro es diferente, única e irrepetible. Entre los humanos, la estimulación mecánica sin apenas sentimientos de por medio a menudo se queda pobre y no aporta grandes significados personales, que nos fortalecen y nos nutren al sentirnos aceptados y queridos. Cuando tocamos no solo tocamos, nos comunicamos sin palabras dichas, nos sentimos, incluso tocamos el tocar, es decir, creemos conocer lo que el otro siente por uno, lo que el otro es y lo que nosotras sentimos por el otro. Las caricias nos moldean, crean versos con palabras carnales, van vinculándonos en la intimidad. La intimidad entre dos se va labrando en un tiempo compartido. El proceso de lograr ese estar juntos a gusto puede tener sus momentos difíciles, pero merece la pena comprometerse en ello. La intimidad entre dos es profundamente humana y nos trasciende.

Cada vez que una persona consiga estar a gusto, vivir con alegría en su piel, eso se escribe en sus actos y es un regalo al universo, porque esa persona no tenderá a destruir sino a crear y a cuidar; su alegría y amor a la vida la sobrepasan sin que lo pretenda conscientemente. Los cuerpos-palabra que somos creamos en cada instante, en cada caricia, en cada encuentro o desencuentro, influimos unos en otros. Ya es hora de que las mujeres lo hagamos con el claro propósito de ser sujetos existentes de pleno derecho a *ser* y a decir nuestras propias palabras; ¡creemos en hermosura! ¡Un mundo mejor es posible!

Susurros al viento

Cuerpo-palabra mujer

1. El existente corpóreo mujer

El existente corpóreo mujer: cuerpo-palabra mujer que vive su tiempo y teje su particular historia. Conciencia hecha carne sexuada y sexual en femenino. Existencia carnal viva que se transforma en el continuado transcurrir de su tiempo. Nace en el conocimiento de sí misma y de lo que la rodea. Va muriendo en el infinito parpadeo existencial.

Nuestro tiempo vivido: vibrante dinamismo de constante transformación carnal, un sostenido cambio de vida que somos, una sucesión de nacimientos. Camino abierto en el proceso de llegar a *ser* nosotras mismas. El camino se hace al andar. ¡Vuela!

Cuerpo-palabra mujer: unidad existente. Cuerpo-mente-espíritu profundamente unificado. Conciencia encarnada. Vivo misterio. Secreto insondable. Infinita hondura carnal.

El cuerpo femenino: fuerza creadora de vida sin igual. Potencialidad. Realidad. Ocupaciones. Obras. Creaciones. Sagrado misterio que somos.

Cada una de las mujeres es única y singular, irrepetible en su asombrosa concreción carnal de vida. La existencia individuada es lo más privado que hay, no es comunicable, no es transferible. Soledad indisoluble del sujeto existente mujer.

La experiencia de ser una mujer concreta en una sociedad patriarcal: dificultad para autosignificarse por falta de palabras que aporten significados y describan el mundo femenino sin distorsionarlo. Aislamiento o cierta marginalidad en un mundo centrado en los hombres y nombrado por ellos. Papel de secundaria en él. Consciencia en el vivir. ¡Abre los ojos!

Mujer: cuerpo real con voz propia, cuerpo vivido, sexuado y sexual. Naturaleza socializada y culturizada. La Naturaleza no define a la mujer.

Naturaleza: el cuerpo sexuado y sexual que da vida. Potencia creadora, vitalidad sin igual. Realización. Sujeción, incluso tiranía en el sorprendente encuentro con el devenir de los tiempos. Mes a mes, menstruación a menstruación, más allá de la libre elección el peso de la naturaleza se deja sentir más en el sexo femenino.

El embarazo, el parto y la crianza consumen tiempo, energía, fuerzas y salud. Nuevas relaciones. Transformación del mundo. Difícil independencia. Vínculo sagrado con los hijos, imposible de explicar en palabras. Cambio de prioridades.

El cuerpo femenino: mar de células, transformaciones rítmicas, flujo y reflujo, mes lunar. Cíclicamente, en su etapa fértil, la mujer retiene agua, se vuelve mar, se vuelve cuna, se torna un posible comienzo. Cambios cíclicos, mes a mes, en el esperanzado susurrar de los tiempos. Difícil expresión en palabras dichas.

La mujer sabia. Conexiones especiales con la Tierra, con la Naturaleza, con lo sagrado y secreto… Trasciende lo racional desde la noche de los tiempos. Vivir al margen del sistema patriarcal. El ocultamiento. Soledad. En casa en sí misma.

Mujer en comunión con lo que la rodea, con la totalidad. La noción de armonía: una de las claves en el universo femenino. La mujer hace nacer Vida no solo en ella sino en sus creaciones, en sus acciones, en sus encuentros emocionales con otros. Placer en las pequeñas cosas del día a día. Caricias del alma de otros.

Error femenino: sacrificio de su vida profunda por agradar a otros, traición a sí misma, olvido de sí.

Cuando una mujer decide ser ella misma y nada más se vuelve más vital, más libre, más fuerte y enérgica. ¡Y ya puede llover! Lo femenino es bello, es bueno y es verdadero en sí, en su sagrado secreto.

Descubrimiento del ser en vez del hacer: sagrada tarea de la mujer. La interioridad es la posibilidad misma de un nacimiento, cuya significación es biográfica. La comprensión y el conocimiento son creación. Es el «algo más» que incorporamos a lo que somos, nos transforma, nos crea, cambia nuestra visión de las cosas.

Es hora de valorar y honrar el cuerpo existente que somos, pues es nuestra verdad básica, nuestra casa, nuestra Tierra. Las mujeres nunca deberíamos de estar en contra del cuerpo que somos. Tenemos que aprender a honrarnos, a querernos seamos gordas o flacas, altas o bajas, guapas o feas, jóvenes o viejas... El cuerpo que somos no es nuestro enemigo, es nuestra fortaleza, es el principio en el cual todo nace.

En nuestra socialización en un orden patriarcal, todos hemos aprendido a avergonzarnos de lo femenino. La mujer se habitúa a ignorar y a rechazar en parte lo que es. El sentido del propio yo, de nuestra valía independiente se daña hondamente, nuestra autoestima sufre.

Mujer: cuerpo para otros en una sociedad patriarcal. Legislación. Política. El poder opera sobre el cuerpo femenino sometiéndolo, utilizándolo, tornándolo productivo. El cuerpo de la mujer como fuerza útil para el mantenimiento de la sociedad, un medio para otros, no un fin en sí mismo, único e irrepetible: un insondable tesoro capaz de transformar la realidad.

Las mujeres tenemos que ser conscientes de que la opresión más básica sobre nosotras se ejerce a través de nuestra relación con el propio cuerpo. Es donde se juega nuestra autonomía como sujeto mujer. ¿De quién es el cuerpo de la mujer? ¿Las instituciones y las leyes preservan la autonomía de la mujer o, por el contrario, la dificultan? Para ser sujetos es imprescindible apropiarnos de nuestros cuerpos. Lo personal sigue siendo político y viceversa.

Las «verdades» interiorizadas por las mujeres en el proceso de su socialización en un orden patriarcal hacen nacer expectativas, actitudes, significados de la propia existencia, formas de vivir el tiempo...; intervienen en la creación de una misma, porque lo que hacemos y creamos, a su vez, nos hace y nos crea.

El ámbito psicológico de la subjetividad es donde se juega la verdadera autonomía e independencia del sujeto mujer, es donde todo nace y todo muere. Cada interpretación o atribución de sentido crea su propia realidad llena de sentido.

En cierto modo ignoramos qué es ser mujer, qué somos, pero ciegas o no, creamos. ¡Adueñémonos de la duda! ¡Cuestionemos las «verdades»! ¡Demos vida a los significados mediadores de la existencia libre de las mujeres!

La diferencia masculino/femenino, la diferencia sexual produce muchas otras diferencias, que, en el fondo, tratan de disfrazar una indiferencia sexual efectiva.

Dos sexos: equivalentes y hermosos en sus peculiaridades específicas. Un sexo subordinado al otro desde la sinrazón. Un sexo atrofiado en su infinita profundidad humana. Lo femenino definido partiendo de un prototipo masculino. Ignorancia. Falacia. Engaño. Imagen de la mujer, coherente con el orden establecido y útil para perpetuarlo.

Educando en «verdades»: el ideal del carácter femenino es el contrario al del hombre. ¡Mentira! Las mujeres son dulces, complacientes, buenas chicas, comedidas, amorosas, comprensivas, obedientes, abnegadas, frágiles, incluso débiles, temerosas, faltas de iniciativa e indefensas... ¡Mentiras y más mentiras! Se prepara a las mujeres para ser buenas subordinadas, para ser secundarias en un orden patriarcal, para servir bien...

Lo más eficaz para subordinar a la mujer: lograr que internalice una imagen ideal de lo que es ser mujer que la condene a la represión de sí misma. Engendra sueños diferentes, iconos de felicidad, deseos... que encauzarán sus acciones en la dirección prevista. Las relaciones objetivas de poder se inscriben en las relaciones simbólicas.

Definir es crear, es hacer historia. Definir es decidir, es la forma máxima de la voluntad. Definiendo a la mujer se la ubica en una realidad en la que se la califica como normal, apropiada, verdadera. La definición como prescripción normativa, como profecía autocumplidora. Realidad inventada. ¡Abramos los ojos! ¡Reflexionemos cuestionando lo dado! ¡Rebelémonos! Ser consecuentes con nuevas definiciones en nuestras elecciones y acciones. ¡Coraje!

«Feminidad»: complacencia respecto al papel social y sexual de la mujer en un orden patriarcal. Hábito de depender de los demás para sentirse a gusto consigo misma. La dependencia se convierte en constitutiva de la mujer. Aprendizaje de la sumisión «natural».

La mujer sonríe, es amable, es comprensiva con las faltas e injusticias de los otros hacia ella. Así contribuye a fortalecer a los que la tratan mal y desprecian. Mujeres secundarias en su propia narración existente. ¿Para qué se educa a alguien a quien se le va a hacer de menos a ser amable con los que lo hacen? Perdición.

Las virtudes del «eterno femenino»: docilidad, amabilidad, gracia, modestia, pureza, delicadeza, discreción, castidad, cortesía… Sumisión angelical o afirmación monstruosa en la rebelión. La libertad humana puede ser redescubierta en medio de aquello que se impone al sujeto existente. ¡Vuela! Todas las mujeres tenemos la capacidad de modificación de sí. ¡Crea!

Rebelión. Culpabilidad por defraudar. Mujeres «malas», «egoístas». Angustia. Castigo. Resistir y perseverar.

Eterna hambre femenina: recibir consideración por parte de otros, que nos traten con respeto, que nos traten bien.

Faltas de respeto. Rabia. Enfado. Defensa. Mala conciencia. Renuncia. Palabras no dichas. Frustración. Despertar de las conciencias.

Lo Masculino y lo Femenino: cualidades que pertenecen tanto a los hombres como a las mujeres; son fuerzas arquetípicas. Construcciones relacionales que forman parte de un complejo conceptual. Construcciones reactivas: cuando cambia una también cambia la otra.

La mujer no solo nace como tal, sino que se hace mujer en continuada relación con otros, en sus encuentros y desencuentros con ellos. Las mujeres somos personas reales, no estereotipos andantes. Una persona real no se agota en su definición como mujer.

Aspectos de lo Femenino: apertura, receptividad, suavidad, sensibilidad, flexibilidad, amabilidad, calidez, humedad, capacidad de nutrir, solidez, intuición, amor… También los aspectos de la mujer indómita, libre y salvaje, un espíritu de la naturaleza, independiente.

La mujer: agua, tierra, carne soñadora de nuevas vidas, luna, maga... Es niña y hechicera, una Afrodita seductora con gran poder erótico, una huidiza e indomable zíngara, una salvaje independiente que corre con los lobos, una paciente sanadora...

¿Qué valoran las mujeres?: amor, afecto, relaciones humanas auténticas, vida, contacto con la naturaleza, seguridad, armonía, buen trato, libertad de decidir, poder decir, visibilidad...

Lo femenino celebra la diversidad, la individualidad, la creatividad, los colores, formas, sonidos, texturas, palabras...

Programadas cultural y biológicamente para cuidar, consolar, ayudar, animar, sostener a los demás y amar. Integrar lo Masculino en la totalidad existente que somos.

Mujeres tejedoras de telares, de seres, vidas, narraciones, historias... Paso a paso disfrutamos en el proceso de creación. Estar presentes en el aquí y ahora. Mil recuerdos en cada instante. Viajando por el tiempo vivido. La mujer intuye, sueña, imagina..., vive lo existente, y a partir de la experiencia vivida construye el todo. Difícil transcribirlo en palabras. Difícil comunicarlo.

Mudez. Extrañeza. Defecto. Torpeza. Indeterminación. Vergüenza. Falta de palabras. Verso mudo que no acaba de encontrar su rima con los vocablos de los cuales dispone. La mujer: el otro que no es.

Comprender con el cuerpo existente. La experiencia vivida frente a lo abstracto racional. El cuerpo: vivo recordatorio de lo aprendido en el espacio social. Papeles. Cometidos. Tareas... Performación en una continuidad repetitiva. Lo social y lo cultural se hace poco a poco carnal.

Lo esencial del aprendizaje de la feminidad y de la masculinidad inscribe la diferencia entre los sexos en los cuerpos existentes, que lo reafirman y lo confirman en todo instante vivido en relación. La forma de comportarse, de mirar, sentarse, andar, hablar, reír, incluso de respirar y ocupar un espacio es diferenciada para cada sexo.

El cuerpo-palabra se presenta al encuentro con otros con un lenguaje expresivo codificado para cada sexo. ¿Qué función específica tiene esa compleja codificación? Los humanos nos comunicamos sin cesar. La comunicación no verbal impacta en los sentidos del otro. Encuentros. Desencuentros.

Orden patriarcal. El cuerpo de la mujer subordinado a las expectativas masculinas. Adaptación. Consentimiento. La mujer colabora en la perpetuación del orden patriarcal pasiva y activamente. Reflexionar. Elegir. Decidir consciente. Crear un orden nuevo. Algún día conoceremos el verdadero significado de la diferencia sexual sin partir del desequilibrio valorativo entre los dos sexos, sin distorsionar la relación entre los sexos con la pretensión de poder sobre el otro.

La mujer no suele alzar la voz, ni gesticular abiertamente, ni reír a carcajadas, ni mirar directamente a los ojos, de igual a igual. Desde la infancia aprende a autoinhibirse y no a imponerse. El miedo a no ser querida, a defraudar a otros si se sale del itinerario trazado se cala en su interior limitándola en su ser.

Tendencia a completarse en otros. Difícil autonomía real. Colisión de tendencias entre dependencia e independencia como individuo con derecho a su propio desarrollo. Un verdadero problema existencial para la mujer de hoy: ser para sí y ser para otros.

Llegar a ser sujeto mujer, autora de su propia vida: ardua tarea de transformación de sí y de la realidad que nos absorbe. Resistir. Peligro: sacrificio en nombre del amor. Amar es el principal «deber» de las mujeres; amar, cuidar, apoyar y nutrir.

Objetivos amorosos internalizados desde la niñez. Imágenes de felicidad. Proyectos de vida. Sentido en el ser. Biografía de la mujer.

El individuo mujer es, es vida, es real: un fin en sí misma. Cuerpo profundamente sexuado, sagrado e inviolable. Conciencia hecha carne. Verbo vivo. Narración existente que se va escribiendo latido a latido. Trepidante y frágil libertad. Creación inagotable.

Costes no asumibles para ser visibles: olvidar nuestro deseo de llegar a *ser*, reducirnos a una apariencia. Las mujeres somos seres humanos de igual derecho a ser en primera persona que los hombres.

No permitir nuestra propia cosificación. Comprometernos en la tarea. Nuestro tiempo es sagrado, es vida. No debemos posponer permanentemente nuestros deseos y planes de realización en pro de otros. *Ser* exige aceptarse, no olvidar quién se es, exige ser consciente y elegir con propósito. ¡No nos equivoquemos de objetivo!

Las mujeres hemos aprendido en nuestro proceso de socialización a buscar el éxito a través de la seducción y conquista de otros. Poder sobre otro. Dominación. Fortaleza gracias a la posesión de otros. «Triunfo» de la mujer en una sociedad patriarcal.

Se acusa a las mujeres de ser más superficiales y narcisistas que los hombres. ¡Perverso! La inducción social y cultural de una serie de actitudes y tendencias para tener «éxito» no es lo innato constitucional o la norma de un correcto desarrollo como persona. Trampa, pues lo innato es mucho más difícil de modificar que lo adquirido. ¡Una mentira más sobre lo que somos las mujeres!

Las imágenes de belleza femenina, vigentes en las sociedades patriarcales, traducen el poder de los hombres sobre las mujeres, y sirven para enajenarnos a todos en nuestro existir. Tiempo, dinero y energía perdidos para alcanzar unos ideales casi imposibles. El tiempo mal empleado es la vida no vivida del todo.

Cuerpo femenino como un objeto a embellecer, un objeto-fetiche narcisista, una mera apariencia.

En las sociedades patriarcales, la belleza física, el atractivo sexual y la capacidad reproductiva se entrelazan en la imagen de una mujer bella. «Estar muy buena», es decir, ser joven, seductora, atractiva y altamente sexualizada, sigue siendo una fuente importante para la autoestima femenina, capaz de rivalizar con ser una «buena chica», que también lo es. La autoestima basada en la valoración de otros es frágil.

Si se consigue manipular a las mujeres para convertirlas en enemigas de sus propios cuerpos serán manipulables en otros aspectos de su existencia, porque el cuerpo es nuestra verdad, bondad y belleza básicas, profundamente humanas. ¡Respeta tu cuerpo! ¡Cuídalo bien! ¡Ámalo!

Cuerpo femenino fetichizado, objetivado por la mirada, descompuesto en partes: nalgas, labios, pechos, piernas… Los fragmentos se decoran, se visten para cautivar la mirada ajena, se exhiben. Promesas implícitas: supuesta libertad sexual y disposición. Invitación al consumo. Visibilidad de la mujer fetiche. Poder. Colaboración de la mujer en su propia fetichización. Angustia. Depresión.

Adelgazar. Fantasías de éxtasis y recompensas espirituales. Muestra de supuesto control y dominio sobre sí misma, sobre la carnalidad. Represión. El cuerpo convertido en delito. Vergüenza. Aversión. Autorrenuncia. Enfermedad. Incluso, muerte.

Las mujeres que controlan obsesivamente su cuerpo no se encuentran satisfechas en su piel. Pérdida del goce existencial y autoestima. ¡Abre los ojos!

Los ideales de belleza femenina se utilizan contra nosotras mismas, mujeres reales y, por tanto, carnales. Tornarnos conscientes de esa trampa es nuestra decisión y nuestra responsabilidad. Camino de llegar a *ser*. ¡Goza en la existencia!

¿Qué pasaría si las mujeres dejaran de concentrar sus esfuerzos en ser atractivas y agradar a los otros, y se dedicasen a desarrollarse como personas independientes? ¿Qué pasaría si las mujeres no pretendiesen lograr el poder por medio de su influencia sobre los hombres, sino siendo ellas mismas poderosas creadoras de la realidad? ¿Qué pasaría si las mujeres reivindicasen su naturaleza femenina desde la valoración, comprensión y hondo respeto, desde el orgullo de *ser* mujer?

Implicación y compromiso en el desarrollo personal de nosotras mismas: una fuerza increíble. Si la mujer se acepta en su carnalidad real se armoniza en su *ser*, se vuelve muy activa, enseña, crea, transforma... Tremendo poder creador.

Para aprender a *ser* mujeres de una manera nueva tenemos que desaprender gran parte de lo que se nos ha enseñado en nuestro proceso de socialización. Conocimiento y abrazo de nuestra condición sexual. Valorarnos como mujeres reales únicas y singulares. Tomarnos en serio como sujetos existentes. ¡No colaboremos en nuestra propia subyugación existencial!

La mujer es activa y pasiva, productiva y receptiva, autónoma e íntima; trabaja mucho fuera y dentro de su hogar, crea, nutre y ama: es vida.

El amor es una fuerza vital creadora sin igual, nos devuelve a nuestro ser en relación y nos vuelve hondamente humanos. La mujer ama. ¡Ama la vida que eres! El amor incondicional a la vida revitaliza el cuerpo existente, lo muta en verdadero, bueno y bello en su viva carnalidad.

Los dos sexos son diferentes. Percepciones, forma de procesarlas y seleccionarlas de manera inconsciente, valores, sueños, expectativas e interpretaciones... específicas a la condición real de la mujer. Los modos de enfocar y abordar los problemas del día a día también son diferentes para los dos sexos, así como sus métodos y hábitos para comunicarse con otros.

¿Innato? ¿Adquirido? Los papeles y cometidos femeninos en la sociedad han ido modulando el cuerpo-palabra de las mujeres. Especial cuidado para no atribuir lo adquirido a la naturaleza biológica de la mujer, más determinante y difícilmente modificable. Es una vieja argucia para perpetuar el sexismo. ¿Cómo separar en un cuerpo-palabra vivo lo innato de partida y lo adquirido en su formativo camino biográfico?

La fina piel de la mujer muestra mayor sensibilidad al tacto y al peso; su sensibilidad táctil es superior a la del hombre. Extraordinario erotismo cutáneo.

Los sentidos del gusto y del olfato, por lo general, más desarrollados en las mujeres. El oído también. Más sensible a distintas tonalidades de la voz y a sus cambios emocionales.

Visión: las mujeres ven mejor en la oscuridad, distinguen mejor los colores y se adaptan mejor a distancias cortas. Su visión periférica es más amplia, pudiendo llegar casi a 180 grados.

La capacidad sensorial de la mujer le proporciona una excepcional ventaja perceptiva en su medio relacional. Riqueza. También desencadenante de conflictos, frustraciones y malentendidos con los hombres, que no perciben las mismas señales del medio. Confusiones. Problemas relacionales entre los dos sexos.

Las mujeres: escuchamos, hablamos expresando nuestras emociones y sentimientos, tocamos, ofrecemos empatía y afecto, cuidamos, apoyamos, sanamos... Destacamos en el debate y en el aprendizaje de idiomas.

Mayor libertad en expresar algunas emociones: tristeza, desamparo... Lloramos. Nos cuesta más manifestar la agresividad, la ira...

Demasiado sensibles a las señales que nos envían los otros. Distorsión emocional. Posible perjuicio por darle mucha importancia a agradar, atraer y ser aprobadas por los demás. Mayor sufrimiento en nuestras interacciones con otros. Malestar existencial y ansiedad. Culpa al no satisfacer las necesidades y las expectativas ajenas. Vergüenza. Menosprecio. Agresividad hacia sí misma. Sin embargo, parece que nuestra capacidad empática y nuestro deseo de relacionarnos con los demás contribuyen a mejorar nuestra calidad de vida y la alargan más.

Las mujeres somos propensas a los pensamientos reiterativos que no conducen a nada bueno. Solemos buscar en nuestro interior las causas de aquello que nos sucede.

Las mujeres somos más propensas a las depresiones. Factores: genes, hormonas y sus fluctuaciones cíclicas, la química cerebral (la serotonina, neurotransmisor más escaso en el sexo femenino), nuestro papel social, peor consideración y trato recibidos: vivencias que se inscriben en la memoria biográfica del cuerpo-palabra que somos, se vuelven carne.

La práctica de la autoridad personal sigue siendo una asignatura pendiente para muchas mujeres. Nos cuesta imponer nuestros puntos de vista o deseos y mantener nuestra opinión a pesar de la oposición de otros. Solemos darle más importancia a crear vínculos y relaciones basadas en la confianza mutua que a tener razón; tendemos a ceder o a admitir un error, sea o no sea cierto.

Las mujeres asumimos mejor las contradicciones y contextualizamos mejor los hechos. Damos mayor importancia al entorno y a detalles que lo componen o las pequeñas cosas. Situamos los acontecimientos en las circunstancias que los acompañan, también en las emocionales y relacionales de los protagonistas. Para comprender los hechos recurrimos a una lógica existencial y no abstractiva. Tendemos a hacer excepciones y a ser más flexibles, nos ajustamos peor a la rigidez de las normas.

Las mujeres pensamos en red y no tanto linealmente. Pensamos y hacemos varias cosas a la vez, y consideramos diversos aspectos simultáneamente. Somos más flexibles, intuitivas, imaginativas y fantasiosas, por todo lo cual, en un mundo masculino, se nos tacha de ilógicas, irracionales, imprecisas...

Las mujeres, por lo general, somos pacientes y prudentes a la hora de analizar los hechos. Solemos volver varias veces a nuestras consideraciones y revisarlas porque no queremos cometer errores. Nuestra supuesta inseguridad puede también beneficiarnos a veces.

A la mayoría de las mujeres no nos gustan los riesgos ni las bravuconadas, predominantemente, somos cuidadosas y sensatas. Las situaciones de riesgo, y más las de todo o nada, nos inquietan demasiado; no solemos elegirlas a la hora de tomar decisiones.

Las mujeres aventajan a los hombres en habilidades sociales y comunicativas. Creación y mantenimiento de redes de contactos y de relaciones.

Las mujeres valoramos trabajos que repercuten directamente en la vida de la gente.

En general, las mujeres preferimos cooperar y compartir que competir y aislarse. Si lideramos equipos, preferimos crear equipos igualitarios, en los que todos colaboran y ganan.

Las mujeres sí compiten con otras mujeres que son posibles amenazas para su consideración social, sus trabajos o sus parejas e hijos; pueden ser crueles e implacables con ellas. También pueden ser buenas amigas de sus amigas y simplemente solidarias con otras mujeres.

Verbalizar sus emociones y pensamientos ayuda a la mujer a aclararse consigo misma. Si la mujer se enfrenta a un problema difícil, en vez de aislarse y reflexionar, suele reunirse con sus amigas y comentarlo.

Uno de los grandes placeres en las amistades femeninas es conversar expresando sentimientos y emociones. Las amigas charlan y disfrutan al hacerlo. Su fin no es comunicar una información precisa sino reforzar lazos basados en la confianza mutua, procesar traumas y temores, aclararse en sus propias emociones y compartirlo con esa persona significativa con la que están hablando.

Las mujeres hablamos con más facilidad y fluidez. Nuestro vocabulario y memoria verbal son más ricos. Usamos más palabras en nuestras conversaciones y más expresiones faciales; sonreímos, gesticulamos y tocamos más a las personas con las que charlamos.

Algunas particularidades en la habilidad espacial: nos cuesta imaginar objetos en rotación espacial y observarlos en una perspectiva tridimensional.

La creación de un recuerdo cambia nuestro cerebro. Cuando aprendemos una tarea y la reforzamos al realizarla se crean determinados circuitos de comunicación neuronal. El cerebro se va adaptando a aquello que experimentamos, su estructura va cambiando en nuestra continuada experiencia de vida. Lo que hacemos y recordamos modifica la estructura y la función de nuestro cerebro. Sin darnos cuenta, desempeñamos un importante papel en la configuración de nuestro cerebro.

La anatomía y el funcionamiento del cerebro femenino y del masculino son distintos. El tamaño de los hemisferios cerebrales es más simétrico en la mujer. Los hemisferios, derecho e izquierdo están más interconectados: el cuerpo calloso y la comisura anterior son mayores. Mayor plasticidad cerebral. Menor especialización funcional de los hemisferios.

Mayor interconexión entre los hemisferios: realización de varias tareas al mismo tiempo, pasar de razonar con lógica al sentimiento... Pero también facilita que las mujeres pensemos demasiado y que tengamos problemas de lateralidad: nos cuesta diferenciar la derecha y la izquierda. Los pensamientos, las sensaciones, los recuerdos y las posibles asociaciones cargadas de emotividad se entrelazan en una actividad mental incesante.

Más desarrolladas las áreas cerebrales del lenguaje y del oído, las relacionadas con las emociones, formación de memoria y la atención.

Dimorfismo sexual del cerebro: ¿causa o consecuencia? No sabemos hasta qué grado el dimorfismo sexual del cerebro humano corresponde a la ejecución de distintas tareas de ambos sexos y en qué medida dicho dimorfismo inclina a ambos sexos a desempeñar tareas y ocupaciones diferenciadas para cada sexo.

Proceso podador de neuronas por medio de la muerte programada de neuronas, que comienza ya en la fase final del embarazo y se relaciona estrechamente con las hormonas sexuales: los estrógenos y la testosterona.

Los estrógenos aumentan las ramificaciones neuronales: mayor interconectividad, mejor transmisión de información entre las neuronas. Acción protectora sobre el cerebro.

Las hormonas sexuales influyen en los patrones cognitivos de ambos sexos. A lo largo del ciclo menstrual normal, las mujeres realizan mejor las tareas «femeninas» durante las fases más ricas en estrógenos.

Lo que hacemos, pensamos, sentimos y soñamos va moldeando el cuerpo vivo que somos. Nuestros hábitos, comportamiento y aficiones se transcriben en carne existente, pasan a formar parte del cuerpo-palabra que somos: somos cuerpo y somos palabra viva, lo uno y lo otro se entrelaza en existir como persona. Sujeto. Individuo. Hombre. Mujer. Existente corpóreo, sexuado y sexual. Una conciencia hecha carne real en su proceso de llegar a *ser*.

2. EL CUERPO-PALABRA DE LA MUJER

El cuerpo sexuado habla para que los otros lo vean, habla incluso en su silencio lleno de palabras no dichas; siempre se expresa; se expresa por ser, por existir.

El silencio y la palabra se entrelazan en cada instante vivido, son uno rebosante de significados.

La palabra nace en el cuerpo existente, vuela e impacta en otros, se inscribe en lo que somos, se vuelve carne existente y nos moldea.

Las palabras son semillas que engendran reflexiones, deseos, acciones. Se tornan comienzo. Nacimientos esperanzados en una transformación incesante.

Las palabras aportan conocimiento. El conocimiento es particular de cada cual. Los verdaderos significados de las palabras son significados corporales, los sentidos o los intuidos por el cuerpo existente.

Cada cuerpo-palabra comprende en sí mismo y desde sí mismo. Hay muchas cosas que entendemos con el cuerpo, más allá de la razón, sin tener las palabras para decirlo.

El cuerpo que somos es una creación continua, un trémulo hálito de vida, un verbo existente que se dice, que se grita, que se calla, que se revela y se oculta siempre, en cada mirada, en cada suspiro... Nos autoconstruimos y nos autodestruimos latido a latido.

La palabra y el silencio nos nutren, nos van creando.

La fuerza de las palabras: parece que el mundo verdadero es el que se describe a través de ellas.

Culturas patriarcales: dificultad de autosignificación de la experiencia femenina. Faltan las palabras para expresarla. La pobreza simbólica caracteriza la experiencia de vida de las mujeres. El mundo femenino de las palabras no dichas. Intento de compensación: hablar a veces demasiado, mayor expresividad en gestos, que son palabras no dichas.

Los gestos de las mujeres suelen ser breves, pequeños, suaves, insinuantes y no impositivos. Las mujeres, educadas en una cultura patriarcal, aprenden desde que son niñas a autoinhibirse y a seducir con sus encantos «femeninos». Recompensas por cumplir las normas. Fingimiento. El cuerpo se moldea en su expresividad.

Los vocablos no dichos se tornan carne necesitada, anhelante de decir.

El cuerpo dice cosas, aunque a menudo no lo entendamos. El gesto expresa una emoción, emoción que nace en el pensar y en el sentir, en el estar en este mundo en relación con otros. Al expresar la emoción, el cuerpo existente la actualiza y la refuerza. Las sensaciones acontecen en el cuerpo existente, no fuera de él, y nos van configurando. El cuerpo-palabra se habitúa a un habla particular y, en su permanente acción, se modula.

El cuerpo-palabra de las mujeres se tensa por no satisfacer su necesidad de decir. Conflicto. Padecimiento. Enseñanza para desoír el cuerpo que somos y no darle importancia a nuestras palabras no dichas, a nuestras verdades que se esconden en el silencio corporal.

La educación y la influencia del medio en que se socializa a la mujer la inducen a adoptar una serie de actitudes, que moldean el cuerpo-palabra que es. Las normas del implícito, inscritas con letra invisible en las costumbres cotidianas, ejercen su fuerza performativa sobre los cuerpos existentes al repetirse y reforzarse miles de veces.

La educación y los hábitos de la cotidianidad pueden alterar la expresión de los genes porque el cuerpo, en su afán de supervivencia, se adapta a las condiciones en las que le toca vivir. Lo innato y lo adquirido se confunden en el cuerpo-palabra social vivo.

Los gestos y los aparentes silencios encierran palabras no dichas; graban sus ocultas verdades en los cuerpos existentes.

Inmenso poder de las relaciones cuerpo a cuerpo entre las personas. La conciencia corporal nace de la estimulación del cuerpo, de piel con piel desde que nacemos. El encuentro con otro es donde la alteridad se vuelve real. Sometimiento al influjo de otros, que se muta en carne existente. En las sociedades patriarcales, el grado y el modo de sometimiento es diferenciado para cada sexo.

Para que el orden patriarcal siga vigente, la mujer debe asumir su posición de subordinación al varón. La jerarquía sexual caracteriza el patriarcado y lo sostiene. La mujer sufre un exceso de sometimiento para ser aceptada y valorada.

Lo normal en el patriarcado: mujer acostumbrada a su secundario papel social y a ser gobernada por otros. Todos, tanto los hombres como las mujeres, saben que en la jerarquía sexual el sexo femenino es el perdedor, y cuando se acepta como lo «normal», lo más probable es que siga siendo nuestra realidad.

Ardua labor: desprendernos del sexismo que todos hemos internalizado en nuestro proceso de socialización. Las mujeres debemos revisar nuestras normas. También nosotras somos responsables de su perpetuación.

A la mujer se la educa para que haga del amor el eje conductor de su narración vital. El noble papel femenino de cuidar a otros. Abnegación y sacrificio poniendo en primer lugar a los otros y priorizando sus necesidades frente a las propias. Peligro: a mayor sacrificio mayor autoinhibición. Cuidar de otros hace bien a uno mismo excepto cuando interfiere con el propio desarrollo personal e impide la realización de metas biográficas soñadas.

El fomento de la tendencia fusional femenina perjudica la autonomía de las mujeres. Vida a través de la vida de otros. Mujer como esposa de…, madre de… Y la persona completa que es ¿dónde está?, ¿dónde se encuentra?

En el contrato sacrificial la mujer ofrece, a cambio de aprobación y aceptación, su propia persona, su narración vital como protagonista de su biografía.

¿Y qué aprueban los otros en la mujer? El estereotipo femenino vigente en la sociedad dicta sus normas. Las mujeres tienden a adecuarse a él. Definiendo la «naturaleza» femenina se ubica a la mujer en una realidad y no en otra. Los modelos de valorización femenina interiorizados por la mujer encauzan su desarrollo personal, su existencia.

Socialización en un orden patriarcal: convicciones femeninas bloqueadoras de sí misma. Aprendizaje a valorar y admirar a los hombres, no a las mujeres. Aceptación del papel de perdedora social. Aceptación del orden sexual jerárquico. Papel femenino de subordinación respecto al varón. Mujer manejada como «infraestructura» útil e ignorada como sujeto de pleno derecho.

La opresión sobre la mujer se ejerce en y a través de sus relaciones más íntimas: la relación de pareja, la de ser madre y la de consigo misma, la relación con el cuerpo que es. El cuerpo femenino como objeto de deseo y de desprecio.

El aspecto de la mujer: principal punto para valorarla en un principio. Las mujeres se preocupan de su apariencia y se ocupan en lograr un cuerpo atractivo, un cuerpo para otros. Tiempo, energía y dinero empleados en el moldeamiento del cuerpo: forma, peso, distribución del vello corporal, tono muscular, textura de la piel, olor, color, uñas... Gran esfuerzo y trozos de vida para ser deseadas y queridas.

Muchas mujeres se avergüenzan del cuerpo que tienen, pero ¿lo tienen o es que son ese cuerpo real?

Deseo de crear el cuerpo perfecto: promesa de un sinfín de goces para la mujer. Esas promesas no siempre se cumplen. A menudo, las mujeres bellas son utilizadas como mercancías en un mercado de hombres y acaban decepcionándose de sus vidas y frustrándose al ser tratadas como objetos.

¿Qué pasaría si las mujeres invirtieran el tiempo, la energía y el dinero que emplean en remodelar su cuerpo, embellecerlo, depilarlo, ocultarlo, fingir y desoír sus necesidades en formarse y convertirse en sujetos autónomos con pleno uso de su palabra? ¡Las mujeres transformaríamos la realidad! Lo personal sigue siendo político y los grandes cambios colectivos pueden nacer en los cambios personales.

Si una mujer se convierte en enemiga de su cuerpo se coloca en una situación peligrosa para sí misma. La mujer enemiga de sí misma se debilitará y será más manipulable en todos los aspectos. Tensión mantenida del cuerpo-palabra. Bloqueo. Dolor. Enfermedad. Incluso muerte.

La mujer que no se preocupa por embellecer su apariencia es acusada de «dejada» y es censurada moralmente. Culpabilidad. Inadecuación. Malestar que performa el cuerpo-palabra.

El cuerpo que somos es nuestra verdad, bondad y belleza básicas. En él nacen todos nuestros comienzos, *todo* nace en él. El cuerpo que somos merece nuestra admiración, nuestro asombro y profundo respeto. Debemos aprender a cuidarlo con el amor de la mejor amiga.

Parece que hagamos lo que hagamos las mujeres somos culpables, culpables por no abarcar lo suficiente o por abarcar demasiado, por no llegar o por pasarnos, por dar demasiado o por no dar suficiente, por sobreproteger o por no atender... ¿Quién determina la medida justa de las acciones? ¿Quién puede asegurar que si hiciésemos tal cosa ocurriría tal otra? Las mujeres aprendemos a considerarnos culpables incluso de cosas que escapan a cualquier control.

Las mujeres tienen miedo a que no las deseen y no las quieran, temen la invisibilidad social. También, desde pequeñas, aprenden a temer que les pase algo por ser mujeres y que por eso deben ser prudentes y no arriesgarse. Esos temores coartan sus movimientos, su libertad de acción; las preparan a ser perdedoras sociales. A lo que deberíamos tener miedo las mujeres es al temor mismo.

Explotación visual del cuerpo femenino. Cosificación y fetichización del cuerpo. Numerosas mujeres deciden no llamar la atención, estar en un segundo plano, trabajar para otros...

Mujer frente al espejo. ¿Qué vemos las mujeres al mirarnos en el espejo? ¿Qué miramos en nosotras? ¿Cómo nos sentimos mirándonos? ¿Nos respetamos? ¿Respetamos el cuerpo que somos? Las mujeres hemos internalizado una imagen corporal distorsionada que nos perjudica para *ser* en plenitud carnal. El cuerpo-palabra de cada mujer tiene sus propios versos, sus propias normas de belleza.

Conocer nuestro cuerpo desde el respeto que merece por ser un cuerpo existente real. Canto de creación ilimitada mientras haya vida en él. Es el cuerpo de nuestra realidad, el cuerpo-palabra donde todo nace. El cuerpo-palabra como lo más trascendente en su experiencia de vida. Sucesivos nacimientos y sucesivas muertes de los universos únicos e irrepetibles que nos incluyen.

Construir una imagen renovada de nosotras mismas. Ser sujeto en nuestra narración existente. Tomar posesión de nuestros propios cuerpos. Mayor autonomía. Enseñar a otros a mirarnos mejor. Devolvernos nuestro propio ser.

La actitud de cada mujer respecto al cuerpo que es es personal y es a la vez política. El poder sobre los cuerpos los somete y moldea. La necesidad sentida es un instrumento político muy eficaz, nos inclina a actuar de una manera determinada y prevista. Vamos habituándonos a…, vamos adquiriendo un comportamiento… Las expresiones corporales, traducidas en palabras dichas o no y en gestos, refuerzan las verdades implícitas en ellas. Las prácticas corporales colectivas educan a los sujetos sociales, interiorizan el aprendizaje codificándolo en carne existente habituada a…

El cuerpo es un vivo recordatorio biográfico. El cuerpo escuchado empieza a decir y resurge de su silencio. Redescubrirse en medio de las imposiciones desde la libertad de decidir cómo vivir el tiempo propio. Cuestionar. Pensar siendo sujeto.

La transformación de una misma es lo más genuinamente político que hay. De poco sirve tener derechos si no se ponen en práctica en la vida cotidiana.

Las leyes suelen confirmar el contrato social sacrificial de la mujer y los cuerpos-palabra femeninos lo acusan.

Deseo de ser esposas ejemplares. Deseo de ser madres ejemplares. Renuncia a la ambición para sí mismas. Acciones. Elecciones. Los deseos engendran todo movimiento, la transformación o no de sí.

Las tareas en casa se suceden sin fin: tiempo vivido de las mujeres. Las tareas moldean el cuerpo-palabra que somos. Lo que hacemos nos hace a nosotras.

El cuerpo-palabra es una creación continua. Cada experiencia se graba en la carne existente y la transforma. El instante vivido es un «algo más», un comienzo. Revisar nuestras experiencias vividas. Desaprender muchas cosas que sabemos hacer o consideramos como propias de nuestro sexo.

¿Cómo y por qué construimos nuestras experiencias como mujeres? Valorar nuestro tiempo. Reivindicar el derecho a un tiempo propio. Tiempo en igualdad de condiciones para ambos sexos.

Las tareas femeninas se entrelazan con espacios donde se realizan esas tareas. El hogar: lugar tradicionalmente femenino donde acontece el cuidado de la familia. Espacio privado e íntimo, de distancias cortas. Poder próximo. Desarrollo de la inteligencia emocional. Compromiso afectivo. Dedicación y esfuerzo. Abnegación y sacrificio.

Santificación social de la madre abnegada. La mujer que fracasa en su sagrada tarea es despreciada y repudiada socialmente.

Mujer actual: experiencias en los espacios privado y público. Amplitud de movimientos. Diversificación de experiencias de vida. Mayor riqueza. La mujer actual ya no precisa de figuras masculinas interpuestas entre ella y el espacio social. Independencia económica. Independencia personal. Trabajo fuera del hogar como esa «habitación propia» tan anhelada por muchas mujeres.

La aparición de las mujeres en la escena pública va transformando la realidad y las relaciones entre los sexos. Las mujeres aportan sus valores y los vuelven visibles, tienen voz y cosas que decir. Mucha tarea por delante.

Las mujeres priorizamos de manera diferente que los hombres. El centro de gravedad de nuestro *ser* se desplaza continuamente hacia los otros: Tendencia al desequilibrio y mayor vulnerabilidad. Encrucijada vital entre ser para otros y ser para una misma. Infinidad de conflictos existenciales. Contradicciones. Contradicciones muy pronunciadas en el embarazo y la crianza: el cuerpo-palabra dominado por otro ser y entregado a él. Transformación del cuerpo-palabra.

La contradicción entre ser para sí y ser para otros hondamente inscrita en el sujeto mujer, forma parte de nosotras, es inherente a nuestro *ser*. Tensión que se graba en los cuerpos que somos. Las mujeres actuales nos debatimos entre las exigencias profesionales y las tradicionales. Nuestra autoestima se alimenta de ser buenas madres y buenas cuidadoras de otros, tanto o más que de completar nuestro propio desarrollo como personas. Compleja resolución.

Idealización de la maternidad y del amor romántico. Perjuicio. Muchas mujeres dedican demasiado tiempo y energía a esperar acontecimientos que a menudo no ocurrirán: esperan un buen trato en correspondencia a su entrega, esperan consideración, esperan agradecimiento, respeto, apoyo, amor...

Mala educación que hemos recibido: si a un hijo le van mal las cosas la culpa es de la madre. ¡Ni que las mujeres fuéramos omnipotentes y todopoderosas, y los hijos, moldeables según nuestro deseo, y previsibles en sus interpretaciones y reacciones!

Numerosas mujeres pasan la vida anhelando un contacto más estrecho y auténtico con las personas que aman y conformándose con la frialdad de la distancia e, incluso, con el desprecio. Frustración existencial. Ansiedad particular de las mujeres. Hondo sufrimiento de difícil verbalización. Malestar femenino que no tiene nombre.

Las mujeres sufrimos más, no solo por nosotras mismas y por el trato que recibimos, sino también por ser más sensibles a los problemas de los otros y a sus humores.

«Para ser bellas hay que sufrir»: Dictado falso salvo si te lo crees y lo conviertes en tu realidad. ¡Cuánto tiempo, energía y dinero dedicados a perjudicarnos a nosotras mismas! Seguro que se nos ocurren mil maneras de emplearlos mejor.

El cuerpo-palabra que somos habla hasta cuando calla, entendamos o no sus verdades. El cuerpo ignorado chilla en su dolor. El dolor no ennoblece. El dolor no conduce a una especie de purificación del alma. Una mujer no gana el cielo por sufrir.

¿Masoquismo femenino? La educación de la mujer y su socialización en un orden que la subordina a otros por ser mujer la induce a adoptar actitudes sumisas y abnegadas. El orden social en que nos socializamos es el escenario en el que nos movemos, en que respiramos y nos expresamos en cada instante de nuestra creación; nos condiciona, nos limita, nos moldea…

Las mujeres permitimos con demasiada ligereza que nos controlen los otros y nos demanden la satisfacción de sus necesidades y deseos, olvidándonos de los nuestros. Si aceptamos «pertenecer» a otros (muy pronunciado en el ideal del amor romántico) no decidiremos como sujetos. Muchas mujeres siguen eligiendo la subordinación para ser aceptadas, valoradas, protegidas y queridas.

La autoestima de pertenencia por relación con los otros es frágil y eventual; se desvanece si la relación con esos otros se rompe o se deteriora. Las mujeres debemos aprender a cuidar nuestra autoestima por ser nosotras mismas. Nuestra experiencia vital: auténtica e inagotable fuente de la autoestima.

La necesidad de respetarse a sí misma, de confiar en las propias capacidades, de autoestima y de libertad no se fomentan tanto en la educación de las mujeres como en la de los hombres. El respeto hacia sí misma a menudo se reduce a la decencia, a una conducta sexual prudente y recatada, no se vincula a ser fiel a sí misma, a ser sujeto de pleno derecho al propio desarrollo, a decidir desde la libertad en el *ser*.

La servidumbre voluntaria: la más difícil de erradicar. Dependencia. Apocamiento. Perpetuación del orden patriarcal.

Las mismas mujeres colaboramos en la perpetuación del orden patriarcal cada vez que bajamos la mirada, cada vez que fingimos ser muñequitas de los hombres, cada vez que toleramos insultos e injusticias, cada vez que callamos ante un mal trato... Nos han educado para eso. ¡Es hora de tomar consciencia! ¡No contribuyamos al mantenimiento de la injusticia relacional entre los sexos!

Abandonar las convicciones bloqueadoras que nos impiden *ser*. Nuevos modelos de explicación que nos ayuden a vivir con más libertad, valoradas y respetadas. Reconocer nuestros éxitos como personas. Reconocer la riqueza y el valor de nuestras creaciones vitales cotidianas, no siempre traducibles en cosas tangibles.

Para las mujeres sigue siendo difícil combinar su realización en los espacios privado y público. El éxito y la capacitación en uno de ellos no son trasladables al otro.

Dar importancia a lo que hacemos las mujeres. Nuestros éxitos son producto de nuestro trabajo y nuestra capacidad, no son fortuitos.

Mujeres que se sienten impostoras en el espacio público. Mujeres inseguras y temerosas de no lograr los objetivos marcados. Mujeres meticulosas, perfeccionistas y rigurosas. Esfuerzo y mayor rendimiento. A menudo ese rendimiento no es reconocido, ni valorado, ni pagado como correspondería. Nuestra modestia y la ingenua pretensión de que los otros descubran y valoren nuestras aptitudes no ayudan para cambiar las cosas. Frustración. Malestar femenino.

Tendencia femenina a evitar los conflictos y las confrontaciones, y a retirarnos y callar cuando se comportan injustamente con nosotras, en vez de enfrentarnos abiertamente y luchar. Seguimos soportando la injusticia de sueldos más bajos solo por ser mujeres. Las mujeres y los hombres de bien no deberíamos consentirlo.

Hoy, muchas mujeres se apartan de los estereotipos femeninos en uso. Ya no temen tanto que no las quieran por ser como son. Buscan autenticidad en sus vidas. Valoran su independencia y su libertad de decidir. Estudian. Trabajan. Se mueven. Crean…

Las mujeres somos tejedoras de seres y de vidas, soñamos, damos a luz, confiamos esperanzadas, cuidamos, nutrimos, sostenemos… Eternas luchadoras por sacar adelante a nuestros otros queridos. Frágiles y fuertes a la vez.

Nos ponemos en el lugar del otro para comprenderle mejor, nos preocupamos por él o ella, aprendemos a amarle relacionándonos con ese otro. Amamos desde nuestra sentida vulnerabilidad.

A menudo somos verdaderas alquimistas que transforman las heridas en comienzos de algo mejor. Sanamos y hacemos sanar. También podemos ser muy destructivas.

A las mujeres nos educan para hacer del amor el eje de nuestra existencia. Parece que amar a otros es nuestro deber cultural y social, nuestro sentido de *ser*. Nos transfiguramos en seres de amor.

Miedo a perder el amor de otros. Sorda ansiedad femenina. El hambre de afecto puede conducir a una relación perniciosa consigo misma, con la comida, con la bebida, con las compras, con todo aquello que adormezca la soterrada carencia carnal; sí, carnal, porque el amor es una experiencia que acontece en el cuerpo que se es, en relación con los otros y en relación consigo mismo.

El amor es la experiencia más estructurante y dramática de todas. El amor se vincula con la acción, con el interés, con el conocimiento... El amor nos transforma, hace que vayamos más allá de lo dado, que trascendamos lo que hay. Es necesario que las mujeres aprendamos a amarnos a nosotras mismas, al cuerpo-palabra que somos, que nos respetemos y nos valoremos, que nos cuidemos como si fuéramos nuestras mejores amigas.

En cada una de nosotras yacen ocultas en la infinita hondura carnal innumerables posibilidades de acción. Las mujeres podemos reescribir nuestra narración vital para ser protagonistas exitosas de nuestras historias, heroínas que no tengan que ser bellas ni eternas jóvenes, que muestren su inteligencia y su autoridad de sujeto adulto, razonablemente independiente y dueño de su palabra y de su cuerpo. Cuidemos nuestras experiencias cotidianas para que se graben en nosotras con palabras buenas, bellas y verdaderas, pues moldean el cuerpo-palabra que somos.

Concentración en nuestras acciones y vivencias: la existencia con mucho más color. Enriquecimiento vital. ¡Valor! Implicación profunda en nuestra vida. Nuestra libertad puede ser redescubierta en medio de las imposiciones diarias. Renacimiento del cuerpo-palabra. Alegría de *ser*, de estar maravillosamente viva.

Resurgimiento del cuerpo-palabra: un modo del habla nuevo que dice aquello que realmente quiere decir.

El cuerpo que somos es una viva unidad, que se va transformando sin detenerse ni un instante. Cuerpo-mente-alma. Desconocemos cómo somos, desconocemos nuestro trepidante universo carnal, nuestra mente, nuestro espíritu.

Quizás, las mujeres seamos del sexo más unitario, cuyos componentes, cuerpo, mente y alma, se encuentran hilvanados en un unísono latir existente.

Las personas somos profundamente sociales. Necesitamos de otros para sentir que estamos vivas. La consciencia corporal en la caricia sentida. Las mujeres no tememos tocar. Las mujeres comprendemos también a través del tacto.

Las personas somos cuerpos; percibimos, pensamos, sentimos, memorizamos lo que experimentamos desde y en nosotras. Decidimos en función del efecto de nuestras vivencias y de nuestra imaginación. También estamos hechas de ensueños, el caldo profundo del que bebemos sin ser conscientes de ello.

Cada instante vivido es un comienzo de «algo más». El ahora es el comienzo de un *ser*. Nuestra sagrada tarea es descubrir nuestro *ser*. Concentrarnos en *ser* incluso en nuestro continuado hacer. Para *ser* es necesario aceptarse y comprometerse con una misma.

La revelación del *ser* es trascendente y definitiva para un caminar diferente; es al mismo tiempo la experiencia de una rebelión y la creación de un nuevo *ser*. Yo me rebelo para no olvidarme de quien soy, yo me rebelo contra el seguir haciendo callada lo que no quiero, yo me rebelo contra el maltratarme para agradar a otros, yo me rebelo contra el no disponer de mi tiempo, yo me rebelo contra ignorar mis necesidades, yo me rebelo contra las leyes injustas que me subyugan a otros por ser mujer, yo me rebelo contra todo maltrato de mi persona y de la mujer en general... *Ser* no es pasivo, deriva en decisiones, deseos, acciones, movimiento, creación... ¡Valor!

La mujer que decide *ser* es valiente. Ser ella misma. Cambio en el cuerpo-palabra que es. Energía. Vitalidad. Alegría. Belleza. El cuerpo-palabra que es es escuchado y comprendido, es respetado y amado, se armoniza sanando sus heridas. Es necesario que las mujeres cambiemos de actitud en nuestra relación con nosotras mismas, es primordial.

Conocer el cuerpo que somos es nuestra tarea y es nuestra responsabilidad. Nadie lo va a hacer por nosotras. Cambios concretos en la actitud. Revisión de las experiencias vividas por el cuerpo: las percepciones, los pensamientos, los gustos, las emociones, los amores, la sexualidad, la salud... ¿Cómo nos sentimos haciendo...? ¿Qué pensamos respecto a...? ¿Qué expectativas son las nuestras?

Las mujeres tenemos que cuidar de nosotras mismas y no esperar que alguien bienintencionado llegue a nuestra vida y nos salve incluso de nosotras mismas. Revisar nuestros hábitos y dejar aquellos que nos perjudican. El cuerpo que somos sano y en forma: ejercicio, movimiento, acción. Cuidar la salud es una tarea personal, un asunto con una misma. La salud posibilita estar a gusto siendo cuerpo.

Si queremos conocernos debemos aprender a cuestionar, dudar y pensar, debemos aprender a actuar de un modo diferente y definir de nuevo lo que somos las mujeres. Es un proceso, no una acción limitada. Compromiso. Continuidad. Las mujeres tenemos que reconocer nuestras propias experiencias y reclamar su legitimidad. Reconocer cómo, por qué y sobre todo para qué construimos nuestras experiencias como mujeres en un orden social dado. Valorarnos. Responsabilizarnos en nuestro propio desarrollo. Ser firmes en el proceso de lograrlo.

Respeto. Autoconfianza. Valor. Palabras dichas. Responsabilizarnos en nuestro propio desarrollo. Recobrar la voz y la palabra. Implicarnos profundamente en nuestra experiencia. La voz que contesta a la pregunta ¿quién soy? es la propia. La existencia real y, por tanto, carnal, es lo más privado que hay. Autenticidad.

Las mujeres debemos crear estructuras mediadoras de la existencia razonablemente independiente. Desvinculación de lo aprendido. Nacimiento de nuevas maneras de vinculación a otros siendo más autónomas.

La autonomía de las mujeres se construye a través de procesos psicológicos personales, que se traducen en experiencias vitales del día a día y en narraciones biográficas. La mujer decide cómo quiere vivir, qué desea de la vida; se marca sus metas. Vive el presente del mejor modo que puede: es su tiempo vivido y lo administra con responsabilidad.

Nuestra autonomía tiene que confirmarse con los hechos vividos y no solo con las palabras. Mujeres para ser sujetos completos, de pleno derecho a su propio desarrollo como personas. No caigamos en el espejismo de placeres efímeros, sustitutos del gran placer de comprender y de vivir con dignidad, a gusto en nuestra sexuada piel.

También las mujeres amamos la libertad, a pesar de que ese amor no se fomente en nuestra socialización. Nuestra necesidad de libertad no es explicable solo por la carencia de ella, es muestra de lo que somos, es la presencia del *ser* femenino, de lo que llevamos potencialmente en nuestra infinita hondura carnal. *Somos* una libertad existente.

3. El cuerpo femenino vivido: cuerpo sexuado y sexual

Cuerpo-palabra mujer. Cuerpo femenino vivido. Cuerpo sexuado y sexual en continuo proceso de evolución. Individualidad carnal viva. Conciencia existente encarnada hondamente sexuada, secreta y sagrada, única e irrepetible.

Aprender a reverenciar el cuerpo sexuado y sexual que somos: Trepidante creación carnal viva. Perpetua auto-construcción y auto-destrucción internas. Majestuoso misterio existente. Inmenso poder creador.

Amar el cuerpo que se es. Amar con bondad, con respeto, con comprensión. Somos cuerpos existentes, cuerpos que cambian, crecen, crean, envejecen, se enferman y mueren.

El cuerpo sexuado y sexual que somos es nuestra verdad básica. Sí, un cuerpo femenino con pechos, útero, vagina, clítoris, vulva... Y ¡a mucha honra! ¡Qué belleza! ¡Qué belleza simplemente por ser reales!

El cuerpo-palabra que somos transforma el mundo con sus acciones: un canto de creación infinita. Hora de reivindicar la verdad, la bondad y la belleza de nuestros cuerpos reales. Hora de cambiar de actitud al respecto de nosotras.

Cambio de actitud. El cuerpo resurge, y dice cosas diferentes. El cuerpo parirá en hermosura realidades nuevas. Cada instante es un nacimiento, un comienzo de algo. ¡Rebelémonos para vivir nuestro cuerpo de manera renovada! ¡Valor!

El cuerpo que somos está sexuado desde la primera hasta la última célula; no podemos comprender lo que somos ignorando este hecho. Me hago mujer consciente comprendiéndome como una integridad existente: todo el cuerpo está sexuado y es sexual, no solo los genitales. Ser mujer sexual, que no «sexy», es vivirse como sexuada y relacionarse con una misma y con los otros como sujeto sexual corpóreo real.

Valorar nuestra condición carnal; amarla comprendiéndola. Dejar de parcelarnos en partes sexuales y partes asexuadas: es un absurdo biológico en una continuada abstracción enajenante. Al liberar la mente de las premisas falsas aprendidas liberamos nuestro cuerpo.

El cuerpo, queramos o no, lo aceptemos o no, va cambiando a lo largo de su vida y es el cuerpo el que lo hace, sin que sepamos bien cómo lo hace, sin que podamos detener su proceso biográfico. Es la maravilla errante que somos mecida por el tiempo vivido.

Solo las mujeres podemos tener experiencias de mujeres en nuestros cuerpos sexuados en femenino. ¿Cómo se puede explicar en palabras las vivencias exclusivamente femeninas de un embarazo, de dar de mamar o las de tener la regla mes a mes? ¿Cómo transmitir lo que suponen para un cuerpo vivido? ¿Cómo comunicar los cambios que experimenta el cuerpo-palabra mujer? El cuerpo que somos se transforma en su cíclica cita con el tiempo de la especie humana.

Parte del misterio que somos las mujeres es el misterio de la Vida, que prende en nuestro cálido vientre: gran potencial creador; inmensa fuerza transformadora. Las mujeres somos fuente de Vida; tengamos o no hijos esta potencialidad se encuentra hilvanada en nuestro ser.

Podemos trascender los límites corporales gracias a nuestras creaciones y actos. En aquello que hacemos dejamos partículas de nuestra energía creadora, de nuestro ser. Lo que hacemos es importante, se graba en nosotras, nos hace a su vez.

La autonomía de cada mujer se construye en el ámbito psicológico personal. La autoafirmación y el autoconocimiento como ser sexual: mayor autoestima y libertad. Trabajo consigo misma para ser más una misma, más libre para disfrutar en plenitud carnal instante a instante vivido.

Presentes en nosotras mismas. Conscientes. Las vivencias de nuestra condición sexual conforman nuestra sexualidad: una relación profunda y mantenida con lo que somos, con los otros y con lo que nos rodea.

Mal hábito adquirido de las mujeres: experimentar nuestro cuerpo como cuerpo para otros. ¡Nuestros cuerpos sexuados y sexuales son nuestros, de nadie más! Nosotras somos sus únicas dueñas, sostener lo contrario sería hablar de esclavitud. ¡Nuestros cuerpos sexuados nos pertenecen solo a nosotras y nuestra sexualidad también!

El proceso de emancipación de una mujer pasa por la apropiación por parte de ella misma del cuerpo que es y de su sexualidad: es la base de nuestra existencia más íntima y fundamental.

La sexualidad tal como se entiende en un tiempo dado es una construcción social, histórica y cultural. En un orden patriarcal, lo masculino representa la norma y lo femenino queda marginado porque la estructuración de dicho orden es esta. La sexualidad humana es definida a partir de la masculina. La sexualidad femenina se convierte en ignorada e, incluso, en inexistente. Las necesidades masculinas conforman la definición del hacer sexual. Las necesidades femeninas se dejan sin distinguir.

Autonomía de la mujer. Cuestionamiento de lo aprendido. Pensar nuestra sexualidad. La revelación de nuestro *ser* mujer es una experiencia de sostenida rebelión. Ardua tarea por delante: tirar por la borda las falsedades perniciosas internalizadas en nuestro proceso de socialización en un orden patriarcal.

La libertad de la mujer puede ser redescubierta en medio de las múltiples imposiciones a las que nos sometemos. Consciencia. No consentir con las injusticias sociales ni con las disposiciones que contribuyan a anularnos como personas de pleno derecho a *ser*. ¡Perseverancia y valor!

El concepto del cuerpo no es solo histórico, también es político. La organización sexual del cuerpo físico es una organización política. La hegemonía genital en lo sexual deriva en consecuencias para los sujetos sexuados. ¿Cabe alguna duda? La transformación de una misma para vivirse con mayor autenticidad, libertad y placer es lo más genuinamente político que hay: modifica lo que somos y lo que hacemos. ¡Cuestiona lo aprendido! ¡Valor y suerte!

Contacto físico. Reconocimiento. Afecto. Alimento. Conciencia corporal. Somos en relación con otros y nos configuramos como individuos en contacto con ellos. La sexuación de los sujetos siempre es relacional.

Encuentros y desencuentros con los otros. Dolor y placer. Desarrollo del sujeto en relación. Deseo: origen de acciones y movimiento.

La piel sensible y sentida de la mujer, toda ella es una zona erógena. Exploración. Descubrimiento. Caricia con reconocimiento y afecto. Placer que reconforta en lo más profundo de nuestro ser. La caricia sentida moldea nuestra carnalidad.

Conocer nuestro propio cuerpo es decisivo para que las mujeres seamos dueñas de nuestra sexualidad, para comprender y gestionar mejor ese milagro existente que somos.

Vivimos en un medio de significados, que emplazan lo que deseamos y hacemos. El sexo empieza en el cerebro. Las mujeres hemos sufrido demasiado por seguir un conglomerado de premisas falsas instauradas en el orden patriarcal en el que nos socializamos. ¡Ya basta de atenernos a un modelo explicativo que niega lo que en realidad somos! Nos hace daño. Dificulta nuestro vivir.

Cuerpo femenino desde el histórico mirar masculino: objeto de deseo y de desprecio. Juego de poder. La mujer como la causa del pecado original del hombre y del sufrimiento humano. La mujer enaltecida como madre, amante y musa. Esas figuras no son producto de una visión femenina. Una mujer narraría otras historias de sí misma y de sus relaciones con los hombres.

Dimorfismo sexual. Las estructuras anatómicas abren y cierran posibilidades para experimentar unas vivencias y no otras. Las vivencias se graban en nuestro sentido ser; se traducen en tiempo vivido, en energía vital entregada, en narraciones vivas en femenino.

Desequilibrio valorativo entre los sexos en el orden patriarcal. Vocablos inadecuados para comprender lo que somos las mujeres. Es menester que nos detengamos para nombrar y renombrar el cuerpo femenino, porque lo que no se nombra no existe. Las mujeres necesitamos reinventar lo que somos para no ser un sexo sometido. Palabras que nos ayuden a ser sujetos sexuados y sexuales de igual valor que los hombres.

Los conceptos organizan un universo de comprensión, canalizan lo que ocurre, abren y cierran posibilidades reales. Por ejemplo, la palabra «genitales»: órgano responsable de generación. En su significado en la cultura occidental se subraya la función reproductora y apenas la función de regenerar la energía vital en el gozo de vivir.

Términos despectivos para nombrar los genitales femeninos. Las palabras pueden ser tan afiladas como las cuchillas, pueden mutilar o incluso extirpar partes de la realidad.

No existe una «iconografía» de los genitales de la mujer, mientras que los genitales masculinos son ensalzados. Los penes: órganos de placer y no solo procreadores. La cultura androcéntrica da significados muy diferenciados a la genitalidad de ambos sexos. ¿A qué se debe esta desigualdad valorativa? ¿Para qué sirve? ¿Para someter a la mujer? ¿Para relegarla a la función reproductora y así controlarla y gobernarla mejor? ¿Para preservar el orden patriarcal?, un orden sexual y social injusto.

Las funciones sexuales femeninas, salvo las reproductivas, se han descrito como pecaminosas, impuras y debilitantes. La falta de aprecio por los genitales femeninos daña a las mujeres, hiere nuestra autoestima. El sexismo interiorizado de manera inconsciente en nuestro proceso de socialización contamina nuestras conciencias. ¡Toca rebelarse! Como dice Germaine Greer, «el coño debe hacerse valer».

¿Qué es el coño? Es la parte externa del aparato genital de la mujer. ¿Es un término que enaltece lo femenino? No parece… Incluso para las mujeres «coño» se ha convertido en una palabra malsonante, y lo que significa, nada bueno ni apreciable.

El coño se equipara a la vulva; comprende el monte púbico o de Venus, los labios mayores, los labios menores, el clítoris, el vestíbulo vulvar, los bulbos vestibulares, el periné y las glándulas vulvares (glándulas de Skene o parauretrales y las de Bartolino o vulvo-vaginales). ¿A que la vulva es un lugar rico en estructuras?

La vulva fue en un tiempo símbolo de gran poder creador, de belleza, santidad y trascendencia. Todos los seres humanos llegamos a este mundo por esta puerta sagrada de nuestro cuerpo. En numerosas mitologías, se cuentan historias en las que la humanidad ha sido salvada por la exhibición de la vulva por parte de la mujer. En ellas, las mujeres podían resucitar a los muertos y vencer al diablo mostrando su vulva. Antaño el coño fue un lugar sagrado y curativo.

En vez de reverenciar la vulva se ha ido denigrándola y quitándole su significado trascendente. El olvido. La transfiguración de la vulva en inexistente salvo para depilarla y desodorizarla.

Numerosas mujeres se avergüenzan de sus propias vulvas, de su tamaño, forma, color, textura, pilosidad, olor... Muchas mujeres no miran de verdad su vulva en toda la vida. Conocer nuestra propia anatomía. ¡La vulva es bella, es poderosa, es sagrada! ¿Te animas a mirar tu vulva? ¡No nos avergoncemos ni temamos lo que hay realmente entre las piernas de las mujeres!

¿Qué más da si los coños son pequeños o grandes? ¿Si son sonrosados, rojos, azulados o morenos; si son suaves o no? Eso son detalles sin importancia salvo si les asignamos valor. ¿Valorar esas cualidades nos da fuerza y poder a las mujeres? ¿Nos libera para disfrutar más de la vida? ¿Por qué las mujeres contribuimos a nuestra propia prisión mental? ¡Decidamos lo que más nos convenga!

El Monte de Venus es muy sensible. El vello cumple una función protectora. Depilación: hábito doloroso y que puede perjudicar a las mujeres. Dinero y tiempo que podríamos emplear en otras actividades más constructivas y gratificantes. ¡No nos empeñemos en parecer a niñas o a muñecas asexuadas! Las mujeres adultas tenemos vello púbico, y ¡a mucha honra! El vello púbico es bello, bueno y verdadero.

Sociedades de consumo. Manejan nuestros miedos, fantasías y deseos. Los anuncios con sus promesas de felicidad. La circulación del dinero de unos a otros. Mujeres conscientes a la hora de comprar. Las mujeres podemos lograr cosas muy importantes si no gastamos ni un céntimo en productos o actividades que contribuyan a nuestro sometimiento. De nosotras depende. ¡Es hora de *ser*!

Monte púbico, los labios vulvares y el clítoris son partes anatómicas de la vulva muy variables en tamaño, forma, textura y otras cualidades. Estructuras altamente inervadas y vascularizadas, muy sensibles, sobre todo el clítoris.

El clítoris es un órgano cuya principal función es la de dar placer. Seguramente por eso el clítoris ha sido objeto de fantasías, temores, persecuciones, ablaciones, extraños olvidos...

El clítoris entero tiene la forma de una Y. Lo que normalmente se percibe como clítoris es solo su punta, que se encuentra cerca de la unión anterior de los labios menores. La punta del clítoris o corona es el glande del clítoris, que se vuelve visible si apartamos con cuidado la piel que lo cubre, el llamado capuchón del clítoris. La mayor parte del clítoris no es visible.

Durante la excitación sexual se puede palpar una pequeña parte del tallo o tronco del clítoris como un cordón debajo del hueso púbico, pero enseguida cambia de dirección hacia las profundidades vulvares. El tronco del clítoris está formado por dos cuerpos cavernosos y por las envolturas que los cubren. Los cuerpos cavernosos son unas estructuras cilíndricas de tejido esponjoso que se llenan de sangre durante la excitación sexual.

Los cuerpos cavernosos del tronco del clítoris se bifurcan un poco después del hueso púbico en dos raíces o piernas del clítoris, de unos diez centímetros de longitud. Tienen forma de uve invertida y siguen las ramas isquiopubianas del hueso.

El clítoris no es un pene pequeño, como a menudo se lo ha definido; es un órgano diferente. Aunque ambos órganos se originan de estructuras embrionarias comunes, su desarrollo anatómico es distinto. Algo parecido ocurre con los bulbos vestibulares, que en la mujer están divididos en dos partes, separadas por el vestíbulo vulvar y los orificios de la uretra y de la vagina.

La vulva es compleja y rica en su anatomía, ¿verdad? Después de esta explicación ya no cabe reducirla a una ausencia, salvo si no se quiera ver la realidad.

La vulva está muy vascularizada e inervada. El glande del clítoris contiene entre 8.000 y 10.000 terminaciones nerviosas, el doble que el glande del pene. Las numerosas redes venosas de la región pélvica femenina se extienden en distintos planos conexionando la vulva con la vagina. Lo mismo sucede con los músculos del suelo pélvico, que cierran la cavidad abdominal en su parte inferior y sostienen órganos como la vejiga, el útero y el recto. Relacionan las estructuras de la vulva con los genitales internos de la mujer, se tensan, se contraen y se relajan, tiran de las estructuras cambiando su inclinación...

El suelo pélvico es flexible y dinámico, se adapta a nuestros movimientos, cambios posturales y a nuestra actividad. Como cualquier músculo, puede debilitarse con el desuso y fortalecerse con el ejercicio.

Suelo pélvico débil: no sostiene bien los órganos, que descienden y protuyen. Prolapsos como el cistocele y el rectocele. Infecciones. Molestias. Dolores. Incontinencia urinaria. Enfermedades. Cirugía. Menor disfrute sexual... Un buen tono muscular del suelo pélvico: salud de la mujer y mejor calidad de sus orgasmos.

Es muy importante para la mujer mantener la musculatura de su suelo pélvico en buena forma: sana y fuerte. Sin embargo, en nuestras culturas no se le da la importancia que tiene. El suelo pélvico se ignora. Todas las mujeres deberíamos tener internalizado el gran valor del suelo pélvico y acostumbrarnos a fortalecerlo a diario como un hábito muy saludable.

La mayoría de las mujeres sabe contraer sus abdominales pero no los músculos del suelo pélvico. El principal músculo del suelo pélvico es el pubococcígeo. Tiene la forma de una hamaca muscular que va desde el hueso púbico hasta el coxis, rodeando la uretra, la vagina y el ano. También se lo conoce como el músculo del amor. Su buen tono aumenta la capacidad de excitación y de llegar a los orgasmos, que ganan en calidad. Podemos fortalecerlo contrayéndolo a diario. ¡Es muy fácil!

Para lograr fortalecer el músculo pubococcígeo (PC) lo primero que tenemos que conseguir es reconocerlo. El PC es el músculo que contraemos para detener la micción. Es necesario repetir la acción de cortar el chorro de la orina todas las veces que sean precisas para poder hacerlo luego sin orinar. Hay que aprender a contraer conscientemente este músculo sin contraer otros como los músculos abdominales o los glúteos. Si te quedan dudas, también puedes introducir un dedo un poco mojado con agua en la vagina o en el ano e intentar apresarlo contrayendo la musculatura. Es tu dedo, es tu vagina, es tu ano, y queda en tu intimidad. Tú decides.

Tras reconocer la musculatura pubococcígea, variedad de ejercicios. Ejercicios de Kegel. Tabla personal de ejercicios. La constancia es crucial. Si los ejercicios se practicasen a diario no habría tanta incontinencia urinaria ni tantos prolapsos. Se evitaría mucho sufrimiento. El goce sexual aumentaría.

Los ejercicios de Kegel: una buena herramienta para fortalecer el suelo pélvico, siempre y cuando se hagan habitualmente. ¡Ánimo! En unos pocos meses comprobarás sus efectos.

Un sencillo ejercicio: contraer el músculo pubococcígeo y relajarlo rápidamente sin contraer la musculatura abdominal ni de las nalgas. Realizar este ejercicio 50-100 veces al día, mejor en tandas de 10-15 contracciones cada vez. Hacerlo a lo largo del día tumbada, de pie y sentada.

La realización de los ejercicios de Kegel pasa desapercibida para los demás; no interfiere con otras actividades diarias. Acordarse. Trucos personales para acordarse: asociarlos a otras actividades cotidianas.

Realización del ejercicio. Dudas. Dificultades. Resolución. Ritmo de ejercicio adecuado para cada cual, progresivamente de menos a más. Nuevas sensaciones. Molestias: estás haciendo trabajar una musculatura que no está en su mejor forma. Agujetas en el abdomen o en las nalgas: probablemente no estás contrayendo la musculatura pubococcígea. Volver al paso del reconocimiento del músculo PC.

Otro ejercicio de más dificultad: tensar el músculo PC durante un tiempo (3-10 segundos) y relajarlo lentamente por el mismo tiempo. Repetir varias veces al día intercalándolo con el ejercicio anterior de contracciones rápidas.

Un ejercicio todavía más difícil: contraer el músculo PC en sentido ascendente, llevándolo hacia arriba y adentro. Aguantar la tensión unos 5 segundos y relajar después unos 10 segundos. Ayuda a imaginar un ascensor que va subiendo lentamente.

Para fortalecer el suelo pélvico algunas mujeres prefieren recurrir a dispositivos de resistencia como las bolas chinas o conos vaginales de diferente peso. Se colocan dentro de la vagina y obligan a las mujeres a contraer el músculo pubococcígeo de manera refleja. Es otra opción que también requiere asiduidad.

Aparato genital interno de la mujer: vagina, útero y dos ovarios.

La vagina es un conducto membranoso de unos ocho a doce centímetros de largo. Se extiende desde el cuello del útero hasta la vulva. Se sitúa en la cavidad pelviana, delante del recto y por detrás de la vejiga. Suele estar aplanada, pero cuando se excita, se expande, se alarga, se lubrica, se tensa, se contrae, tira del útero que cambia de inclinación durante la cópula... La vagina no es una estructura pasiva o irrelevante. Tiene valor y hay que aprender a cuidarla.

La sensibilidad vaginal no es homogénea. La parte más cercana a la vulva es la más excitable. El llamado punto G en el tercio inferior de la vagina. Controversias respecto a su existencia real. Nadie niega que existe una zona en la vagina donde confluyen muchas terminaciones nerviosas y que, al excitarse, hacen que se contraigan fibras musculares y que aumente la irrigación sanguínea de la zona, formándose una especie de bulto rugoso en la parte anterior de la vagina: el punto G. Puede palparse durante la excitación sexual de la mujer a unos 3 o 5 centímetros del orificio vaginal. Es una zona muy excitable y su estimulación puede conducir al orgasmo.

El tercio medio de la vagina es poco sensible.

La sensibilidad vaginal vuelve a aumentar en el tercio superior, sobre todo en la zona cercana al cuello del útero. Algunos autores destacan zonas muy excitables: Punto A en el fondo de saco vaginal anterior y punto K en el fondo de saco vaginal posterior. Pocos expertos creen que esos puntos son estructuras anatómicas reales. Son zonas de la vagina donde confluyen numerosas terminaciones nerviosas. Su localización real puede volverse conflictiva.

La vagina fue ignorada o perversamente distorsionada a lo largo de los siglos de nuestra cultura occidental: Mero túnel para la procreación, pasivo y, por lo demás, sin valor. Leyendas de vaginas dentadas, vaginas peligrosas capaces de triturar los penes que las penetren. Leyendas que poblaron el imaginario colectivo y canalizaron los miedos masculinos frente al poder femenino, miedos de ser castrados por mujeres indómitas, mujeres sujetos dueñas de sí mismas.

Útero o matriz, situado en la línea media de la cavidad pelviana, por encima de la vagina, por debajo de las asas intestinales, entre la vejiga y el recto. Órgano destinado a albergar el huevo fecundado. Forma del útero: cono aplanado de adelante a atrás, con el vértice hacia abajo. Cuerpo y cuello del útero.

El útero mide de 6,5 a 8 centímetros de largo y de 4 a 5,5 centímetros de ancho: es relativamente pequeño. Cuando a una mujer se le extirpa el útero no se la vacía, el espacio queda ocupado rápidamente por las estructuras vecinas. ¡Liberémonos de falsas creencias!

El útero en el imaginario colectivo: Casa primera y la más satisfactoria de todo ser humano; todos nacemos de mujer. Paraíso mítico. Fuente de alimento. Seguridad. Bienestar. Felicidad. Se lo ha pintado como cueva sagrada, santuario secreto o refugio sacralizado. Se ha ensalzado a la matriz femenina e, incluso, se le ha atribuido un valor identitario de la mujer. ¿Se equipara la identidad femenina con la maternidad? ¿Las mujeres somos reducibles a nuestra capacidad de ser madres? Las mujeres somos personas completas con útero o sin él, sujetos existentes que viven su vida.

El útero se comunica con los ovarios por medio de dos conductos o trompas de Falopio, de unos 10 a 14 centímetros de longitud. Las funciones de las trompas están relacionadas con la ovulación y la fecundación.

Los ovarios son las glándulas productoras de óvulos y de hormonas sexuales. Se sitúan en la parte baja del abdomen, un ovario a cada lado del útero. Los ovarios tienen forma y tamaño de una almendra y pesan unos 6-7 gramos.

Los ovarios secretan las hormonas sexuales femeninas: los estrógenos y la progesterona. También secretan pequeñas cantidades de testosterona y otras hormonas andrógenas. Todas estas hormonas son esteroideas, derivan del colesterol.

Los estrógenos: normal funcionamiento del organismo femenino, la ovulación, los caracteres sexuales secundarios, la maduración y el mantenimiento de los órganos sexuales femeninos. Acción: se unen a los receptores celulares específicos en los tejidos diana y modifican la transcripción genética de las células activando una serie de fenómenos bioquímicos para que tenga lugar el efecto biológico pretendido.

El principal estrógeno secretado por los ovarios y el más potente es el estradiol. Otro estrógeno destacado es la estrona, que también secretan los ovarios, pero su fuente más importante es el tejido adiposo subcutáneo. La estrona se convierte en el principal estrógeno de la mujer a partir de la menopausia.

Los estrógenos actúan sobre el endometrio uterino, la mucosa vaginal, los ovarios, las mamas, el sistema músculo-esquelético, la piel, el sistema cardiovascular, el cerebro, el tejido graso...

Los estrógenos son responsables de cierta «suavidad» femenina, tanto física como emocional. Rigen el impulso sexual receptivo. Aumentan la capacidad de atracción de la mujer. Influyen en las feromonas, en el olor de la hembra humana. También incrementan el olfato de la mujer.

La progesterona es la hormona sexual femenina que aumenta en la segunda mitad del ciclo ovulatorio, tras la ovulación mensual. Misión fundamental: posibilitar que se produzca la fecundación del óvulo y su anidación en el útero. Durante el embarazo: disminuye las contracciones uterinas y estimula el crecimiento de la placenta y de las mamas. La progesterona disminuye el impulso sexual de la mujer.

La testosterona y otros andrógenos también actúan sobre distintos tejidos y órganos diana. En exceso: virilización y aumento del vello corporal. La testosterona aumenta el deseo sexual en la mujer y la satisfacción tras el coito.

Pubertad: se inicia el patrón cíclico de la producción de hormonas ováricas, que se mantendrá durante la etapa fértil de la mujer. Transformaciones corporales y emocionales cíclicas relacionadas con diversas concentraciones de estrógenos, progesterona y testosterona. Cambios de ánimo, de sensibilidad al dolor, de capacidad perceptiva de estímulos, función cognitiva, temperatura corporal...

Mes a mes, el cuerpo-palabra mujer se prepara para su cita reproductiva. Misterio carnal que trasciende a la mujer. Todo el cuerpo-palabra que es recibe el influjo hormonal cíclico, aunque apenas se dé cuenta de ello: las células acumulan agua o no, se forman y se destruyen, el riego sanguíneo cambia, los deseos también...

El ciclo menstrual dura unos 28 días. Primera mitad del ciclo, de unos 14 días: fase folicular o proliferativa. Predominan los estrógenos. Maduración del folículo gracias a la que se crea el óvulo. Preparación del útero y de otros órganos y tejidos para una posible fecundación. La ovulación: el folículo maduro se rompe y el óvulo formado sale a la trompa para avanzar hacia el útero y posible fecundación. Segunda mitad del ciclo menstrual: fase lútea o secretora. El útero crece para acoger en su seno el óvulo fecundado.

Si no se produce la fecundación o la anidación tiene lugar la menstruación. El óvulo desintegrado y las células del revestimiento uterino son expulsadas al exterior con la sangre menstrual a través de la abertura del cuello uterino y la vagina. Este proceso de renovación celular dura unos 3-7 días.

Justo antes de la ovulación: máxima concentración del estradiol. Durante la ovulación se eleva la testosterona: acrecienta el deseo sexual. La progesterona comienza a elevarse justo antes de la ovulación y continúa haciéndolo en la segunda mitad del ciclo menstrual.

La secreción de hormonas sexuales está regulada por un complejo eje cerebral, formado entre la hipófisis y el hipotálamo. Está en estrecha comunicación con los ovarios. Regula la cantidad de las hormonas secretadas y el ritmo pulsátil de la secreción, necesario para la síntesis hormonal.

Cada sujeto mujer: particulares matices en la secreción hormonal. Cambios con la edad, actividad diaria y las circunstancias vitales. El estrés influye negativamente. Continua adaptación del sujeto mujer a sus circunstancias vitales.

Nos configuramos como profundamente humanos a través de procesos vitales psicológicos, a través de múltiples vivencias del cuerpo-palabra sexuado y sexual que somos. Mundo de percepciones, sensaciones, interpretaciones, pensamientos, sueños, deseos, sentimientos y expresiones: su «algo más» nos transforma en un continuado latir. Y cuando nos referimos a vivencias de un cuerpo sexuado hablamos de la sexualidad del cuerpo-palabra vivido.

¿Sabemos cómo es la sexualidad femenina? ¿La sexualidad femenina es igual a la masculina? Las vivencias de los cuerpos sexuados en femenino y en masculino son diferentes. Las sexualidades de ambos sexos también lo son. Sin embargo, a lo largo de los siglos, la sexualidad femenina ha sido ignorada en su riqueza y reprimida cuando no guardaba relación con la reproducción o con el placer sexual masculino.

Los hombres han definido la sexualidad humana y las necesidades masculinas conformaron el patrón femenino del sexo. La sexualidad humana se convirtió en coitocentrista, relegando otras expresiones de nuestra condición sexual a lo marginal o inexistente. Las personas no somos unos genitales andantes que, de vez en cuando, se activan buscando coitos.

Las mujeres nos hemos creído muchas falsedades que se nos han contado sobre nuestra sexualidad y hemos renunciado a numerosos placeres sexuales por agradar a los hombres con los cuales nos relacionamos. Esta renuncia es una muestra de la subordinación sexual de la mujer al hombre. La represión de la sexualidad femenina está instaurada en nuestras sociedades androcentristas.

Las mujeres no hemos sido educadas para ser dueñas de nuestra sexualidad, para ser sujetos sexuales de igual valor que los hombres. Seguimos callando, adaptándonos a lo que hay, fingiendo, priorizando de forma incorrecta… La insatisfacción sexual y la frustración se deben a que las mujeres nos atenemos a un modelo sexual que no es el nuestro, un modelo que ignora lo que somos.

La sexualidad y la reproducción son dos elementos clave de la sujeción femenina. La carencia de satisfacción sexual de la mujer es signo de su opresión en la sociedad.

La sexualidad femenina siempre es controlada y manipulada en un orden social patriarcal: Administración de una información «adecuada», enseñanza continuada, coerción y castigo. La mujer debe ser educada para consentir e, incluso, desear su propio sometimiento sexual. Hay que conseguir que la mujer no solo colabore pasivamente en la perpetuación del orden patriarcal sino que se convierta en su convencida defensora. De esta manera, la desigualdad jerárquica entre los sexos no le parecerá injusta.

Las mujeres somos sujetos sexuales de igual valor y derechos que los hombres. Y si no es así, si por nacer mujer un sujeto tiene peores oportunidades para desarrollarse y vivir una vida plena, algo no va bien en nuestras sociedades.

En las sociedades patriarcales existe una «natural» tendencia a convertir al sujeto mujer en objeto sexual, un objeto que permite a los hombres tener erecciones y coitos: el deseado «final feliz» de un encuentro sexual.

La visibilidad y vida social de las mujeres a través de una caracterización de la feminidad. Encuentro con el otro. ¿Mujeres fetiches? La autoafirmación sexual de la mujer.

La sexualidad femenina sigue adoleciendo de un sordo malestar y de falta de definición propia. En el patriarcado, el sentimiento de culpa que inspira la sexualidad recae más sobre la mujer. Las mujeres tendemos a culparnos en exceso, no en vano hemos internalizado en nuestro proceso de socialización la falsa atribución de indecencia o impureza a las funciones sexuales femeninas.

Las mujeres tenemos que ser conscientes y no contentarnos con dar cuerpo a las fantasías sexuales masculinas. Conocer los cuerpos que somos. Valorarlos. Quererlos en su real imperfección. Saber cómo funciona nuestro cuerpo. Autoconocimiento sexual. Autoafirmación sexual. Sentirnos bien en nuestra sexuada piel. Disfrutar en el vivir. Ha llegado el momento de que reclamemos nuestros cuerpos para nosotras mismas, que dejemos de desempeñar un papel secundario en nuestra propia sexualidad.

Ir descubriendo nuestra propia sexualidad en las experiencias cotidianas. Particularidades sensitivas individuales. Conocer lo que nos gusta y lo que no, lo que nos da placer y lo que no. Decidir no ignorar lo que ocurre en nosotras mismas, en el cuerpo-palabra único e irrepetible que es cada una. Responsabilizarnos de nuestro propio placer sin esperar que alguien desde su solidaridad y bondad adivine lo que queremos y nos lo proporcione como un regalo o una concesión.

Las mujeres tenemos que definirnos a nosotras mismas en nuestras vivencias cotidianas. Realizar nuestras propias elecciones. Saber. Buscar una información veraz. Vivir a gusto en nuestra sexuada y sexual piel. Ser más autónomas. Ser sujetos de igual valor y derecho al placer que los hombres.

Actitudes respecto a la sexualidad: complejo entramado lleno de contradicciones, falsedades aprendidas, miedos, fantasías, suposiciones... A menudo no estamos seguras de lo que realmente pensamos y deseamos. Creencias mezcladas con diversas emociones y temores.

La sexualidad femenina se tiñe de miedo al abandono, al abuso y a la violencia. El placer y el peligro se inscriben hondamente en ella. El miedo al embarazo no deseado o a las enfermedades interfieren con el placer sexual. Si predomina el miedo la mujer puede inhibir su deseo.

La sexualidad de la mujer está íntimamente entrelazada con su autonomía como sujeto sexual que es. Revisar nuestras vivencias. Las mujeres no queremos ser libres para adoptar un modelo de sexualidad ajeno como propio, queremos ser libres para descubrir nuestra propia sexualidad. Escuchar nuestros cuerpos, que resurgen con una nueva voz. Expresión renovada. La autonomía de las mujeres debería convertirse en una realidad vivida, realidad que se refuerza en su continuada manifestación.

Características de la sexualidad femenina: sensibilidad al tacto, placer en la caricia sentida y en el abrazo. Conocimiento carnal en el toque. Ternura. Apertura al otro. La caricia de la mujer no tiene un afán predominantemente excitatorio. Sentido relacional. Todo el cuerpo de la mujer es muy sensible al tacto: su cuerpo entero es una zona erógena. Preferencias particulares de cada mujer. Descubrimiento.

La mujer también es más sensible para el olfato y el gusto. Un olor que la repele puede frenar su deseo.

Las mujeres también somos más sensibles a los contextos físicos del encuentro con el otro, al ambiente en general. Le damos más importancia a la luz, a la música, a las texturas de los tejidos, a las palabras que escuchamos...

La mujer es más auditiva que el hombre en su sexualidad. Las palabras nos conmueven, nos encienden o no.

Empatía. Sensibilidad interpersonal. Las emociones de otros nos influyen. Conocimiento y sufrimiento.

Las mujeres y los hombres no captamos las mismas señales: ni percibimos lo mismo ni les damos el mismo significado. Errores de interpretación. Problemas comunicativos. Los mundos sensoriales de los dos sexos son distintos.

La sexualidad femenina no es tan coitocentrista como la masculina, aunque los coitos también nos gustan a las mujeres. Sin embargo, la capacidad de tener orgasmos tiene mucha importancia para la mujer. El orgasmo como la gran demostración de su acceso al placer.

La sexualidad de la mujer va cambiando conforme evolucionamos con los años, pero no desaparece mientras el cuerpo-palabra que es siga vivo. No existe una mujer asexual, es una invención ideológica.

La sexualidad es inherente al hecho de vivir y constantemente modela, configura y crea vida, alimenta la vida propia y la ajena a través de las relaciones con una misma y con los otros. Solidaridad con el otro y generosidad en su faceta de acoger y de dar: características pronunciadas de la sexualidad femenina.

Un cuerpo-palabra vivo transmite señales sexuales a otros, habla incluso en su aparente silencio: Expresión. Despertares del deseo. Erótica: expresión y deseo.

Deseo. Belleza. Juventud. Vigor. Salud. Patrones de actuación valorados en la sociedad. Cuerpo-palabra deseado. Cuerpo-palabra deseante.

Los ideales de belleza cambian. Valores que se subrayan en la mujer. Disposición sexual. Fertilidad. Buena crianza. Fetichización del cuerpo-palabra mujer en su afán de ser deseada por el otro.

El desprecio del cuerpo «imperfecto», del cuerpo real, corroe la autoestima sexual de la mujer. Cuerpo femenino en las sociedades androcentristas: objeto de deseo y de desprecio.

Muchas mujeres sienten vergüenza de sus cuerpos desnudos. El espejo no es el enemigo de la mujer, es ella la que percibe una imagen corporal distorsionada de sí misma. Resulta penoso que la desvalorización del propio cuerpo se convierta en un impedimento para el goce sexual femenino, porque ha costado mucho esfuerzo que el goce femenino sea reconocido como un valor en el encuentro sexual.

Todavía hoy, en muchas sociedades, el goce sexual femenino apenas se valora: mujer en el papel de objeto sexual. La mujer es sujeto sexuado y sexual, y tiene el mismo derecho al goce que su compañero el hombre.

La mujer es un sujeto deseante. ¿Qué deseamos las mujeres? ¿Que nos deseen por encima de todo nos cueste lo que nos cueste? ¿Las mujeres seguimos sacrificando nuestra autonomía con tal de ser deseadas y queridas? ¿Qué significa ser deseadas? ¿Se nos desea a nosotras mismas o a un fantasmal ideal que se nos atribuye por ser mujeres? Los ideales no son carnales, son imaginarios, pero invaden los cuerpos reales de las mujeres.

Mientras las mujeres no dejemos de considerarnos objetos sexuales y actuar como tales seguiremos sufriendo el desprecio de los hombres y seguiremos viviendo como sujetos sexuales de segunda categoría. ¡Tú decides!

Fetiches sexuales por medio de tatuajes o piercing. Tormento femenino más frecuente: depilación de la zona genital. ¿Es realmente necesario?

Las mujeres deseamos con toda la intensidad de nuestro ser, instante a instante vivido. Sí, deseamos que se nos desee y se nos quiera, pero a nosotras mismas, respetándonos, reconociéndonos en el cuerpo-palabra que somos cada una, con su prosa y su verso creativos, con nuestra capacidad de crear mundos y hacer crecer. Por encima de todo deseamos vivir a gusto, en igualdad de derechos y oportunidades, en igualdad valorativa... ¡Que nacer mujer no sea una desventaja social de partida!

Las mujeres no queremos existir para dar cuerpo a las fantasías sexuales masculinas. Queremos ser valoradas y queridas mostrándonos inteligentes, sabias, independientes, con autoridad, mujeres completas viviendo auténticamente nuestra narración vital. Bellas o feas, gordas o delgadas, jóvenes o viejas, libres de ser nosotras mismas y vivir a gusto en nuestra deseante piel.

Las mujeres hemos aprendido a desear lo que desean los hombres y nos hemos habituado a realizar sus deseos como si fueran los nuestros.

El deseo sexual femenino tiene un cierto carácter cíclico bajo el influjo hormonal de la etapa fértil. Por lo general, el deseo y la capacidad de excitación aumentan alrededor de la ovulación y de la menstruación.

La intensidad del deseo femenino es particular de cada mujer y es cambiante según las circunstancias vitales de cada una, incluso en el mismo día. Muchas causas pueden interferir con el deseo y la capacidad de excitación. El deseo se vincula a la intencionalidad en el existir, a la apertura para relacionarnos con otros en cada instante vivido.

Las pautas sexuales de nuestras vidas son mucho más versátiles de lo que nos damos cuenta y cambian constantemente. Edad fértil: posibilidad de quedarse embarazadas. Algunas mujeres lo desean y otras lo temen. Deseo de embarazo: búsqueda de seguridad y comodidad para poder llevarlo a término y criar al bebé. Embarazo: riesgo existencial para la mujer. El embarazo, el parto y la lactancia repercuten en el deseo de la mujer y en su capacidad de excitación.

Esfuerzo por complacer a la pareja. Ignorancia de los propios deseos. Es más fácil seguir con lo establecido. ¿Cómo desean las mujeres que sean sus encuentros sexuales?

Asociación de la actividad sexual de la mujer con la edad fértil. Descalificación de una vida sexual plena de la mujer a edades tardías, no así para el hombre. Las mujeres somos seres sexuales a cualquier edad. Liberar la mente de falsedades internalizadas.

Las mujeres precisamos de un espacio de significaciones que no nos desvalorice como sujetos sexuados y sexuales. Nos va en ello nuestra libertad de *ser*.

Sociedades patriarcales. Doble moral sexual. Actividad sexual femenina: Impura. Pecaminosa. Culpable… Tendencia a la cosificación de la mujer. Mujer: papel de sujeto sexual de segundo orden, hondamente subordinado o, incluso, de objeto sexual. Sorda angustia. Fragmentación identitaria de la mujer.

La actuación como objeto sexual deja huella existencial en el cuerpo-palabra. Las mujeres no somos mercancías sexuales, no somos cosas de usar y tirar. Somos personas capaces de crear mundos, hacer crecer y modelar la vida en cada instante vivido.

Mujeres controladas por las leyes respecto al embarazo, anticoncepción, aborto y la crianza. Menor libertad sexual. Incierto derecho al placer en la realidad vivida.

La liberación sexual de la mujer. Conductas coincidentes con los supuestos «valores» masculinos de sexualidad: Desapego emocional. Coitocentrismo. Muchos coitos y diversidad de compañeros sexuales. Escasa responsabilidad en el encuentro con otro. Ausencia de compromiso. Las mujeres no queremos ser libres para adoptar el modelo masculino, queremos ser libres para descubrir el nuestro y disfrutar con el sexo en calidad de sujeto sexual de pleno derecho.

Sociedades consumistas. Trivialización del sexo. Sexo como producto de compra-venta o un deber que es necesario cumplir y disfrutar.

La actividad sexual no solo proporciona sensaciones placenteras sino que se vincula con una intencionalidad existencial y es la expresión de las energías creativas del cuerpo-palabra en relación con otros. La *amatoria* crea y destruye; transforma al sujeto existente; modela la vida y crea mundos relacionales en los que ocurren cosas que trascienden el universo de entre-dos. Los actos sexuales nutren a los sujetos con su «algo más», remueven su energía profundamente creativa y trascendente.

Mujeres más serenas en sí mismas como cuerpos-palabra, más autosuficientes física y psíquicamente. Las mujeres no necesitan tanto los coitos para volverse vivas, intensamente carnales, ya lo están en cada caricia, en cada mirada llena de afecto.

Sexo. Peligro. Embarazo. Crianza de hijos hasta que sean autosuficientes. Vinculación. Compromiso. La mujer después de ser madre ya nunca podrá decidir solo por ella. Abortos: experiencias traumáticas. Peligro para la salud de la mujer.

Aprender a cuidarse y evitar excesivo sufrimiento. Buenas decisiones. Elegir bien a los compañeros y no dejarse tratar mal. Mayor cuidado y atención a nuestras decisiones cuando nos sentimos mal anímicamente. La vida puede cambiar en un instante.

Mujeres que no se consideran merecedoras de amor. Mujeres que se menosprecian. Promiscuidad. Autoestima sexual baja. Mujeres ausentes de sí mismas. Creencias. Expectativas. Inhibición de su sexualidad.

La opresión genérica de las mujeres se percibe más intensamente en el sexo como actividad, desembocando para muchas, todavía hoy, en esclavitud sexual, consciente o no.

Mujeres completas y libres en el intercambio sexual. Mujeres que son del todo. ¿Un sueño? Tarea por realizar. ¡Valor!

¿Qué nos gusta a las mujeres en nuestros encuentros amatorios? Nos gusta la armonía, un entorno agradable, la música, la belleza del trato... Nos gusta tocar y ser tocadas, escuchar y ser escuchadas, oler... Y, por encima de todo, a las mujeres nos gusta sentirnos amadas y deseadas como únicas e irreemplazables. Para muchas mujeres ese tipo de caricias es más excitante que los toques más expertos en puntos corpóreos de máxima sensibilidad. Los significados afectivos de los actos aportan mayor valor a estos.

A las mujeres nos gusta que nos acaricien por todas partes porque para nosotras las caricias significan afecto, amor, deseo, reconocimiento, intimidad... No tenemos prisa. Nos gustan los abrazos, los besos, la cercanía carnal.

Es bueno que tanto las mujeres como los hombres entendamos que atribuir un sentido diferente a un comportamiento determinado aleja a los dos sexos en su relación. Los dos sexos no les dan el mismo valor ni significado a las caricias. Para unos son «preliminares» necesarios para la excitación, la lubricación y el orgasmo de la mujer. Para otras, las caricias tienen valor en sí mismas, nos nutren literalmente. Somos sujetos carnales de infinita hondura. Si ambos sexos reconocieran el valor de las caricias, nos acariciaríamos más y con mayor frecuencia, sin pretender indispensablemente llegar al coito. Bienestar. Salud. Riqueza existencial en relación con otros.

¿Qué dice una caricia sincera?: «Tú me importas. Te reconozco. Te acepto. Estoy aquí, a tu lado. Quiero estar aquí, a tu lado». ¡Qué poderosos son estos mensajes! Nos reconfortan en la hondura carnal. Las caricias nos vinculan profundamente a otros. El cuerpo resurge en la caricia.

El encuentro sexual, con coito o sin él, es una experiencia relacional con el otro muy intensa, nos modela carnalmente. El cuerpo-palabra se abre al otro y dice cosas. El sujeto experimenta los mayores estímulos cutáneos, vivencias extraordinarias, muchas otras sensaciones y emociones en su interior. Su energía vital se expande haya o no haya penetración.

En nuestras sociedades androcentristas los actos sexuales se equiparan prácticamente a los coitos, despreciando las demás maneras de estar muy juntos y en intimidad entre dos. El contrato sexual entre los sexos: el coito *debe* realizarse y el hombre *debe* tener su orgasmo. La mujer puede disfrutar y es lo deseable, pero sabe cuál es el orden establecido de las cosas.

Sociedades democráticas: sí se busca la satisfacción sexual de la mujer. Patriarcados más duros: no se pretende el goce sexual femenino e, incluso, se evita.

Muchas dudas por clarificar, cosas y actitudes que cambiar para relacionarnos mejor.

Responsabilizarnos las mujeres de nuestro propio placer. Conocer nuestro cuerpo-palabra. Descubrir y comprender nuestros deseos, nuestras palabras y silencios, nuestros gustos amatorios. Conscientes en el hacer. Decidir con propiedad. Nuestros actos nos van haciendo a nosotras, nos van modelando o no como sujetos existentes sexuales.

Hablar con nuestras parejas: Cómo nos gustaría que fueran nuestras relaciones sexuales. Repetir hasta que el mensaje sea entendido. El silencio no nos ayuda. Los significados que manejamos ambos sexos no siempre coinciden. Mundos particulares de significaciones. Desencuentros en experiencias compartidas. Comunicación eficaz entre dos.

Modelo relacional que niega lo que somos las mujeres. Reclamar nuestros cuerpos para nuestro placer. Actuar y vivir siendo sujetos sexuales de igual valor que los hombres.

Cada mujer puede llegar al orgasmo y muchas son multiorgásmicas.

Orgasmo en el coito o fuera de él en situaciones muy placenteras, con masturbación o sin ella. El orgasmo tiene mucha importancia para la mujer: potente símbolo del placer humano, acceso a la cumbre del goce.

Orgasmo femenino: ¿Orgasmo vaginal o clitoridiano? Los orgasmos femeninos no se producen en un punto limitado del cuerpo-palabra que es la mujer, ni siquiera se originan en esas partes de la anatomía. La vagina y el clítoris están conectados internamente por músculos, plexos venosos e inervación. Es absurdo, falaz y pernicioso establecer esas diferenciaciones conceptuales. Ninguna parte de la vagina en sí misma produce las contracciones orgásmicas.

Excitación y orgasmo femeninos: la zona genital se congestiona y aumenta de tamaño. La vulva se hincha y las redes venosas clitóricas y vaginales se inundan de sangre. Los músculos cercanos se contraen rítmicamente haciendo que la vagina se contraiga y se mueva a su vez. Unas estructuras tiran de otras, tensándolas y cambiando su inclinación. Las glándulas secretoras expulsan un líquido mucoso transparente que lubrica la vagina y la zona perineal. En la sangre aumentan una serie de hormonas. La hormona oxitocina provoca las contracciones uterinas, nos induce a tocar y a olvidarnos de todo en la caricia y en el abrazo carnal.

Sequedad vaginal: dolor en el coito y lesiones. Consultar, hay soluciones: cremas, lubricantes, ejercicios de Kegel…

Los orgasmos femeninos son experiencias de intenso placer, y se sienten en la persona sexual completa que es la mujer, afectan y conmueven todo su organismo vivo.

El clítoris es un órgano sexual importantísimo para que la mujer llegue al orgasmo, está repleto de terminaciones nerviosas sensitivas. En nuestra cultura occidental, durante largo tiempo se ignoró su existencia y se ha desanimado su estimulación en el coito, más aún fuera de él. La estimulación del clítoris casi siempre lleva a la mujer al orgasmo. ¿Los orgasmos femeninos no interesan en el orden patriarcal?

Caricias suaves del clítoris aumentan su tumescencia y provocan orgasmos. La zona del periné continúa teniendo un halo de misterio y de tabú. Aprender a hablar en y de la intimidad sobre los temas que nos atañan.

Cada mujer es diferente y sus preferencias amatorias también. Nadie sabe cuál es el toque perfecto para cada mujer; eso se va descubriendo al relacionarse y experimentar con respeto.

Las estructuras anatómicas genitales son comunes a todas las mujeres, pero su tamaño, forma, emplazamiento, textura y otros factores son particulares de cada mujer. Esas particularidades no son decisivas para llegar al orgasmo; sí lo son las falsedades aprendidas respecto al coito, las expectativas irreales y la actitud de la mujer. Importancia de una información sexual veraz, saber lo que gusta y lo que no, comunicación con la pareja y responsabilizarse del propio placer.

A menudo, los movimientos del pene en la vagina no son suficientes para llevar al orgasmo a la mujer. Estimulación del cuerpo-palabra. Estimulación del clítoris. El simple gesto de colocar la mano propia o de la pareja sobre el clítoris durante el coito proporciona una estimulación rítmica gracias a los movimientos de la pelvis y puede llevar a la mujer al orgasmo. Intervenir en el propio orgasmo. Disfrutar más en el coito. Mayor satisfacción coital. Ser dueñas de nosotras mismas, más libres y fuertes.

Trabajar para fortalecer nuestra musculatura pubococcígea. Unos pocos minutos diarios son suficientes. Constancia. Compromiso. Hábito muy saludable, imprescindible para la mujer. Modo de autocuidado indispensable en la edad adulta.

Buen estado de musculatura del suelo pélvico. Mayor disfrute durante el coito. Contracción del músculo pubococcígeo para sentir más el pene dentro de la vagina y abrazarlo. Se incrementa la excitación de ambos sujetos sexuales, mayor cercanía, mejores orgasmos. Conocimiento para disponer de la propia capacidad carnal como sujeto sexuado y sexual activo.

Las preferencias personales cambian a lo largo de la vida y en diversas circunstancias. El estrés y el cansancio no suelen favorecer la actividad sexual. Lo que nos gusta puede variar con las parejas: el toque de cada persona es particular y la historia que se vive con ella es única e irrepetible. Cuando tocamos no solo tocamos, nos comunicamos sin palabras dichas, incluso tocamos el tocar.

Olvidarnos de la mala educación recibida para vivir en verdad, bondad y belleza carnales. Conocimiento. Respeto. Compromiso. Solidaridad. Cuidado.

Las caricias nos moldean, crean versos con palabras carnales, van vinculándonos en intimidad. La intimidad entre dos se va labrando en un tiempo compartido y es profundamente humana y trascendente. Superación de problemas. Compromiso. Perseverancia.

Estar a gusto en nuestra piel. Vivir con alegría. Regalo al universo. Creación y cuidado. Amor a la vida. Los cuerpos-palabra que somos creamos en cada instante, en cada caricia, en cada encuentro o desencuentro, influimos unos en otros. Mujeres sujetos existentes de pleno derecho a *ser* y a decir nuestras propias palabras. ¡Mujeres creando en hermosura! ¡Un mundo mejor es posible!

Bibliografía

Abbott, Edwin A.: *Planilandia*, Palma de Mallorca, José J. Olañeta, 1999.

Adler, Alfred: *Conocimiento del hombre*, Madrid, Colección Austral, 1984.

Agacinski, Sylviane: *Política de sexos*, Madrid, Taurus, 1998.

Alberoni, Francesco: *El erotismo*, Barcelona, Gedisa, 1998.

Alborch, Carmen: *Malas*, Madrid, Aguilar, 2002.

— *Solas*, Madrid, Temas de hoy, 2000.

Amezúa, Efigenio: *Amor, Sexo y Ternura*, Madrid Adra, 1976.

— «El sexo: historia de una idea», Revista Española de Sexología 115-116, Madrid, (2003).

Amorós, Celia (editora): *Diez palabras clave sobre mujer*, Estella, Verbo Divino, 1995.

Andres-Salomé, Lou: *El erotismo*, Palma de Mallorca José J. de Olañeta, 2003.

Arendt, Hannah: *La condición humana*, Barcelona, Paidós, 2005.

Arnaiz Kompanietz, Anna: *La condición sexual humana y la construcción de la realidad*, Madrid, Biblioteca Nueva, 2010.

— *El sujeto existente*, Madrid, Biblioteca Nueva, 2010.

— *El sujeto existente en relación con otros*, Madrid, Biblioteca Nueva, 2011.

— *Sujeto mujer*, Createspace Independent Publishing Platform, 2016.

Badinter, Elisabeth: *XY. La identidad masculina*, Madrid, Alianza Editorial, 1993.

— *¿Existe el amor maternal?*, Barcelona, Paidós Pomaire, 1981.

Belli, Gioconda: *La mujer habitada*, Tafalla, Txalaparta, 2002.

Blackledge, Catherine: *Historia de la vagina*, Barcelona, Península, 2005.

Bolen, Jean Shinoda: *Las diosas de cada mujer*, Barcelona, Kairós, 1998.

— *Las brujas no se quejan*, Barcelona, Kairós, 2008.

— *Sabia como un árbol*, Barcelona, Kairós, 2012.

Bosch, Esperanza y Ferrer, Victoria A.: *La voz de las invisibles*, Madrid, Cátedra, 2002.

Botella Llusiá, J. y Fernández de Molina, A. (editores): *La evolución de la sexualidad y los estados intersexuales*, Madrid, Díaz de Santos, 1998.

Bourdieu, Pierre: *La dominación masculina*, Barcelona, Anagrama, 2000.

— *Meditaciones pascalianas*, Barcelona, Anagrama, 1999.

— *Cosas dichas*, Barcelona, Gedisa, 1996.

Branden, Nathaniel: *La autoestima de la mujer*, Barcelona, Paidós Autoayuda, 1999.

Brown, Norman O.: *El cuerpo del amor*, Barcelona, Santa & Cole, 2005.

— *Apocalipsis y/o metamorfosis*, Barcelona, Kairós, 1995.

Bruckner, Pascal: *La tentación de la inocencia*, Barcelona, Anagrama, 1999.

Bruckner, Pascal y Finkielkraut, Alain: *El nuevo desorden amoroso*, Barcelona, Anagrama, 1989.

Bruner, Jerome: *La importancia de la educación*, Barcelona, Paidós, 1987.

Butler, Judith: *Mecanismos psíquicos del poder*, Madrid, Cátedra, 2011.

Buzzatti, Gabriella y Salvo, Anna: *El cuerpo-palabra de las mujeres*, Madrid, Cátedra, 2001.

Camus, Albert: *El revés y el derecho. Discurso de Suecia*, Madrid, Alianza Editorial, 2010.

Capellá, Alfredo: *Sexualidades humanas, amor y locura*, Barcelona, Herder, 1997.

Chadwick, Whitney y de Courtivron, Isabelle (eds.): *Los otros importantes*, Madrid, Cátedra, 1994.

Crenshaw, Theresa L.: *La alquimia del amor y del deseo*, Barcelona, Grijalbo, 1997.

Davis, Phyllis K.: *El poder del tacto*, Barcelona, Paidós, 1998.

De Beauvoir, Simone: *El segundo sexo, vol. 1, Los hechos y los mitos*, Buenos Aires, Siglo Veinte, 1987.

— *El segundo sexo, vol. 2, La experiencia vivida*, Buenos Aires, Siglo Veinte, 1987.

— *La mujer rota*, Barcelona, Edhasa, 1980.

— *¿Hay que quemar a Sade?*, Madrid, Mínimo tránsito, 2002.

De Béjar, Sylvia: *Tu sexo es tuyo*, Barcelona, Plaza & Janés, 2001.

Dolto, Françoise: *Lo femenino*, Barcelona, Paidós, 2000.

— *Sexualidad femenina*, Barcelona, Paidós, 2001.

Downing, Christine (editora): *Espejos del yo*, Barcelona, Kairós, 1994.

Ehrhardt, Ute: *Las chicas buenas van al cielo y las malas a todas partes*, Barcelona, Debolsillo, 2003.

— *...Y son cada vez peores*, Barcelona, Debolsillo, 2003.

Eichenbaum, E. L. y Orbach, S.: *¿Qué quieren las mujeres?*, Madrid, Talasa, 1995.

Estés, Clarissa Pinkola: *Mujeres que corren con los lobos*, Madrid, Ediciones B, 2002.

Fernández, Juan et al: *Varones y mujeres*, Madrid, Pirámide, 1996.

Firestone, Shulamith: *La dialéctica del sexo*, Barcelona, Kairós, 1976.

Fisher, Helen: *El primer sexo*, Madrid, Taurus, 1999.

Foucault, Michel: *Tecnologías del yo*, Barcelona, Paidós, 1990.

— *Vigilar y castigar*, Madrid, Siglo XXI, 2005.

Fraisse, Geneviève: *La diferencia de los sexos*, Buenos Aires, Manantial, 1996.

— *Musa de la razón*, Madrid, Cátedra, 1991.

— *Los dos gobiernos: la familia y la ciudad*, Madrid, Cátedra, 2003.

Friday, Nancy: *Mi jardín secreto*, Barcelona, Ediciones B, 1993.

— *Sexo: varón*, Barcelona, Argos Vergara, 1981.

Friedan, Betty: *La mística de la feminidad*, Madrid, Cátedra, 2009.

Galende, Emiliano: *Sexo y amor*, Buenos Aires, Paidós, 2001.

Giddens, Anthony: *La transformación de la intimidad*, Madrid, Cátedra, 1998.

Gilbert, Sandra M. y Gubar, Susan: *La loca del desván*, Madrid, Cátedra, 1998.

Gil Calvo, Enrique: *La mujer cuarteada*, Barcelona, Anagrama, 1991.

— *Medias miradas*, Barcelona, Anagrama, 2000.

— *El nuevo sexo débil*, Madrid, Temas de hoy, 1997.

Gray, Miranda: *Luna roja*, Madrid, Gaia Ediciones, 1999.

Greer, Germaine: *La mujer completa*, Barcelona, Kairós, 2000.

— *La mujer eunuco*, Barcelona, Kairós, 2004.

— *La carrera de obstáculos*, Madrid, Bercimuel, 2005.

Héritier, Françoise: *Masculino/Femenino*, Barcelona, Ariel, 1996.

Hite, Shere: *El nuevo informe Hite. Mujeres y amor*, Madrid, Suma de Letras, 2002.

— *El orgasmo femenino*, Barcelona, Ediciones B, 2002.

— *El informe Hite. Estudio de la sexualidad femenina*, Madrid, Suma de Letras, 2002.

Hite, Shere y Barraud, Philippe:
El orgullo de ser mujer, Madrid, Espasa Calpe, 2004.

Irigaray, Luce: *Ese sexo que no es uno*, Madrid, Akal, 2009.

Kaplan, Louise: *Perversiones femeninas*, Buenos Aires, Paidos, 1994.

Keen, Sam: *Amar y ser amado*, Barcelona, Urano, 1998.

Laffitte, María: *La secreta guerra de los sexos*, Madrid, Horas y horas, 2008.

Lagarde y de los Ríos, Marcela: *Para mis socias de la vida*, Madrid, Horas y horas, 2005.

— *Claves feministas para la autoestima de las mujeres*, Madrid, Horas y horas, 2000.

Laqueur, Thomas: *La construcción del sexo*, Madrid, Cátedra, 1994.

Legato, Marianne J.: *Por qué los hombres nunca recuerdan y las mu-jeres nunca olvidan*, Barcelona, Urano, 2007.

Leroy, Margaret: *El placer femenino*, Barcelona, Paidós, 1996.

Le Vay, Simon: *El cerebro sexual*, Madrid, Alianza Editorial, 1995.

Levinas, Emmanuel: *El Tiempo y el Otro*, Barcelona, Paidós, 2004.

— *Ética e infinito*, Madrid, Antonio Machado Libros, 2008.

— *Los imprevistos de la historia*, Salamanca, Sígueme, 2006.

— *De la existencia al existente*, Madrid, Arena Libros, 2007.

— *De la evasión*, Madrid, Arena Libros, 2011.

Lipovetsky, Gilles: *La tercera mujer*, Barcelona, Anagrama, 1999.

Lowen, Alexander: El gozo, Buenos Aires, Errepar, 1996.

— *La espiritualidad del cuerpo*, Barcelona, Paidós, 2010.

Marlow, Mary Elizabeth: *El despertar de la mujer consciente*, Madrid, Gaia, 1998.

Masters, William H., Johnson, Virginia E., Kolodny, Robert C.: *Eros*, Barcelona, Grijalbo, 1996.

— *Respuesta sexual humana*, Buenos Aires, Ed. Intermédica, 1976.

Merleau-Ponty, Maurice: *Fenomenología de la percepción*, Barcelona, Planeta-Agostini, 1993.

— *El ojo y el espíritu*, Madrid, Trotta, 2013.

— *La prosa del mundo*, Madrid, Trotta, 2015.

Mill, John Stuart: *La esclavitud femenina*, Madrid, Artemisa, 2008.

Millett, Kate: *Política sexual*, Madrid, Cátedra, 1995.

Montagu, Ashley: *El tacto*, Barcelona, Paidós, 2004.

— *La mujer, sexo fuerte*, Madrid, Guadarrama, 1970.

— *Hombre, sexo y sociedad*, Madrid, Guadiana, 1969.

Moran, Caitlin: *Cómo ser mujer*, Barcelona, Anagrama, 2013.

Morris, Desmond: *Masculino y Femenino*, Barcelona, Plaza & Janés, 2000.

— III. *La mujer desnuda*, Barcelona, Planeta, 2005.

Muraro, Luisa: *El Dios de las mujeres*, Madrid, Horas y horas, 2006.

— *El orden simbólico de la madre*, Madrid, Horas y horas, 1994.

Murdock, Maureen: *Ser Mujer: un viaje heroico*, Madrid, Gaia, 1991.

Nin, Anaïs: *Ser Mujer*, Madrid, Debate, 1979.

Nolen-Hoeksema, Susan: *Mujeres que piensan demasiado*, Barcelona, Paidós, 2009.

Norwood, Robin: *Las mujeres que aman demasiado*, Buenos Aires, Javier Vergara Editor, 2003.

Osborne, Raquel: *La construcción sexual de la realidad*, Madrid, Cátedra, 1993.

Osho: *El libro de la mujer*, Madrid, Debate, 1999.

Paglia, Camille: *Vamps & Tramps*, Madrid, Valdemar, 2001.

— *Sexual personae*, Madrid, Valdemar, 2006.

Pease, Allan y Barbara: *Por qué los hombres no escuchan y las mujeres no entienden los mapas*, Barcelona, Amat, 2000.

Pinker, Susan: *La paradoja sexual*, Barcelona, Paidós, 2009.

Poirié, François y Levinas, Emmanuel: *Ensayo y conversaciones*, Madrid, Arena Libros, 2009.

Politzer, Patricia y Weinstein, Eugenia: *Mujeres: la sexualidad oculta*, Barcelona, Grijalbo, 2005.

Rivera Garretas, María Milagros: *Textos y espacios de mujeres*, Barcelona, Icaria, 1990.

Rivière, Margarita: *El mundo según las mujeres*, Madrid, Aguilar, 2000.

— *El placer de ser mujer*, Madrid, Síntesis, 2995.

Sanyal, Mithu M.: *Vulva*, Barcelona, Anagrama, 2012.

Sanz, Fina: *Psicoerotismo femenino y masculino*, Barcelona, Kairós, 1999.

Sartre, Jean-Paul: *Bosquejo de una teoría de las emociones*, Madrid, Alianza, 1980.

— *Verdad y existencia*, Barcelona, Paidós Ibérica, 1996.

Schaup, Susanne: *Sofía*, Barcelona, Kairós, 1999.

Selvini Palazzoli, Mara: *El mago sin magia*, Barcelona, Paidós, 1990.

Sherfey, Mary Jane: *Naturaleza y evolución de la sexualidad femenina*, Barcelona, Barral, 1977.

Simmel, Georg: *Cultura femenina y otros ensayos*, Barcelona, Alba, 1999.

Sternberg, Robert J.: *El triángulo del amor*, Barcelona, Paidós, 1989.

Tubert, Silvia: *La sexualidad femenina y su construcción imaginaria*, Madrid, El Arquero, 1988.

Van Lysebeth, André: *Tantra, el culto de lo femenino*, Barcelona, Urano, 1990.

Ventura, Lourdes: *La tiranía de la belleza*, Barcelona, Plaza & Janés, 2000.

Violi, Patrizia: *El infinito singular*, Madrid, Cátedra, 1991.

Watzlawick, Paul: *La coleta del barón de Münchhausen*, Barcelona, Herder, 1992.

Watzlawick, Paul y otros: *La realidad inventada*, Barcelona, Gedisa, 2010.

Watzlawick, Paul y Krieg, Peter: *El ojo del observador*, Barcelona, Gedisa, 2000.

Wilber, Ken: *Sexo, ecología, espiritualidad, Volumen I, libro I*, Madrid, Gaia, 1998.

Woolf, Virginia: *Un cuarto propio*, Madrid, Horas y horas, 2003.

— *De la enfermedad*, Barcelona, José J. De Olañeta, Editor, 2014.

Young-Eisendrath, Polly: *La mujer y el deseo*, Barcelona, Kairós, 2000.

Zambrano, María: *Los sueños y el tiempo*, Madrid, Siruela, 1992.

— *El hombre y lo divino*, Madrid, Fondo de Cultura Económica, 2007.

Zweig, Connie (editora): *Ser mujer*, Barcelona, Kairós, 1992.

VV. AA.: *De qué hablamos las mujeres cuando hablamos de sexo*, Barcelona, Debolsillo, 2003.

— *La cultura patas arriba*, Madrid, Horas y horas, 2006.

www.ingramcontent.com/pod-product-compliance
Lightning Source LLC
Chambersburg PA
CBHW060248290526
45789CB00001B/237